KB054021

권력의 배신

마이클 포터가 파헤친 거대 정당의 위선

권력의 배신

• 마이클 포터, 캐서린 겔 지음 | 박남규 옮김 •

THE
POLITICS
INDUSTRY

매일경제신문사

• 서문 I •

나는 여러 권의 책을 저술한 경제학자이자 하버드대학 경영대학원에서 강의를 하고 있는 교수다. 1979년, 〈하버드 비즈니스 리뷰〉에 처음 소개한, 산업의 경쟁력을 분석하는 5가지 경쟁요인에 관한 프레임워크는 꽤 큰 혁명을 일으켰다. 또한 오늘날에도 주요 비즈니스 관행과 관련한 학문적 사고를 형성하는 데 의미 있는 기여를 하고 있다. 교수로서 경력을 쌓으면서, 경제 이론과 정책, 경쟁과 경쟁우위, 국가와 주정부의 경쟁력, 경제 발전, 경영 전략 등 다양한 주제에 관한 19권의 책을 썼다. '미국 정치'는 내가 다루지 않겠다고 생각한 주제였다. 그러나 이 같은 생각은 캐서린 겔 때문에 완전히 바뀌었다.

그동안 나는 정치에 거의 관심을 기울이지 않았다. 경영전략에 몰입했고 전 세계 기업과 국가 리더들과 함께 그 전략을 현실의 것으로 구현하기 위해 노력하느라 바빴다. 나에게 정치는 일종의 게임이라고 생각되는, 그저 소음에 불과했다. 가장 바람직한 정책을 개발하는 것은 매우 힘든 일이라고 생각했고, 좋은 정책을 개발할 수만 있다면 정책이 가진 장점 덕분에 당연히 잘 시행될 것이라고 생각했다. 많은 사람들처럼, 정치에는 '투표 참여'로 관여했고, 선출한 대통령 또는 시 의원들이 국민을 올바른 길로 인도할 것이라고 희망했다. 지금 와서 돌이켜보면, 과거의 나는 정치적 교착 상태를 마치 정상적인 상황처럼 받아들이고 있었다. 정치 시스템이 가르치는 무력감을 배우고 있었던 것이다.

미국 경제 정책에 관심을 가졌을 때, 생각이 바뀌기 시작했다. 2010년, 얀 리브킨Jan Rivkin 교수와 함께 미국의 국가 경쟁력 분석 프로젝트 책임연구원을 맡았다. 이 프로젝트는 하버드 경영대학원이 수년에 걸쳐 주도한, 대공황 직전 시작된 미국의 경제적 혼란 원인을 분석하는 프로젝트였다. 미국은 여전히 많은 강점을 가지고 있으나, 글로벌 경쟁력은 꾸준히 하락하고 있다. 당신이 짐작하는 것처럼, 교육, 노동자의 역량, 복잡한 규제 같은 영역에서 많은 약점이 생겼다. 놀라울 정도의 약점을 가지고 있다는 것을 알게 되었다.

경제 정책을 수립하고 실행하는 일은 정부가 해야 하는 일의 절반 정도에 불과하다. 나머지 절반은 사회적 현안에 관한 것들이다. 2013년, 스콧 스턴Scott Stern과 함께 전 세계 국가의 사회와 환경, 삶의 질 지표를 객관적으로 측정하고 비교하는 방법론으로 '사회진보지수'를 개발하는 일을 주도했다. 이 프로젝트를 수행하면서 대부분의 미국인들이 인식하지 못하는 중요한 사실을 발견했다. 경제력이 하락하는 것과 비슷한 방식으로, 사회적 성과도 많이 뒤쳐지고 있으며 심지어 미국이 최초로 개척한 분야에서도 비슷한 현상이 발생하고 있다는 사실이었다. 사회적 성과 감소는 큰 경제적 도전과 불평등을 초래했다.

미국의 경쟁력 분석을 실행 단계로 발전시키면서, 경제적 경쟁력을 회복하는 데 가장 시급한 정책 우선순위를 제시한 처방전, 이른바 '8대중점계획Eight-Point Plan'을 발표했다. 그 후 국회의원들을 만나기 위해 워싱턴 D.C.로 출장을 여러 번 갔고, 내가 만난 국회의원들은 미국이 실행해야 할 향후 과제에 만장일치로 동의했다. 하지만 놀랍게도 아무 일도 실행되지 않았고, 아무런 결과도 도출되지 않았다. 경제침체를 되돌리기 위해 오랜 기간에 걸쳐 찾아낸 정책적 처방이 어떻게 아무런 반향과 변화를 만들지 못했을까? 우리의 정책적 처방은 국민들의 생활수준에 상당한 파급효과를 미칠 수 있었음도 불구하고 아무런 변화를 만들지 못했다. 배후에서는 8대중점계획이 초당적 지지를 받았는데, 왜 아무런 공적 입법이 이루어지지 않았을까?

나는 매우 당혹스러웠지만만, 캐서린은 그렇지 않았다. 그녀는 고위층에서 일어나는 정치와 정치적 변화를 만들어내는 데 있어서는 베테랑이었다. '정치적 실패의 다섯 단계Five Stages of Political Grief'를 이미 겪어본 캐서린은 내가 정치적 깨달음을 얻는 데 지도를 해줄 수 있는 인물이었다. 이미 캐서린은 당파정치를 파악하고 정치적 혁신을 위해 깊이 몰입하고 있었다. 맨 처음 정치학을 위한 캐서린과 나의 협력은 사업상 도전에서 시작되었다. 2013년 캐서린은 나에게 자신의 회사를 위한 전략에 대해 조언해달라는 부탁을 했다. 그녀는 위스콘신 주에 있는 2억 5,000만 달러 규모의 첨단 식품제조회사, 겔 푸드Gel Foods의 사장이었다. 겔 푸드는 수많은 혁신을 실행했지만 재무적으로 급격히 쇠락하는 처지에 있었다. 캐서린은 회사에서 구조조정을 주도해오고 있었으며 향후 자신의 회사를 경쟁력 있게 유지하는 방안을 찾기 위해 씨름하고 있었다. 내가 5가지 경쟁요인 분석을 통해 겔 푸드를 위한 전략을 수립하기 위해 노력하는 동안, 캐서린은 '정치 산업'에 관한 비슷한 분석을 하고 있었다. 그때는 그 사실을 전혀 눈치 채지 못했다.

캐서린은 산업 경쟁을 분석하기 위해 사용하는 5가지 경쟁요인 프레임워크를 미국 정치의 숨겨진 다양한 모습들을 찾아내기 위해서도 얼마든지 사용할 수 있다는 사실을 찾아내고 있었다. 이 책의 출간도 그녀의 깨달음 덕분에 가능했다. 이후 캐서린은 미국 정치에도 얼마든지 엄격한 분석을 할 수 있으며, 아무도 손댈 수 없는 내부자 게임이 아니라고 설득했다. 그녀는 우리가 미국 정치를 또 다른 하나의 산업으로 간주하고, 베일에 싸인 정치를 세밀하게 분석함으로써 정치 혁신을 해낼 수 있다는 대담한 생각을 가지고 있었다. 캐서린은 성치 혁신에 더 많은 시간을 할애하기 위해 2015년에 자신의 회사를 매각했고, 내게 이 책의 공동저자로 함께해달라고 부탁했다. 나는 정치가 내 능력 밖의 일이라고 생각했지만 새로운 시도를 해보기로 결정했다. 2017년에 캐서린과 발표한 〈왜 정치 산업 경쟁은 미국을 몰락시키는가Why Competition in the Politics Industry Is Failing America〉가 하버드 경영대학원에서 출판되었고, 이 논문으로 이 책도 탄생할 수 있었다. 이번에 캐서린과 함께한 저술은 내게도 매우 고무적이었으며 깊이 몰입한 작업이었다.

캐서린과 나의 생각, 아이디어가 작은 논문이 되고, 논문이 책으로 발전하면서 큰 변화를 만들기 위한 출발을 할 수 있었다. 우리가 희망하는 것처럼 책이 큰 변화를 만들기 위한 출발점이 되었다. 캐서린은 정치 산업 이론 창시자이자 이 책에서 규명한 정치 혁신 전략을 창시한 사람이다. 뿐만 아니라, 아이디어를 전국적으로 전파하고 실행하는 원동력 역시 그녀에게 있다. 이번 일에 내가 함께할 수 있어 자랑스럽다.

〈권력의 배신〉은 나의 스무 번째 책이다. 이 책이 내가 쓴 마지막 책이 될지는 모르겠지만, 다가오는 향후 수십 년 동안 다양한 기업과 국가가 전략적 사고와 통찰력을 쌓는 데 도움이 될 것이라고 생각한다. 또한 학생들과 기업, 정부 리더들을 지도하는 일을 지속한 뒤 돌이켜볼 때, 이 책이 가장 중요한 저서가 될 수도 있다고 판단한다. 이 책은 가장 중요한 시점에 정치를 위한 해결책과 실행방안, 그리고 성과 창출을 위한 대안을 제시하고 있다. 당파적 교착 상태에 빠져 있는 미국 정치를 혁신하고 민주주의를 구할 수 있는, 매우 중요한 로드맵이다. 당신이 읽으면서 느끼겠지만, 우리는 이런 혁신을 예전에도 실행한 적이 있다. 이제 무엇을 어떻게 실행할 수 있는지 알아볼 차례다.

- 마이클 포터

전 세계가 '코로나 바이러스COVID-19'라는 위험한 적을 물리치기 위해 애쓰고 있다. 현재 미국인 4명 중 1명이 "대피소로 피난하라"는 명령을 받고 있다. 대도시 병원에는 환자들이 몰려오고 있고, 의료 물자도 부족한 상황이며, 바이러스 감염이 바이러스 검사를 받는 것보다 쉬운 일이 되었다. 많은 사람들이 코로나 바이러스의 대유행의 영향으로 꽤 오랜 기간 동안 경제불황이 지속될 것이라고 예측하고 있다.

감염곡선의 상승을 막기 위해 싸우는 현재, 세 가지 현상이 나타났다.

첫째, 국민들은 초당파주의, 사리사욕, 정치-산업 복합체의 기회주의 때문에 또 한 번 실망했다. 이는 그리 놀라운 사실도 아니다. 현재 상황의 심각성에도 불구하고 많은 사람들이 독이 된 정치 때문에 무기력해진 상태다. 하지만 현재 시스템이 핵심적인 부분에서 심각하게 망가지지 않았다면, 조금의 희망도 보인다. 일부 국회의원들이 나서고 있고, 의료 전문가들의 서비스와 자원봉사도 일어나고 있다. 둘째, 지난 몇 주, 몇 달 동안 수백만 명의 미국인들을 위험에 빠뜨린 명백한 시스템 실패는 이 책에서 규정하는 해결책들이 매우 중요하다는 사실을 분명하게 보여준다.

마지막으로, 냉전, 911 테러, 대공황과 마찬가지로 코로나 바이러스 대유행 소식을 처음 접한 이후 국민은 국가가 코로나 바이러스에 대응하는 동안 자신과 가족에게 무슨 일이 일어났는지 국민들이 기억할 것이다. 이번 사태의 여파가 미국의 정치, 세대를 새롭게 정의할 것이다. 뉴노멀 시대, 방대하고 전면적 변화를 위한 순간과 기회가 와 있다. 국민의 이익을 위해, 또 수많은 사람의 희생을 기리기 위해, 국민들은 바람직한 정치 경쟁을 되살리는 정치 혁신에 투자해야 한다. 또 다시 준비되지 않은 상태로 정치에 발목이 잡히지 않기를 기도한다.

이제 나아갈 길이 보인다. 나 함께 가보자.

– 마이클 포터, 캐서린 겔

Contents

1부 정치적 경쟁

2부 정치 혁신

들어가기 전에

2005년, 유명한 작가 데이비드 포스터 월리스가 케니언칼리지에서 졸업식 연설을 했다. 그는 물고기 이야기로 연설을 시작했다. "어린 물고기 두 마리가 헤엄쳐 가고 있는데, 우연히 다른 길로 헤엄쳐 가는 나이든 물고기를 만났습니다. 그때 나이든 물고기가 물었지요. 좋은 아침! 얘들아, 물은 어때? 그러자 어린 물고기 두 마리 중 한 마리가 다른 물고기를 바라보며 물었습니다. 도대체 물이 뭘까?' 월리스는 나이든 물고기에 자신을 비유하려는 이야기가 아니라고 밝힌 뒤 이야기의 요점을 말했다. "대다수가 동의하는 가장 분명하고 중요한 현실은 보거나 이야기하기 어렵다는 사실을 말한 거예요."

미국 정치 시스템은 물이 물고기를 둘러싸고 있는 것과 비슷한 방

식으로 국민을 둘러싸고 있다. 정치는 그저 '우리가 알고 있는 그것'
으로 받아들여진다. 정치에 대해 불평하기도 하지만, 바뀔 수 있다
고 믿지 않기 때문에 정치의 본질에 관한 문제를 제기하지도 않는
다. 정치의 기능적 장애, 교착 상태, 정부의 무반응을 정상적인 것처
럼 받아들인다. 심지어 국가적 어려움에 처해 있을 때도 같은 생각
을 한다. 그리고 선거일이 되면 투표소로 가, 투표용지에 적힌 두 가
지 대안 중 하나를 선택하고, 두 가지 대안을 좋아하지 않아도 문제
를 제기하지 않는다.

　지난 50년 동안 많은 미국인들에게 정상적인 현상으로 간주된
것이 또 있다. 경제 성장을 이룬 36개 민주주의 국가들과 비교했을
때, 미국인의 삶의 질은 매우 낮아졌다. 이런 사실은 몇 가지 지표만
봐도 쉽게 알 수 있다. 미국은 '교육의 질' 33위, '아동 사망률' 33위,
'소수민족에 대한 차별과 폭력' 26위, '식수 청결도' 31위를 기록하
고 있다.[2] 이처럼 미국 경제의 글로벌 경쟁력 쇠퇴와 정치적 교착 상
태, 정부에 대한 신뢰도 하락을 고려하면 위대한 미국을 만들기 위
한 실험이 붕괴 직전에 있다고 말해도 과언이 아니다. 그럼에도 불
구하고 '현재 정치가 정상적'이라는 생각이 우리 모두를 감싸고 있
다. 무관심과 회피는 변화를 만들기 위한 노력을 꺾고 합당한 분노
의 표출도 쉽게 진압되도록 이끌고 있다.

　이러한 무력감에 굴복하지 않으려는 사람들은 정치에 관여해 무
엇이라도 해보려고 시도한다. 예를 들어, 자신이 지지하는 정당에

지원을 과감히 줄여본다. 또 어떤 이들은 '적폐 청산'처럼 현 상황을 바로잡을 후보가 나타나기를 기대한다. 국가 부채나 이민 같은 주요 정책적 이슈에 주목하는 이들도 있다. 그러나 정치를 혁신하는 일은 '사람', '정당', '정책'보다 훨씬 복잡한 차원의 일이다. 미국에서 정치적 기능장애가 발생하는 근본 원인은 상당히 깊은 차원이어서 아무도 쳐다보고 싶어 하지 않는다. 그 근본 원인은 '경쟁의 힘The Forces of Competition'으로, 우리 생각대로 작동하지 않는 정치 시스템의 가장 중심부에 있다.

시민들은 미국의 정치 시스템이 미국 건국 헌법에 기반한 일련의 숭고한 원칙과 공정한 절차를 준수하는 공적 제도라고 생각한다. 이 생각을 틀렸다. 현재 미국 정치 시스템은 자기들 스스로 규칙을 정하는 이익추종자들로 구성되어 있어서 자기 잇속만 차리고 상황을 유지하고 싶어 하는 이들로 가득한 민간 산업으로 볼 수 있다. 정치인들은 공공의 이익을 위해서 봉사하지 않고 자신의 이익을 위해 자원을 늘리고 축적하는 경쟁을 하고 있으며, 정치라는 기존 산업 안에서 지위를 위협하는 새로운 경쟁상대를 방해하기 위해 진입장벽을 만들기 위한 경쟁에 최선을 다하고 있다. 문제 해결을 위한 선거와 입법 리더십이 발휘되어야 하지만, 실상은 바람직하지 않은 경쟁을 조장하고, 오히려 미국 민주주의가 추구하는 혁신을 저해하는 일을 하고 있다. 오늘날 정치는 문제를 해결하기 위해서 존재하는 것이 아니라, 문제 해결을 막는 중요한 장애물이 되고 말았다.

미국 정치를 퇴보시키는 주요 원인은 우리가 예측하지는 못한 강력한 규칙, 구조, 규범과 관행들이며, 우리는 이것들을 정치 기계The Machinery of Politics라고 표현한다. 이 정치 기계는 '후보자가 어떤 과정을 거쳐서 투표용지에 이름을 올리는지', '유권자가 어떤 방식으로 투표하는지', '어떻게 법안이 법률이 되는지' 같은 일들을 조용히 결정하고 있다. 이런 현상을 두고 이념적 분열을 일으키는 양쪽 진영은 비난을 받아 마땅하다. 민주당과 공화당이 공동으로 조율해 규칙과 관행을 만드는 과정은 아무런 규제도 받지 않은 채 정치 산업을 보호하고 영속화하는 데 기여했다. 거대 정당은 힘을 키우기 위해 선거와 입법 메커니즘을 최적화했다. 정치 시스템을 통제하기 위한 새로운 '경쟁의 힘'은 계속해서 의도적이고 체계적으로 무력화되어 왔다.

정치적 관점에서 워싱턴 D.C.는 완전히 붕괴된 것 같다. 정당에 상관없이 모든 공직 후보자들이 집회 때마다 그렇게 외치고 있다. 그러나 미키 에드워즈 전 공화당 하원의원이 예리하게 설명했듯이, 이 진부한 문구는 실제로 무슨 일이 일어나고 있는지를 모르게 만들 뿐 아니라, 실제로 일어난 사실을 오해하도록 만들 수 있다. 워싱턴 D.C.는 설계된 방식대로 작동하고 있으며, 설계된 결과를 우리에게 정확히 전달하고 있다. 문제는 시민, 유권자, 그리고 공익을 위해 작동하도록 설계되지 않았다는 것이다.[3] 우리에게는 붕괴된 것처럼 보이지만, 미국 정치는 설계된 대로 굴러가고 있다. 이대로 지켜보기만 해서는 혁신을 이룰 수 없을 것이다. 정지 혁신을 위해서는, 우리 스스로 정치적 혁신을 수행해온 전통을 되살려야 한다. 현재 정치 시스템이 제공하는 결과를 바꾸고 싶으면 직접 나서서 게임의 규칙을 바꾸어야 한다. 이 책의 유일한 목적이자 힘은 '정치 혁신'이며, 그것이야말로 우리가 보호해야 하는 위대한 유산이다.

목적과 힘은 '투명성'에서 시작되는 것처럼, 가장 먼저 우리는 앞서 언급한 물고기 두 마리처럼 지금 헤엄치고 있는 물을 인식해야 한다. 정치 산업에서 거의 모든 것이 '선거'와 '입법'의 부패로 귀결된다. 정치인들은 당신이 원하는 방식과 방향으로 일하지 않는다. 어쩌면 그들은 조금도 우리를 위해서 일하지 않고 있는지도 모른다.

현재 선거와 입법은 어떻게 이루어지고 있는가?

당신이 미국 하원의원이라고 상상해보자. 당신은 초당적으로 처리되어야 할 중대한 국가적 사안을 다루는 법안을 심의하고 있다. 당연히 당신은 '이 법안이 좋은 생각인가?', '국가를 위하는 정책인가?', '유권자 대다수가 원하는 것인가?' 같은 중요한 질문을 던져보아야 한다. 그러나, 현재 정치 시스템에 참여하는 후보자들이 관심 가지는 질문은 단 하나뿐이다. '내가 이 법안에 찬성하면 정당 내 예비선거에서 다시 지지를 받을 수 있을까?' 만약 이 질문에 대한 대답이 '아니오'라면 중요한 현안을 판단할 때 대답도 자동으로 '아니오'가 될 것이다. 다른 질문은 해보지 않는다. 다음 선거에서 재선이 되어 직위를 유지하기 위해서는 해당 법안에 반대표를 던지도록 강요받을 것이기 때문이다.

만약, 이런 경우에 당신이 소속 정당보다 국가를 우선시하는 결정을 했다고 가정해보자. 그 결정은 당신이 재선에 실패할 위험을 감수한다는 뜻을 담고 있으며 해당 법안의 타협책을 공개적으로 지지한다는 사실을 의미한다. 즉, 공개적으로 정당 지도부의 요청을 무시하는 선택을 하는 것이다. 중요한 이해관계가 얽힌 위협을 극복하겠다는 의지 표명으로 볼 수 있다. 법안에 찬성표를 던지는 순간, 매우 곤란한 처지에 놓이게 된다. 다가오는 재선에 있어서 해당 법안의 통과 여부는 중요하지 않다. 전문가와 정부 개혁가, 유권자들로부터 지지를 받는 것 또한 중요한 사안이 아니다. 당신이 현재 직위를 유지하고 싶을 때 중요한 것은 '당파적 정치 시스템 안에서 소속 정당이 당신의 의사결정에 어떻게 반응할 것인가'다.[4]

미국 정치에서 가장 강력한 문구는 바로 '조만간 예비선거를 치러야 한다'이다.[5] 여러 이해관계자와 극단적 이념을 가진 당파주의자들이 장악하고 있는 '정당 내 공천 경쟁'이라고 할 수 있는 차기 예비선거에서 당신이 민주당원이라면 급진좌파와 경쟁해야 할 것이고, 공화당원이라면 극우파와 경쟁해야 할 것이다.[6] 아마도 당신은 초당파적 행동 때문에 예비선거에서 지고 말 것이다. 현재 미국 정치에 만연한 불건전한 경쟁은 공익을 위한 행동과 재선될 가능성 사이에 사실상 아무런 관련이 없다는 사실을 보여주고 있다. 현재 선거와 입법에 관한 정치 시스템은 선출직 의원이 시민이 원하는 방향으로 일을 하면 직위를 잃을 가능성을 키우는 구조다. 정당 예비선거는 문제해결 능력을 가진 정치인은 절대로 통과할 수 없는 바늘구멍과도 같다. 너무나 어처구니없는 일이다.

　이번에는 당신이 선출직 의원이 아니라고 가정해보자. 당신은 사업에서 성공적인 경력을 쌓았고, 미국 전역의 대다수 시민들처럼 미국 의회에 깊은 불만을 품고 있다고 생각해보자. 사업 성공 여부는 시장 기회를 파악하는 능력에 의해 결정된다. 미국 정치에 이를 대입해보면, 시장에 현재보다 나은 옵션이 필요하다는 것은 너무나 명백한 사실로 보인다. 특히 지역구에서 두 명의 나쁜 후보자들 중 조금 덜 나쁜 후보자를 선택해야 하는 상황이라면 더욱 그러하다. 당신이 진정한 기업가라면, 이런 상황에서는 무소속 후보로 선거에 출마하거나 스타트업을 시작하는 것처럼 새로운 정당을 만들 것이다. 이런 시도를 해보면, 처음에는 미래가 밝아 보일 것이다. 정책 플랫폼과 문제 해결에 초점을 둔 메시지가 반향을 불러일으킬 것이다. 신규 진입자임에도 불구하고 빠르게 입지를 굳힐 것이다. 유권자들은 당신의 입후보에 관심을 기울일 것이고, 토론 무대에서 당신을 보고 싶어 할 것이다. 예비 유권자들이 교착 상태보다 타협을 바라기 때문에, 당신은 국회에서 양당을 초월해 일하겠다고 맹세하면서 상대 정당을 비방하지 않고 긍정적인 캠페인을 벌일 것이다. 곧 당신을 향한 여론조사 지지율이 높아지면서 매우 경쟁력 있는 후보처럼 보이기 시작할 것이다.

이쯤에서 문제가 생기기 시작한다. 당신이 이런 모멘텀을 쌓으면 지역 내 오피니언 메이커들과 정치 내부자들이 이쯤에서 그만두라고 당신을 설득할 것이다. 선거에서 승리하는 일은 어림도 없다고 말할 것이다. 당신이 획득하는 표는 특정 정당 후보의 표를 빼앗아오는 것이며, 직접 경선에 참가하지 않았다면, 당신이 사임하면서 지지할 후보의 표를 빼앗는 것이라고 말할 것이다. 지금 후보에서 사퇴하지 않으면, 이 주요 정당 후보가 가져야 할 표를 훔쳐서 선거를 망칠 수도 있다고 이야기할 것이다. 당신은 이런 주장이 매우 불공평하다고 생각할 것이다. 유권자들은 새로운 대안을 갈망하고 있는데, 어째서 선택의 폭과 새로운 아이디어가 줄어드는 일이 더 좋은 것이라고 말하는지 회의를 품을 것이다. 당신이 선거에서 사퇴하지 않으면 결국 두 명의 나쁜 후보들 중 더욱 나쁜 후보에게 승리를 안긴다는 것이 미국 선거의 현실이다. 결국 선거에서 승리하는 후보는 당신이 낙선시키기 위해 열심히 노력한, 바로 그 후보가 될 가능성이 크다.

당신은 공공의 이익을 위해, 또 현재 정치인들이 무시하는 해결책을 실현하기 위해 출마를 결심했을 것이다. 그러나 최다득표자만 당선되거나 승자가 모든 유권자의 표를 독식하는 미국의 상대다수

투표제는 '스포일러 현상(당선 가능성은 낮지만 유력 후보 당선에 지장을 줄 정도의 득표가 가능한 후보 출마)'을 일으켜 오히려 혼란을 야기한다. 또 새로운 아이디어와 후보의 경쟁을 막는다.

자유시장처럼 작동해야 하는 선거가 비민주적으로 구조화되어 있는 사실에 놀라고 좌절하고 나면 시민이 할 수 있는 일을 하는 초석을 다진 것이다. 대부분의 산업과는 달리 정치 산업에는 독점금지 규제가 적용되지 않으며, 이런 현상을 해결하려는 독립적인 규제기관도 없다는 사실도 발견할 수 있다.[7] 이제 당신은 정치 시스템 안에서 정당 예비선거와 상대다수득표제가 복합적으로 작용해 공공의 이익을 저해하고 있다는 사실을 이해하게 되었을 것이다. 정치 산업은 문제를 해결할 동기가 작동하지 않는 시스템이다. 결과에 대한 책임도 지지 않는 구조다. 바람직한 경쟁을 회복하기 위한 힘 역시 아직까지는 보이지 않는다.

정치 산업에 관하여

미국 정치 산업의 중심에는 복점 구조Duopoly(두 개 기업이 시장을 양분하는 경쟁 구조)로만 설명할 수 있는 두 경쟁자가 있다. 바로 민주당과 공화당이다. 이런 복점 구조를 둘러싸고 특별 이익집단, 로비스트, 거액 기부자, 슈퍼 PAC(미국 부호들로 구성된 민간 정치자금 단체로, 특정 정당에는 소속되어 있지 않으며 외곽에서 선거 지지 활동을 벌이는, 합법적으로 무제한 모금이 가능한 조직이다), 싱크탱크, 여론조사기관, 컨설턴트, 언론 등이 있다. 이들이 워싱턴 D.C.와 미국의 다른 지역들을 연결하는 다리 역할을 하고 있다. 이처럼 복점 구조를 둘러싼 존재를 '정치-산업복합체Political-Industrial Complex'라고 부르기로 한다. 2016년 연방 선거 기간 동안 정치-산업복합체의 지출은 160억 달러(한화 약 19조원) 이상이었다. 이는 미국 주정부의 연간 예산보다 큰 금액이다.

이 산업체는 고객들, 즉 일반 시민들의 불만을 키웠다. 다른 산업이라면 기업가들은 고객 불만이 높은 기존 상황을 시장 진입 기회로 인식하고 고객들의 요구를 보다 신속하고 효율적으로 충족하는 경쟁자가 되려고 할 것이다. 그러나 미국 정치에서는 이렇게 새로운 경쟁자를 만드는 일이 불가능하다. 왜 그럴까? 이 질문에 대한 해답을 찾기 위해서는 미국의 선거와 입법에서 발생하는 경쟁의 본질을 이해해야 한다.

선거와 입법 경쟁을 이해하기 위해 우리가 사용하는 분석 방법은 '5가지 경쟁요인 프레임워크Five Forces Framework'다. 이 방법은 40년 전 영리 산업을 대상으로 해당 산업의 경쟁 구조와 경쟁 본질을 이해하기 위해 개발된 것이다.[8] 개발된 이후로 줄곧 다양한 산업의 경쟁을 분석하는 매우 중요한 분석 기법으로 사용되었다. 이 분석 기법에 따르면 모든 산업은 다양한 참여 주체들이 상호간 경쟁하고 협력도 하는 매우 복잡한 시스템이다. 이후에 설명하겠지만, 미국의 정치 산업은 역시 5가지 주요 경쟁요인, 즉 경쟁업체, 구매자, 공급업체, 신규 진입자와 대체재에 의해 움직인다는 점에 있어서는 다른 산업과 같다. 정치 산업에서 5가지 경쟁요인이 어떻게 영향을 주고받는지 분석함으로써, 정치 산업의 인센티브 구조가 왜곡되어 있다는 사실과 형편없는 결과를 만들어도 누구도 책임지지 않으며, 새로운 경쟁을 도입해 산업을 올바르게 재편하는 시도도 일어나지 않는다는 사실을 구체적으로 설명하고자 한다. '산업 내 경쟁'이라는 관점에서 미국의 정치 산업 경쟁이 매우 바람직하지 않다는 중대한 사실을 밝힐 것이다. 이뿐만 아니라 정치 산업에 관한 다른 본질적인 질문도 다룰 예정이다.

　미국이 많은 산업에서 수많은 혁신을 만들어내고 있음에도 불구하고, 유독 정치에서만 혁신적이지 못한 것은 무엇 때문일까? 유권자들이 투표 현장에서 소수의 실망스러운 후보자들 혹은 대안들을 두고 반드시 선택해야만 하는 현재 상황을 왜 우리는 정상적인 현상으로 받아들이고 있을까? 왜 워싱턴 D.C는 아무런 조치도 하지 않을까? 어째서 무소속 후보는 당선될 가능성이 거의 없는 것일까? 가장 이상적으로 작동하는 최적의 정치 시스템에서는 어떤 결과를 기대할 수 있을까? 마지막으로, 가장 중요한 질문은 '정치 시스템에서 위대한 결과를 얻어내기 위해서 무엇인가를 해야 한다면, 가장 먼저 무엇을 할 수 있을까?'이다.

미국 정치를 5가지 경쟁요인이라는 렌즈를 통해서 살펴보면, 왜 중요한 정치적 과제들이 한 정당이 다른 정당으로 대체되거나 선출직 의원이 다른 사람으로 대체되어도 해결되지 않는지를 이해할 수 있다. 새로운 정책이나 의미 있는 정치적 개혁 노력도 문제를 해결하지 못했다. 경쟁 분석 렌즈는 이 책에서 제시한 중요한 약속, 즉 현재의 당파적 교착 상태를 타개하고 민주주의를 구해낼 정치 혁신 원동력을 제공한다. 또 현재 정치 시스템의 작동 방식을 이해함으로써, 우리가 어떻게 혁신 에너지를 사용해야 하는지를 보다 객관적 기준을 적용해 결정할 수 있다.

현재 미국의 정치 산업을 바꾸려는 대부분의 노력은 게리맨더링을 끝내거나, 정치자금을 줄이거나, 재임 기간을 새롭게 설정하거나, 선거일을 국경일로 지정하는 것처럼 다양한 아이디어로 나타나고 있다. 그러나 많은 아이디어는 정치 시스템이 실패하는 근본적 원인을 다루지 못했다. 처음부터 아예 실행할 수 없었던 아이디어도 있었다. 과연 우리는 어떤 일을 할 수 있을까? 달성 가능하고 지속 가능한 대안에는 무엇이 있을까?

정치 혁신의 중요한 두 가지 요소를 살펴보자. 강력한 혁신은 증상만을 다루지 않고 문제의 근본 원인을 다루어야 하며, 정치 시스템이 공공의 이익을 위한 결과를 도출하도록 설계되어야 한다. 달성 가능한 혁신은 적당히 타협해서도 안 되고 비당파적이어야 하며 의미 있는 성과를 이루는 일이 수십 년이 아닌 수년 안에 가능해야 한

정치 혁신의 의미

'정치 혁신'이란 측정 가능한 결과를 도출하기 위해 고안된, 미국 정치가 망가진 근본 원인에 초점을 맞추는 초당파적 프레임워크다.

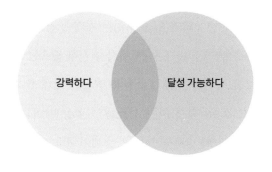

다. 예를 들어, 헌법 개정은 이 기준에 부합하지 않는다.

우리가 시도하는 새로운 접근 방식을 다루는 데 있어 정치 산업 이론은 매우 중요하다. 정치의 본질을 설명하고 복잡하게 얽힌 요인들을 연결지어 보면, 정치 혁신을 위해 어떤 처방이 필요한지 분명해진다. 가장 먼저 선거와 입법을 지배하는 규칙, '정치 기계The Machinery of Politics'를 바꿔야 한다. 늘 그렇듯이, 게임의 규칙은 게임 진행 방식과 게임의 결과에 중요한 영향을 미친다. 정치 산업에서 '현재 게임 규칙에 따른 결과'는 '바람직하지 못한 경쟁'이다. 그래서 미국 정치 산업의 규칙을 바꾸어야 한다.

선거 규칙의 경우, '5명의 후보 선출Final-Five Voting' 적용을 제안한다. ①현재의 폐쇄적인 정당 내 예비선거를 초당파적 공개 예비선거로 대체하고, 공개 선거에서 최종 5명의 후보를 본선거 후보로 내세우자. ②최다득표자만 당선되거나 승자가 모든 유권자의 표를 독식하는 상대다득표제도로 진행되는 본선거를 순위선택투표 방식으로 대체하자(5장에서 자세히 설명할 예정이다).

입법 규칙의 경우, 낙후된 관행과 규범을 초당파적 문제해결 방식으로 설계된 현대적 모델로 대체할 것을 제안한다. 이런 혁신은 정치 경쟁의 본질을 바꿀 것이며 궁극적으로는 의미 있는 결과를 도출해낼 것이다.

정치 산업 메커니즘을 이해할 때

우리가 추구하는 정치의 핵심은 국민의 삶에 존재하는 실제 문제를 해결할 수 있는 시스템 재건이다. 더 많은 선택권이 있고, 더 많은 의견을 낼 수 있으며, 더 좋은 결과를 도출할 수 있는 시스템이 재건되어야 한다.[9] 정치에 바람직한 경쟁을 확산시켜야 한다. 우리의 시도는 연구와 결론을 보다 명확하게 설명할 수 있는 몇 가지 원칙으로 이루어져 있다.

첫째, 이 일을 시작한 때부터 우리의 목적은 분석에만 있지 않았다. 실행에 옮기는 것이 핵심이다. 통찰력이 있는 분석도 문제를 해결하는 데는 충분하지 않다. 정치 산업을 이해하기 위해 열심히 노력한 이유는 현재 정지를 고칠 수 있는 해결방안을 찾기 위해서였다. 대부분의 정치적 분석이 논평과 한탄, 설명에 그치기 때문에 그런 노력은 실질적인 해결책을 처방하지 못하는 경우가 많다. 앞서 언급했듯이, 중요한 것은 실질적이고 실체적인 해결책이다.

둘째, 우리가 기업 경쟁을 분석하는 프레임워크를 사용한다고 해서, 정부가 마치 기업처럼 운영되어야 한다고 주장하는 것은 아니다. 정부는 정부이기 때문에 가지는 본원적 책무와 구조가 기업과는 다르다. 이 책에서 다루고자 하는 것은 정부 자체(기관, 부서, 공공 서비스 등)가 아니라 정치 시스템이다. 기업 경쟁을 분석하는 도구는 정치 시스템의 과제를 보다 쉽게 이해할 수 있도록 도와주고 더 나아가 정치 시스템 재건에 필요한 해결책을 조명하는 데 많은 도움을 준다.

셋째, 이론적으로 더 나은, 더 공정한 민주주의나 대의제도에 초점을 맞추지 않고 정치가 약속한 민주주의와 자유, 평등에 집중하고자 한다. 매우 실용적으로 문제를 다룰 것이다. 우리가 제안하는 혁신은 대의제도와 민주주의를 지지한다. 또한 정부가 공공의 이익을 위해 할 수 있는 일을 전달할 것이다. 역사가 보여주듯이 전 세계인들이 권위주의의 강력한 힘과 대의정치의 자유를 기꺼이 교환하려고 할 것이다.[10]

마지막으로, 이 책은 정치에 관한 책이지만, 그 자체로서 정치적이거나 당파적이지 않다. 캐서린 겔은 민주당원이었지만, 이제 자신을 '정치적 노숙인이자 무소속 중도파'라고 표현한다. 마이클 겔은 매사추세츠 공화당원이지만 근본적 문제가 정당이나 정치인에 의해서 시작된 것이 아니라면, 한쪽이나 다른 한쪽에 책임을 묻는 것은 옳지도 않고 도움이 되지도 않는다고 강조한다. 다시 한번 강조하지만, 모든 선거 주기와 행정부에 걸쳐 계속되는 문제의 원인은 특정 정당, 정책이 아닌 정치 시스템, '정치 산업'에 있다.

이 책을 읽기 위한 가이드

이 책을 읽다 보면, 정치를 다르게 생각하고 이야기하기 위해 채택한 새로운 용어들을 발견하게 될 것이다. 민주당과 공화당이 지배하는 현재의 미국 정치 산업을 '복점구조'라고 표현한 것을 예로 들수 있다. 이런 용어를 사용한 이유는 중립적인 입장에서 정치 산업을 보다 정확하게 설명하기 위해서다.

복점구조는 우리가 언급한 정치–산업복합체, 정치 안팎에서 작용하는 생태계와 기존 정당의 상호작용, 다른 사람들을 희생시키면서 자신들의 이익을 추구하는 주체들의 합종연횡 현상 속에서 존재한다. 복점구조라는 표현에서, 우리는 중립적이지 않으며, 현재 정치–산업 복합체는 공공의 이익에 대해서 끔찍한 시사점을 던져 주고 있다.

복점 경쟁은 주로 신기와 입법 과정에서 펼쳐진다. 우리는 시민들이 이 경쟁이 불변의 구조물이라고 생각하고 싶어 한다는 사실을 알아차렸다. 이후 명확하게 밝히겠지만 이는 사실이 아니다. 경쟁 구조를 설명하기 위해 '선거 기계'와 '입법 기계'라는 용어를 사용했다. '기계'는 정해진 사양에 따라 제품을 안정적으로 생산하도록 설계되었다. 오늘날의 선거와 입법은 복점구조가 선거에서 승리하는 방식과 법안을 통과시키는 방식에 더 많은 권한을 발휘하도록 최적화된 규칙과 프로세스로 구성되어 있다. 이 기계는 정치가 만들어내는 결과에 매우 중대한 영향을 미친다.

마지막으로 선거와 입법에 관한 내용은 주로 '미국 의회'에 관한 이야기다. 미국 의회를 고치는 것이 달성 가능한 중요한 사안이기 때문이다. 헌법 제1조에 규정된 바와 같이 의회는 미국 정부의 첫 번째 조직이다. 행정부의 비범한 성장과 권력의 중앙집권화에도 불구하고, 의회는 대의민주주의의 핵심이 되어야 한다. 또한 의회는 바람직하지 못한 경쟁의 영향이 만연한, 그래서 가장 파괴적인 곳이다. 국민의 절반이 백악관의 일을 지지하지 않고 있다. 의회의 성과가 부족하다. 우리의 분석과 제안의 상당 부분이 주(그리고 심지어 시) 선거와 행정에 적용될 수 있다. 미국 의회가 현재의 정치-산업복합체의 포로로 잡혀 있는 한, 정치 혁신을 위한 도전이 심화될 것이다. 필요한 도전을 연구하고, 새로운 정치 혁신의 시대를 이뤄내기 위해 필요한 내용을 두 개 부분으로 나누어 담았다.

1장부터 3장까지는 정치 산업에서 누가, 무엇을, 언제, 어디서, 왜, 그리고 어떻게 경쟁하는지 탐구할 것이다. 그리고 4장부터 6장까지는 미국 역사와 우리의 이론을 바탕으로 당파적 교착 상태를 타개하고 본원적 민주주의를 재건하는 성취 가능한 계획(5명의 최종후보를 선출하는 대안, 현대적 입법 기계 등), 즉 정치 혁신에 초점을 맞췄다.

이 책의 출시 날짜에 비추어 볼 때, 당신은 2020년 가을과 겨울 사이에 이 책을 읽고 있을 가능성이 높다. 그때는 미국 대통령 선거 운동이 최고조에 이르는 시기다. 당신은 이번 대통령 선거가 우리에게 가장 좋은 결과를 가져올 것이라고 믿지 않고 있을 것이다. 우리 역시 당신과 같은 생각이다.

이 책의 집필을 시작할 때, 2020년 11월은 몇 광년은 떨어져 있는 것처럼 보였다. 2013년에 정치 산업 이론이 처음 뿌리내린 뒤, 하버드 경영대학원 논문이 먼저 출판되면서 토론을 거칠 수 있었다. 그 과정에서 이 책이 제시하는 정치 산업 분석이 선거철에 잠시 등장했다가 사라지지 않을 것이라는 사실을 명확하게 인지했다. 이 책에서 규명한 중요한 정치 혁신이 받아들여지거나 실행되지 않는다면, 2020년 미국 대통령 선거가 곧 이루어질지, 이미 지나간 일인지는 중요하지 않다. 이 책을 집어든 지금이 적기다. 만약 정치 산업을 제대로 알지 못한다면 우리는 영원히 바람직하지 못한 정치 시스템 속에 갇히고 말 것이다. 당신과 함께 지금, 현재를 바꿀 수 있기를 간절히 바란다.

· 1부 ·

정치적 경쟁

THE
POLITICS
INDUSTRY

1장

공공성을 내세운
민간 산업

놀랍게도 미국의 정치 시스템은 한때 전 세계의 부러움을 사는 모델이었다. 미국 정치 시스템은 일반 대중이 상당한 관심을 가지도록 유도했고 사회·경제적 발전을 촉진하는 체제를 만들었다. 미국 건국 이후부터 시작된 국가 발전 혜택이 모든 미국인에게 아주 공평하게 분배되지는 않았지만 항상 공공의 이익에 반하는 방식으로 작동하지는 않았다. 정치가와 정당은 권력을 위해 싸워왔지만, 현재와 미래를 위해 좋은 해결책을 만들고 정치적 타협을 통해 의미 있는 일들을 해낸 경우도 많았다. 또 많은 시민의 지지를 얻었던 시절도 있었다. 향후 3장에서 이야기하겠지만, 이런 노력은 국민들이 미국 정치에 기대하는 이상적인 결과였다.

이런 노력들이 미국 역사에서 가장 미국적인 혁신이라고 할 수 있는 현대적 대의민주주의를 탄생시켰고, 민간 부문에서 가장 성공적인 자유시장경제와 비교할 수 있는 '정치적 경쟁'이라는 전통을 만들었다. 하지만 현재는 이런 노력과 전통들이 그 의미를 거의 잃어가고 있다.

현재 미국의 정치 시스템은 미국을 쇠퇴시키는 주요 원인이며, 미국 정치가 해결해야 하는 가장 중요한 문제를 다루는 데 있어서 매우 심각한 장애물이 되었다. 미국인들은 현재의 정치적 교착 상태와 기능적 장애 현상을 체념하고 있으며, 이런 상황을 혁신적으로 바꾸는 일에 관심을 갖지 않는다. 시민들은 사회적 현상에 대해서 심의하고 문제를 해결해야 하는 정치 시스템이 지난 수십 년간 후퇴했음에도 불구하고, 정치인을 위한 정치를 하거나 심각한 초당적 현상을 보이는 정치 시스템을 당연한 것처럼 받아들이고 있다. 시민들이 이런 현상을 수용하는 이유는 현재의 정치 시스템이 미국 헌법에 근거한, 매우 공정한 법에 의해 통치되는 공적인 제도라고 가정하기 때문이다.

이 가정을 의심해보아야 한다. 미국의 건국 헌법은 현대 정치 시스템의 많은 부분을 명확하게 규정하지 않았기 때문이다. 헌법에는 의회가 어떻게 작동해야 하는지를 상세히 기술한 6개의 단락만이 존재하며, 의회의 구성원을 어떻게 선출할 것인지를 설명하는 부분 역시 몇 개 문장으로 서술되어 있다. 정치 시스템에서 일상적인 행위와 결과를 규정하는 대부분의 규칙들은 복잡한 정치-산업 복합체 내부에서 정치인들 혹은 일부 정치적 연합 세력들이 자신들을 위해서 지나치게 최적화하거나 별도로 규정한 것인 경우가 많다. 오늘날 미국 시민의 대부분은 이런 정치 시스템의 수혜자가 아니다. 현대 미국 정치는 사실상 아무런 규제 없이 민주당과 공화당이 경쟁하는 구조 안에서 민주당과 공화당 스스로 경쟁 규칙을 규정하는 미국 내 유일한 산업이다.

미국을 건국한 창립자들은 정당을 경계했다. 조지 워싱턴은 1796년, 대통령직을 마치는 고별 연설에 정치적 당파주의가 미국에 끼칠 위험성을 알리는 내용을 상당 부분 포함시켰다.[1] 워싱턴의 후임자인 존 애덤스 역시 "공화당을 각각의 지도자와 서로 반대되는 다양한 주장을 펼치는 두 개의 정당으로 나누는 것이 가장 두렵다"고 말했다. 미국 건국의 주요 과제를 완성한 토머스 제퍼슨도 "천국에 갈 수 있지만, 정당과 함께 가야한다면 절대로 천국에 가지 않을 것"이라고 말했다.[2]

제퍼슨, 아담스, 워싱턴은 각각 반대파, 정치적 용병, 심지어 서로에 의해 공화국의 초기 정치에 상당한 어려움을 겪었다. 그들의 창립 연합은 당파를 활용하려는 생각이 없었다. 우리가 억제되지 않는 당권의 위험을 경계하라는 그들의 충고에 주의를 기울이지 않은 것을 고려하면, 세 명의 미국 전 대통령 혹은 그들을 추종하는 신봉자들은 오늘날 바람직하지 못한 정치적 경쟁이 민주주의를 무너뜨린 사실에 충격 받지 않을 가능성이 있다.

문제는 정치인이나 정당 자체가 아니다. 대부분의 정치인들은 긍정적인 정치적 기여를 하려고 하지만, 혼자 힘으로는 바꿀 수 없는 시스템 속에 갇혀 있다. 민주주의 제도 하에서 정당들은 시민들을 공동의 목적과 희망 중심으로 조직하고, 유권자들로 하여금 충분한 정보를 기반으로 의사 결정을 내릴 수 있도록 도와주는 플랫폼과 아이디어를 전달하는 중요한 역할을 맡는다.[3] 민주당과 공화당은 다양한 면에서 미국의 발전을 이끌었다.

만약 강력한 정당들이 구성원들로 하여금 공익을 위해 입법안을 만들고 법을 제정하는 능력을 스스로 강화하는 역할을 한다면, 우리는 강력한 정당을 지지할 것이다. 하지만, 현실은 정당들이 초래하는 결과에 만족하는 사람들이 극히 소수에 불과한데도 정당들은 선거에서 계속해서 승리하는 능력만을 중요하게 생각하고, 새로운 경쟁을 좌절시킨다.

정당과 정치인, 주변 관계자들과 관련 조직들 간의 경쟁이 갖는 성격이 오늘날 큰 문제가 된다.[4] 미국의 정치 시스템은 힘과 재정을 키우고 위협으로부터 자신을 보호해 이익을 극대화하려는 정치-산업 복합체들에 맞게 설계되어 있다. 미국 정치에서 가장 중요한 고객이라고 할 수 있는 시민들을 위해서 설계된 시스템이 아니다.

정치는 공적 제도 수십억 달러의 규모를 갖춘 진정한 민간 산업이다. 새로운 관점에서 정치 시스템을 보면 완전히 새로운 이해를 할 수 있다. 이 관점은 우리가 공공의 지배 아래 있어야 하는 선거와 입법의 규칙을 사적 이익을 추구하는 일련의 집단과 그들의 영향력으로부터 되찾는 것이 얼마나 중요한지 이해할 수 있게 해줄 것이다. 가장 중요한 문제는 정치를 민주주의의 예측 가능한 장애물로 전락시키는 것이 아니라, 정치 산업을 공공의 이익에 부합하는 진보의 원동력으로 만드는 것이다.

　서론에서 설명했듯이, 정치 산업 이론은 응시를 위한 것이 아니라 행동을 위한 것이다. 정치적 혁신에 동기를 부여해 궁극적으로 현재보다 좋은 결과를 만드는 것이 목표다. 우리는 미국 정치 체제 본질을 조명하는 것에서 주요 구성원, 권력 구조, 운영 인센티브를 최대한 신속하게 구체화해야 한다. 미국 정치 산업을 이해하기 위해 경영학에서 산업 내 경쟁 구조를 분석하는 데 사용하는 핵심 프레임워크를 사용하고자 한다. 5개 경쟁요인으로 구성된 산업구조 분석 모델을 활용해 정치 산업에 관한 수준 높은 시사점을 제시할 것이다. 보다 종합적인 분석은 2017년 하버드 경영대학원 보고서 〈정치 산업 경쟁이 왜 미국을 망치는가〉를 참고하길 바란다.[5]

미국 정치에 적용해본 5가지 경쟁요인 모델

　5가지 경쟁요인 분석 틀은 원래 ①경쟁의 성격 ②구매자(채널 및 고객)의 힘 ③공급자의 힘 ④대체품의 위협 ⑤새로운 진입자의 위협을 분석해 영리를 추구하는 일반 산업에서 경쟁 성격을 결정하는 구조를 알아내기 위해서 개발된 것이다. 산업 구조의 거의 모든 것은 이 다섯 가지 경쟁 세력의 역학 관계에 의해 결정된다. 이 역동적인 관계가 산업이 어떻게 경쟁하는지, 해당 산업에서 활용되는 가치가 무엇인지, 그리고 그 가치를 포착할 수 있는 힘을 누가 가지고 있는지 결정한다. 산업 구조 분석은 정치 산업이 고객들이 불만을 가지고 있는 동안에도 어떻게 번창할 수 있는지 이해하는 데 도움을 준다.

건강한 경쟁은 상호 경쟁자가 윈윈하는 경쟁이다. 경쟁업체들은 고객의 요구를 더 잘 충족하기 위해 치열한 경쟁을 벌인다. 고객들은 열악한 제품과 서비스를 제공하는 기업들에게 다른 회사 제품을 구매하는 방식으로 페널티를 줄 수 있다. 고객에게 다가갈 수 있는 채널은 고객을 교육하고 경쟁업체들에게 더 나은 제품과 서비스를 제공하도록 압력을 가함으로써 건강한 경쟁을 유도한다. 공급업체들은 구매기업들로 하여금 보다 좋은 제품이나 서비스를 제공할 수 있는 납품을 하기 위해 경쟁한다. 신규 진입자와 대체자는 고객에게 가치를 제공하는 새로운 방법으로 찾음으로써 기존 산업이 가지고 있는 높은 진입 장벽을 극복한다. 결국 건강한 경쟁 속에서는 고객이 만족할 때 경쟁자들의 성과가 오른다.

처음으로 정치에 5가지 경쟁요인 분석 틀을 적용한 시도는 큰 주

5가지 경쟁요인: 정치 산업 구조

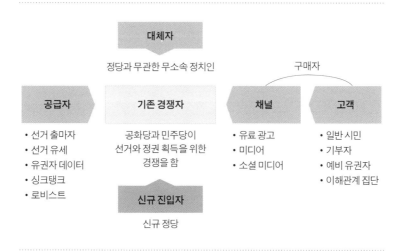

목을 받았다. 이 시도는 어떻게 미국 정치가 왜곡된 경쟁을 통해 국가를 괴롭히는 중요 산업 동력으로 작동하는지 보여주었다. 미국 정치에서 주요 경쟁자들은 가장 중요한 시민들을 위해서는 봉사하지 못했지만, 여러 세대에 걸쳐 그들의 복점구조를 확고히 하고 풍요롭게 만들기 위해 노력했다. 복점구조 아래에서 그들은 스스로 규칙을 작성하고, 자신의 이익을 위해 다른 사람들을 최적화하면서 건강한 경쟁의 힘, 즉 결과에 대한 책임을 규명하는 힘을 파괴했다.

정치에 있어 병약한 경쟁

정치 산업에 있어 경쟁은 두 가지로 발생되는데, 첫째는 선거에서 이기기 위한 경쟁이고, 둘째는 입법시키거나 입법을 제지하기 위한 경쟁이다. 현재 미국의 선거와 입법은 매우 바람직하지 않은 승부에 빠져들고 있다. 즉, 양당 체제가 승리하면 궁극적으로 일반 시민이 패배하는 구조다. 이러한 비극적인 결과는 정치 산업의 구조 때문에 발생하는 것이기 때문에, 그 구조를 심층적으로 이해하기 이전에, 정치 산업의 독특한 특성을 반드시 이해해야 한다.

정치의 이중성

정치 산업은 두 가지 통화를 가지고 있다. 어떤 고객들은 표로 지불하고, 어떤 고객들은 돈으로 지불한다.[6] 우리는 이것을 이중 정치 화폐라고 부른다. 현재 미국의 정치 산업에는 두 가지 고객 집단 간에 심각한 힘의 불균형이 존재한다. 힘이 거의 없는 일반 유권자와는 달리 특별 이익집단, 기부자, 그리고 정당 내 예비선거에 참여하는 유권자들은 엄청난 힘을 가지고 있다. 이런 현상이 발생하는 이유는 돈과 비교해 투표가 가지는 상대적인 힘에서 상당 부분 기인한다.

투표라는 화폐는 이제까지 실질 화폐보다 상대적 가치가 낮았다. 투표의 효용가치는 무한정 증가할 수 없는 반면(선거에서 경쟁자보다 한 표만 더 득표해도 승리하기 때문이다), 돈의 효용가치에는 한계가 없다(돈은 많을수록 효용가치가 증가하고, 정치 산업 복합체 내부에는 돈이 많으면 항상 돈을 사용할 곳이 있기 때문이다). 후보자들은 국회의원 선거에서 표를 받는 것을 너무나 당연한 것으로 생각한다. 왜냐하면 80퍼센트 이상의 선거구가 후보자 간 경쟁이 심하지 않고, 선거에서 최종 승자는 이미 해당 정당 내에서 치르는 예비선거에서 결정되는 경우가 많기 때문이다. 하지만, 실제 투표에 참여하는 것과 동시에 돈도 기부할 수 있는 특별 이익집단은 강력한 힘을 발휘할 수 있다.

정치에서 실질 화폐는 상당한 투자수익률ROI: Return on Investment 을 거둘 수 있지만, 투표는 상대적으로 그렇지 않다. 그렇다면 정치 산업에서 실질 화폐가 갖는 상대적으로 강력한 영향력을 어떻게 줄일 수 있을까? 두 가지 방법을 생각할 수 있다. 투표가 갖는 정치적 화폐의 가치를 실질 화폐보다 높게 만들거나 실질 화폐의 투자 수익률의 신뢰도를 투표보다 낮게 만드는 것이다. 향후 분명히 밝히겠지만, 투표의 가치를 낮출 수 있는 방법은 정치 산업의 구조와 경쟁 규칙에 달려 있다. 정치 산업에서 건강하고 역동적인 경쟁을 회복하기 위해서는 실질 화폐 대비 투표의 상대적 가치를 끌어올려서 일반 유권자들을 정치 산업에서 매우 중요한 고객으로 만들어야 하고, 동시에 현재 두 정당이 정치 산업에서 가지고 있는 지나친 지배력을 파괴해야 한다. 이 방안에 관해서는 5장에서 더 자세히 설명할 것이다.

경쟁자들: 양당 지배 구조

거의 모든 산업에서 경쟁의 핵심 축은 경쟁자들이다. 자동차 산업에서는 제너럴 모터스와 포드, 소비재 산업에서는 크래프트, 제너럴밀스와 유니레버를 떠올릴 수 있다. 미국 정치 산업에서 가장 중요한 경쟁은 복점 구조, 즉 주요 정당인 공화당과 민주당 사이의 경쟁이다.

중요한 두 경쟁자가 싸우는 복점 구조가 본질적으로 좋거나 나쁘다고 할 수는 없다. 그러나 정치가 현재처럼 구조화되어 있는 경우에는, 항상 동일한 두 경쟁자가 공익에 그다지 많은 기여를 하지 못해도 힘을 유지할 수 있다. 이런 현상은 산업을 막론하고 고객들에게 많은 문제를 초래할 수 있는데, 정치 산업에서는 민주주의의 악몽으로 작용한다.

정당들은 흔히 미국에서 '중류층'으로 묘사되는 유권자들에게 표를 얻기 위해 정면승부를 해야 한다. 하지만 정당들은 유권자들을 상호배타적인 당파적 진영으로 나누거나, 가장 의존적으로 투표 혹은 기부하도록 유도하기 위해 선거구를 결정하는 고도의 전략(종종 단일 이슈를 부각시키거나 보다 이념적인 프레임을 활용하는 방식)을 우선적으로 활용한다. 더욱이 양당 구조에서는 두 경쟁자가 치열하게 싸워도, 경쟁자 모두 '매력적인 산업'에서 궁극적으로 이익을 볼 것이라는 것을 잘 알고 있다. 복점 구조의 관점에서 '매력적인 산업'이란 기존에 두 경쟁자가 자신들이 사용했던 경쟁 방식을 더욱 강화하고, 공급자와 채널, 고객의 파워를 제한하면서 높은 진입장벽을 활용해 자신들을 보호할 수 있는 산업을 말한다.

복점 형태의 경쟁 구조에서 기존 경쟁자들은 해당 산업의 매력도를 높이거나 혹은 매력도를 약화시키지 않기 위해서 상호 간 필요한 조치를 취하려고 한다. 경쟁업체에게 책임을 물을 수 있는 독자적인 규제기관이 없거나, 독점 금지 규정이 적용되지 않는 경우에는 두 경쟁자간 담합과 반경쟁적 행위가 발생하고, 이는 매우 심각한 부작용을 일으킬 수 있다. 대규모 정치-산업 복합체도 각자 자신들의 이익을 키우기를 원하기 때문에 두 경쟁자는 더욱 자유롭게 담합할 수 있다.

경쟁자들이 유권자들을 분열시키고 극단적인 목표를 추구하기 위해 서로 암묵적으로 합의할수록 정치는 양극화된다. 이렇게 되면 일반 시민들이 절실히 요구하는 해결책 중심의 논의가 아닌 비합리적이고 이념적이며 감정적으로 포장된 이슈들을 유권자들 전면에 내세우게 된다.

고객들: 왜곡된 파워

정치 시스템은 공익을 위해 봉사하는 것이기 때문에, 모든 시민은 정치 산업에서 고객이 되어야 한다. 그러나 현재 미국의 정치 산업은 모든 고객들에게 똑같이 서비스를 제공하지는 않는다. 숙련된 기업이 가장 수익성이 높은 고객을 우선시하는 것처럼, 현재의 복점 구조는 기업의 이익을 가장 효과적으로 충족시키는 고객을 우선시한다. 정치 산업에서 가장 중요하고 수익성이 높은 고객은 정당 내 예비선거 유권자들, 특별 이익집단들과 기부자들이다. 이들은 두 개의 화폐, 투표와 실제 화폐를 안정적으로 제공할 수 있기 때문이다.

정치에서 고객의 파워

공급자 복점 구조는 돈과 투표를 제공하는 세 개의 중복 그룹을 우선시한다.

정당 내 예비선거 유권자들

이들은 모든 유권자의 보호자와 같은 역할을 하는 사람들이다. 모든 당의 후보는 본선거에 후보로 출마하기 위해 사전에 소속 정당의 예비 유권자들로부터 평가를 받아야 한다. 예비 유권자들은 일반적으로 정치적 활동에 더욱 적극적으로 참여하고 당파적인, 각 당 내부의 열성 좌파 또는 열성 우파 같은 사람들이다. 예비 유권자들은 본선거에서도 투표에 참여할 수 있다.[7] 의도적인 게리맨더링이나 지리적 분류 때문에 빨간색(공화당)이나 파란색(민주당)으로 상당히 기울어진 지역에서는, 당 내 예비선거가 사실상 유일한 선거가 될 가능성이 높다. 2016년 총선에서 미국 하원 경선의 10퍼센트 미만과 상원 경선의 28퍼센트 정도만이 치열하게 경쟁했다.[8] 나머지는 큰 경쟁 없이 각 정당에 돌아갔다. 다시 말해, 본선거의 우승자가 예비선거에서 결정된 것이다.

그 결과, 당 내 유권자들의 영향력은 그들의 실질적인 숫자보다 훨씬 강력하다. 대부분의 의회 예비선거에는 20퍼센트 미만의 유권자가 참여한다.[9] 비당파 유권자들이 예비선거에 전혀 혹은 거의 참여하지 못하는 절반 정도의 주에서는 이념이 강한 예비선거 유권자들의 영향력이 더욱 커진다. 그런 주에서는 특정 정당에 등록을 거부하는 시민들이 이런 결정적 예비선거에서 투표를 할 수 없다.[10] 상대적으로 수가 적은 정당 예비선거 유권자들이 상당한 영향력을 행사하기 때문에, 그들은 후보자들이 보다 좌경화 혹은 우경화되도록 유도한다. 2장에서는 예비선거 유권자의 성격과 예비선거 제도에 대해서 살펴볼 것이다.

특별 이익집단과 기부자들

이 그룹은 돈(화폐)이나 표(투표) 또는 돈과 표 둘 다 제공하기 때문에 매우 강력한 고객이다. 특별 이익집단은 특정 이슈나 특정 산업별로 조직화된 그룹으로, 특정 이슈에 관한 정책을 자신들에게 유리한 방향으로 만드는 일에 초점을 둔다. 특별 이익집단들로부터 자금을 조달하는 형태는 선거에 영향을 미치거나 입법에 영향을 미치는 로비 형태로 이루어진다. 제약 산업 로비, 보험 산업 로비, 총기류 로비, 낙태 권리 로비, 중소기업 로비, 노조가 대표적인 예다. 예를 들어, 전국 총기협회는 550만 명의 회원들에게 투표하는 방법을 구체적으로 제시하는 것 외에도 2016년에 정치 활동에 4억 1,200만 달러를 썼다. 의료 산업은 선거에 영향을 미치기 위해 2억 6,800만 달러를 쏟아 부었고, 2015~2016년 선거 주기에 로비에 10억 2,000만 달러를 썼다.[11]

기부자들은 강력한 힘을 가지고 있다. 양당과 정치-산업복합체의 다른 주체들은 자신들이 조달하는 자금을 극대화하고 싶어 하기 때문이다. 대규모 기부자들은 부유한 개인, 조직, 기업들이다. 이런 자금들은 직접기부 형태로 제공되며, 직접기부는 최대 금액에 제한이 있고 감독의 대상이 된다. '독자적 지출Independent

Expenditure'은 후보나 정당에 직접기부하지 않기 때문에 최대 금액에 제한이 없고 자신들의 지지자를 지원하는 데 사용된다. 독립 광고 같은 것이 독자적 지출의 예인데, 이런 자금들은 대부분은 공개되지도 않고 감독도 받지 않기 때문에 '어두운 돈Dark Money'으로 알려져 있다.[12]

소액 기부자들은 대규모 기부자들보다 집단적 영향력을 발휘해 어떤 특정 개인에 접근할 수 있는 능력이 떨어지지만, 최근에는 온라인으로 정당과 연계된 모금 방식을 활용해 소액 기부자들이 연합하여 기부금을 조성하거나 투표하기도 한다. 따라서 소액 기부자들이 정책과 선거에 미치는 영향은 점점 커지는 추세다.

일부 특별 이익집단은 선출직 의원이 임기를 마칠 때 보수가 좋은 일자리를 제공함으로써 영향을 미친다. 현재 선출된 많은 의원들이 이 방식을 따라 선출되었다. 2009년에서 2015년 사이에 은퇴한 의회 구성원들 중 약 42퍼센트가 로비 회사에 입사했고, 25퍼센트 정도가 로비와 관련된 회사에서 자리를 잡았다.[13] 이것은 놀라운 비율이지만 빙산의 일각에 불과하다. 등록 로비스트의 절반 정도가 전직 정부 관료이며, 이들은 대부분 규칙 제정과 집행 과정에 영향을 줄 수 있는 규제기관에서 일한 경험이 있다. 그리고 전직 의회 직원들 역시 정치 산업 친화적인 입법을 준비하는 데 중요한 역할을 하다.[14]

일반 유권자들

이 그룹은 예비선거에서는 투표하지 않지만 본선거에서 독점 투표한다. 일반 유권자들의 대다수가 정기적 기부자가 아니며 이념적으로 그다지 극단적이지 않다. 오늘날 정치적 영향력 관점에서 힘이 거의 없다고 볼 수 있는 그룹이다. 정당들은 그들의 지지기반 투표율을 높이거나 상대 정당의 지지기반 투표율을 낮추기 위해, 그리고 부동층 유권자들을 확보하기 위해 일반 유권자들에게 관심을 기울인다. 그러나 대부분의 본선거에서 일반 유권자들은 두 가지 선택밖에 할 수 없기 때문에 정당들은 일반 유권자들에게 열심히 지지를 호소하지 않는다. 정당들은 시민들에게 이익이 되는 결과를 만들기 위해 경쟁하지 않고 오히려 상대 정당보다 약간 더 선호되는 방식으로 경쟁한다. 정당들은 해결책을 제시할 필요가 없고 일반 유권자들에게 두 가지의 악 중 차악을 선택하도록 설득하면 된다.

정상적인 산업이라면 이렇게 많은 고객들을 무시하는 기업은 새로운 경쟁자에게 밀리게 된다. 그러나 정치 산업에서는 새로운 경쟁이 위협이 되지 않기 때문에 정당들은 강력한 힘을 가진 정당 예비선거 유권자, 기부자, 특별 이익집단들에게만 가치를 전달하기 위해 애쓰면 된다.

기권자들

이들은 가장 영향력이 약한 고객들이다. 2016년 총선에서 미국인은 40퍼센트 가까이 투표하지 않았다. 투표하지 않는 사람들은 그들의 힘을 양당과 연합세력에게 양보한 것이다. 이런 기권자들은 중도적이고 독립적인 경향이 있을 것으로 예상되지만 그렇지 않았다.

2014년 프린스턴대학의 마틴 길렌스와 노스웨스턴대학의 벤자민 페이지는 1,779개 정책 문제에 대한 의회 행동을 분석해 다음과 같은 사실을 밝혔다. "경제 엘리트들의 선호도와 조직적인 이익집단의 입장을 배제하면, 미국인들의 평균적 선호도는 공공 정책에 유의미하지 않은 미미한 영향력을 갖는다."[15]

채널: 구매자

경쟁자들과 최종 고객 사이에는 '채널'이 존재한다. 예를 들어, 창고와 식료품점은 식품 제조업체와 식료품 구매 고객 사이의 채널이다. 정치에서 양당은 유료 광고, 전통적인 독립 미디어, 그리고 지난 수십 년 동안 유권자의 소통을 일종의 시장으로 재창조한 새로운 미디어 같은 주요 채널을 활용해 정보를 제공하고, 유권자들을 설득했다. 역사적으로 채널은 양당으로부터 직접적이거나 간접적으로 정보를 받아 분류 및 분석하고, 국가를 위해 신뢰라는 도장을 찍어 편견 없는 뉴스처럼 재분배함으로써 정치를 중재해왔다. 자유낙히 중인 뉴스 미디어 때문에 발생하는 시장붕괴는 정치-산업복합체가 자신들의 이익을 위해 새롭게 창조한 채널과 결합하면서 미국 정치에서 이루어지던 건전한 경쟁을 흐리고 있다.

유권자에 대한 직접접촉

유권자에 대한 직접접촉은 대면 회의, 집회, 기금 모금, 거리 유세, 전화와 문자 메시지, 그리고 최근 급증하는 다른 디지털 미디어를 통해서 이루어지며, 항상 양당에 의해 크게 통제된다. 이 채널은 대폭 성장하지는 않았다. 양당은 보다 정교한 유권자 데이터를 이용해 훨씬 효율적인 직접접촉을 만들어냈다. 양당은 어떤 유권자들을 무시할지 혹은 상대 진영으로 돌아서는 유권자들을 어떻게 붙잡을 것인지를 철저히 구별하고 있다.[16]

유료 광고

유료 광고 채널 역시 상당 부분 양당과 그들의 기부자 연합에 의해 통제된다. 유료 광고는 TV, 라디오, 디지털 미디어를 통해 생겨난다. 광고는 양당이 전개하는 분열적 전술을 반영하고 강화하는 역할을 한다. 정치 광고는 미디어 회사들의 총 수익에서 큰 부분을 차지하기 때문에 언론의 관점에서 당파 경쟁은 바람직한 현상이다.[17]

전통적인 독립 매체

대부분의 경우, 전통적인 독립 매체는 정보의 흐름과 유권자를 설득하는 노력을 매개했다. 오늘날 주류 언론은 수익이 감소하고 청취자가 줄어드는 반면, 양당의 관심은 특정 매체에 공격적으로 편중되고 있다. 게다가 뉴미디어 플랫폼의 등장으로 양당의 주요 관계자들은 주류 미디어를 우회하여 유권자에게 직접 다가갈 수 있게 되었다. 이러한 변화 때문에 독립적이고 영향력 있고 널리 소비된 미디어는 이제 상당히 정치적으로 편향된 이데올로기에 의해서 영향을 받거나, 무시되거나, 신뢰를 잃거나, 심지어 혐오감을 느끼게 만든다.[18]

파괴적인 새로운 미디어

소셜 미디어, 콘텐츠 수집가, 온라인 포럼, 그리고 끊임없이 진화하는 틈새 블로그 같은 새로운 미디어는 윤리적 이슈, 중요한 이슈처럼 강력하고 중독성이 있다. 페이스북, 유튜브, 트위터 등 많은 새로운 미디어 플랫폼은 정보와 영향력 전파 면에서 믿을 수 없을 정도로 강력하지만 주류 플랫폼만큼 규제를 적용받지 않는다. 21세기에 어울리는 의미 있는 시청률, 새로운 수익 모델을 찾기 위해 몸부림치는 주류 언론이라는 중재자가 사라지고 과장된 선전이 난무하는 위험한 시대를 맞이하고 있다.

어떤 것이 뉴스이고 어떤 것이 광고나 악의적인 선전인지를 구분하기 어려워졌다. 한때는 잡지나 신문, TV나 라디오에서 명확한 뉴스였던 것들이 지금은 15초짜리 비디오에서 280자짜리 트윗에 이르기까지 매우 다양한 형태로 생성되고 있다. 과거에는 지역 뉴스에 대한 편견 없는 관점이었지만, 이제는 영향력 있는 사람을 위한 유료 도구가 되고 있다. 보편적 생각, 균형 잡힌 생각들이 이제는 수사학과 반동가들의 불협화음이 되었고, 뉴스에서 선량한 구식 편집자들을 위해 예산을 사용할 사람은 거의 없다. 토머스 제퍼슨은 민주주의에서 신뢰받는 언론의 가치를 다음과 같이 요약하였다. "정부가 없는 신문 또는 신문이 없는 정부를 선택해야 한다면, 나는 지체하지 않고 후자를 택할 것이다."[19]

많은 독자, 시청자, 청취자가 한때 이슈에 대한 이해와 정보의 진실성에 가졌던 자신감을 상실하는 일은 언론의 신성함을 믿는 우리들에게 이차적인 피해다. 정치-산업복합체 주체들은 이제 우리 대다수가 아직도 이해하고 관리하기 위해 애쓰고 있는 새로운 방식으로 시민의 관점을 목표로 삼아 언론을 우회할 수 있다. 저널리즘을 뒷받침하는 공동의 신뢰를 재건하려면 무엇이 필요할까? 《세일즈맨의 죽음》으로 유명한 극작가 아서 밀러는 이렇게 말한 적이 있다. "좋은 신문은 스스로 이야기하는 나라일 것이다."[20] 정치의 내외부에 직접적으로 초점을 맞추고 있지만, 국가적이면서 중재된 대화를 재건하는 일은 공동의 노력으로 해낼 수 있다.

붙잡힌 공급자들

공급자들은 산업 내 기업들이 제품과 서비스를 생산하는 데 필요한 소중한 원재료를 제공한다. 예를 들어 식품 제조업체에 공급되는 설탕과 기름이나, 이런 제조업체를 지원하는 법률 및 회계법인을 생각해보라. 정치 산업에서 당파적 경쟁은 본원적인 양당 구조와 그들에게 잡혀 있는 공급자들에 의해서 더욱 강화되고 증폭된다. 공급자 그룹에는 후보자, 전문 캠페인과 거버넌스 인재, 유권자 데이터 판매업자, 싱크 탱크, 학계와 로비스트로 이루어진 5개 구성원이 있다. 이들은 입법과 규제, 실행에 필요한 아이디어를 제공하는 역할을 한다.

후보자들

후보자 그룹은 정당성, 자금 지원, 인프라, 현장 운영, 유권자 목록 및 데이터 분석, 현대 캠페인의 요구 사항 때문에 자신들의 정당에 의존한다. 정당이 제공하는 다양한 지원을 받을 수 없는 무소속 후보자들은 선거 출마부터 장애물을 극복해야 하고, 선거에서 이기는 것도 쉽지 않다. 또한 정당들은 어떤 후보를 가장 적극적으로 지지할 것인지, 아니면 전혀 지지하지 않을 것인지를 결정한다. 양당이 가진 이러한 권한은 선출직 의원의 행동은 말할 것도 없고 개별 후보군들을 정당의 노선과 일치시키는 힘의 원천이 된다.

거버넌스 인재들

정치 인재에는 선거 관리자, 정치 컨설턴트, 여론 조사관, 홍보 직원, 데이터 분석가, 소셜 미디어 감독, 지상 운영 직원, 소수의 입법 직원 등이 있다. 대부분의 인재들은 양당 중에서 한쪽에서만 일한다.[21] 따라서 이들은 민주당 여론조사자거나 공화당 여론조사자가 아니면, 민주당 직원이나 공화당원 직원이다.

당의 승인 없이 현직에 도전하거나, 양당에 도전하는 무소속 의원들을 위해서 일하면 해당 정당에서 추방된다.[22] 예를 들어 2013년, 공화당 상원위원회는 공화당의 현직 상원 의원에 도전한 의원을 돕기 위해서 함께 일한 어느 광고회사를 공개적으로 블랙리스트에 올렸다.[23] 2019년, 민주당 의회 선거운동위원회는 현직 의원에 도전하는 사람과 거래하다 적발되면 블랙리스트에 오를 것이라고 기업들에게 통보했다.[24] 그렉 오먼이 2014년 캔자스 주 상원의원을 위한 독립 캠페인을 실행했을 때, 해당 캠페인은 좋은 평가를 받았지만 불행히도 성공적이지는 못했다. 그와 함께 일한 컨설턴트들은 결국 그를 위해 비밀리에 일할 수밖에 없었다.

유권자 데이터 판매자

이 조직은 현대 선거 캠페인에서 매우 중요하다. 다른 산업에서 데이터의 양과 데이터 분석이 폭발적으로 증가하고 있는 추세와 마찬가지로, 유권자에 대한 새로운 정보를 축적하고 분석하는 것은 크고 지속적인 투자가 필요한 일이다. 후보자와 선출직 의원들은 지지자들을 효율적으로 늘리고, 돈을 모으며, 캠페인에서 표적이 될 수 있는 이슈를 선정하고, 득표하고, 행정을 위한 우선순위를 결정하기 위해 방대한 유권자 파일에 크게 의존한다.

그러나 이러한 방대한 데이터를 모든 후보가 이용할 수 있는 것은 아니다. 민주당을 위한 NGP VAN, 공화당을 위한 i360처럼 양당과 연결된 유권자 데이터 공급업체들은 가장 광범위한 유권자 데이터베이스를 독자적으로 구축하고, 데이터를 분석해 중요한 시사점을 찾아내며, 실제 투표장에 나갈 유권자 명단을 선별하는데, 그들은 자신들이 수집한 데이터를 매우 엄격하게 통제하고 있다. 당파주의자들은 그러한 유권자 데이터를 이용할 수 있는 사람들을 결정하고, 데이터 이용자들로 하여금 어느 정도의 대가를 치르게 할 것인지도 결정한다. 따라서, 특정 정당이 지원하는 후보들은 유리한 이점을 가질 수 있다.

아이디어 제공자들

정치 지도자들은 정책과 입법에 반영될 수 있는 정책 아이디어를 개발하고 지지한다. 핵심적인 아이디어 제공자들은 학계에 약 1,835개의 싱크탱크를 가지고 있으며, 수십억 달러의 예산을 사용하고 있다.[25] 과거 양당의 아이디어 제공자들은 독립적인 위치에 있었고 다양한 목소리에서 생성된 아이디어에 치열한 경쟁을 불러일으켰기 때문에 미국 정치 시스템의 상당한 강점으로 작동했다. 하지만, 현재는 점점 더 많은 아이디어 제공자들이 양당 중 한쪽과 밀접하게 제휴하는 경향이 증가하고 있다.[26]

공공정책에 초점을 맞추는 미국의 대표적인 싱크탱크 35개 중, 약 70퍼센트 정도가 당파적 성향을 가지고 있다.[27] 많은 싱크탱크들은 연구 중심의 활동을 넘어서 정치적 실행 부서를 보유하고 있다. 그동안 아이디어를 생성하고, 검토하고, 미세조정을 책임지는 의회 직원과 연구 지원은 상당히 축소되었다. 1985년부터 2015년까지 의회 직원 수는 약 35퍼센트 정도 감소했다.[28] 전문직의 부재로, 의회는 로비스트처럼 기회주의적으로 활동하는 공급업체들에게 더욱 의존할 수밖에 없게 되었다.

로비스트

정치적 영향력을 행사하는 사람들은 입법과 규제에 영향을 미치려고 노력함으로써 중요한 이익집단들의 이익을 옹호한다. 로비스트들은 특별 이익집단들에 의해 고용되고, 그들의 일원으로써 양당의 핵심 고객들이 입법 활동에서 선두로 나갈 수 있도록 만든다. 로비스트들은 다양한 이슈, 정책 아이디어 및 정부 직원들을 위한 입법 지원 활동에 대한 연구 결과를 확산시키는 주요 수단이다. 그들은 계속해서 업무 영역이 늘어나지만 사용 가능한 자원은 줄어드는 의회 직원들을 대신해 아이디어를 발표하고, 입법 초안을 작성하며,

중요한 논점을 정리한다.[29]

　로비는 그 자체로서 하나의 거대한 사업으로 성장하고 있는데, 2016년에 연방 로비 지출(실제 지출보다 현저히 과소평가된 금액이다)은 31억 5,000만 달러에 달했다.[30] 2014년 로비 활동이 최고조에 달했을 때, 로비 기업들은 의회보다 더 많은 재원을 사용하여 공공정책에 영향을 미치려 하였다.[31]

　많은 연구 결과에 따르면, 로비는 입법에 영향을 미치거나 규제를 조정하고 없애는 방식으로 로비에 돈을 쓰는 사람들에게 상당한 투자 수익을 창출한다.[32] 하지만 공익을 위해서가 아니라 고객의 이익을 위해 애쓰는 로비스트들의 영향력은 입법을 왜곡하고 때로는 로비와 부패 사이의 경계를 흐리기도 한다.

정치 산업 신규 진입자가 맞닥뜨리는 장벽

　고객에게 서비스를 제대로 제공하지 못한 기업은 고객의 가치를 향상시키고 시장의 판도를 뒤흔드는 새로운 진입자들에게 기회를 제공한다. 진입장벽은 새로운 경쟁자가 특정 시장에 진입하는 것이 얼마나 쉬운지 또는 얼마나 어려운지를 결정한다. 정치 산업 관점에서는, 새로운 정당의 설립이 새로운 경쟁자가 나타나는 일이다. 신규 진입자가 경쟁하는 방법, 즉 우버를 택시에, 아마존을 오프라인 책

방에 연결해 생각해보자. 정치 산업에서 '대체자'는 정당과 제휴하지 않는 무소속 후보다.[33]

정치 산업에서 새로운 경쟁자의 진입을 막는 장벽은 엄청날 뿐 아니라, 대체자들의 등장도 매우 효과적으로 저지한다. 휘그당의 노예제도 반대파 의원들이 나와서 공화당을 결성한 1854년 이후 현재까지 의미 있는 신당이 등장하지 않았다는 사실은 정치 산업의 진입장벽이 높다는 확실한 증거가 된다. 진보당(1912년)과 개혁당(1995년) 역시 노력했지만 간신히 몇 명의 후보만 당선시켰고, 결국 10년도 버티지 못하고 해산되었다. 오늘날 가장 중요한 제3자, 자유당과 녹색당은 매 선거마다 수많은 후보를 출마시키지만, 대통령직은 말할 것도 없고 의회나 도지사 선거에서 단 한 번도 승리하지 못했다.[34]

기존 거대 정당에 대한 광범위하고 지속적인 불만이 쌓여감에도 불구하고, 현대 제3정당들은 계속해서 고전하고 있다. 자신을 스스로 무소속이라고 생각하는 사람들이 상당함에도 불구하고, 무소속 후보들 역시 마찬가지로 어려움을 겪고 있다.[35]

규모의 경제, 현직 선출직 공무원이 갖는 정당의 인지도, 대외관계, 전문지식 및 인프라의 이점, 주요 공급자와 채널에 대한 접근권한, 현직에 유리한 법률과 선거 규칙, 자금 조달 접근 권한 등 신규 진입자에게는 수많은 장벽이 있다. 양당이 정한 모금 규칙은 단일 기부자가 거대 정당(민주당, 공화당 또는 둘 다)에 연간 최대 85만

5,000달러를 기부할 수 있도록 허용하지만, 무소속 후보에게는 선거 주기 당, 즉 2년 동안 최대 5,600달러만 기부할 수 있도록 규정한다.[36]

흥미롭게도, 신규 진입자에 대한 가장 큰 장벽은 우리에게는 너무나 정상적으로 보이는(어떤 식으로든 악의적이지 않은) 세 가지 구조다. 이 책에서 앞서 소개된 것처럼 그 진입장벽은 바로 ①정당 예비선거, ②선거 방식의 일부인 상대다수득표제, ③매우 당파적인 입법 기구들이다. 이 책의 말미에서 우리는 이런 거대한 진입장벽을 혁신하기 위한 계획을 자세히 설명할 것이다.

마지막으로, 사실상 거의 모든 다른 산업들과는 달리, 정치 산업에는 독립적인 규제가 작동하지 않는다. 정치 산업 참가자들 스스로 그들이 어떻게 책임을 질 것인지를 결정한다. 유일한 연방 규제 기관은 1974년 워터게이트 여파로 선거법을 시행하기 위해 만들어진 연방선거위원회FEC다. 독립적인 조직으로 공식 지정되었음에도 불구하고, FEC는 독립적 조직이라는 사실 외에는 아무런 의미가 없다. 6명으로 구성된 위원회는 양당이 지배하고 있으며, 일반적으로 3명의 민주당 위원과 3명의 공화당 위원으로 구성되어 있어서, 거의 항상 3:3으로 분열된다.

2019년 8월부터 공화당 커미셔너가 사퇴하면서 위원 수도 3명으로 줄어들어서, 해당 위원회가 법적 효력을 갖기 위해서 필요한 최소인원보다 적어졌다. 트럼프 대통령은 후임자를 임명하지도 않고 있다. 정치는 규제를 해야 하는 기관이 규제 대상에 의해서 무력화되는 전형적인 예다. 이런 현상은 마치 미국 증권거래위원회가 JP모건체이스와 뱅크오브아메리카의 이사회에 의해서 공동으로 운영되는 것과 같다.[37]

이 모든 것이 명백한 독점금지법 위반처럼 들린다. 그렇다면 왜 연방무역위원회나 법무부가 기소하지 않았을까? 다시 말하지만, 너무나 편리하게도, 독점금지 규정은 정치 산업에는 적용되지 않는다.

'트럼프 효과'에 관하여

도널드 트럼프의 당선으로 정치 시스템의 구조가 달라졌을까? 아니면 우리의 분석, 결론, 제안들이 달라졌을까? 2016년 선거에서 유권자들이 '제도 밖'에서 누군가를 선출해 양당 체제를 분명하게 거부하려 한 것을 보면, 시민들이 현재 정치 상황에 매우 불만이 많다는 사실을 명확하게 알 수 있다. 그렇다. 결국 시민들은 성공하지 못했다.

무소속, 제3의 후보는 높은 진입장벽 때문에 독립 후보가 선거에 나서기 어렵다는 사실을 알았다. 트럼프는 기존의 양당 체제 속에서 출마했다. 그는 2000년 개혁당 후보 출마를 모색할 때 이 사실을 알고 있었다. 2016년 무소속 출마를 고려했던 마이클 블룸버그가 2019년 말 민주당 후보로 2020년 경선에 나선 것과 같은 결론이다.

트럼프 당선은 경쟁의 의미 있는 변화와 기존 정당의 영향력 종식을 알리는 신호였을까? 그렇지 않다. 채널과 공급자가 중립성을 잃고 보다 타협적으로 변모한 것과 마찬가지로 당파적 경쟁과 분열은 오히려 증가했다. 트럼프 대통령은 전통적인 양당 체제의 하이브리드 대체품으로 이해될 수는 있지만, 그렇다고 해서 그가 기존 정치 시스템에 진정한 새로운 경쟁을 가져온 것은 아니다. 그는 공화당 내부의 다소 분열된 지지에도 불구하고 공화당원으로 출마했으며, 전통적인 양당 체제와 그 장점을 선거운동에 활용하고, 예비선거와 본선거에서 승리했다.

트럼프의 승리는 매우 구체적인 정치적 맥락을 반영했다. 그의 높은 브랜드 인지도는 두 가지 큰 이점을 제공했다. 첫째, 그의 선거 스타일이 시청자들을 끌어들였기 때문에 전례 없이 미디어를 크게 활용할 수 있었다. 둘째, 트위터를 통해 대중에게 직접 다가가는 능력이 있었다.[38] 이 두 가지 장점은 그의 선거 비용을 낮췄고, 그의 자금 조달 능력과 결합해 정치 진입장벽을 낮췄다.

특정 정당에서 '외부자'로 출마하는 것은 다른 사람들이 모방할 만한 전략으로 보일 수 있다. 트럼프의 성공은 그의 독특한 개인적 상황 때문에 모방 가능한 전략처럼 보였다. 트럼프의 당선과 대통령직 수행은 공화당과 민주당에 혼란을 촉발했다. 하지만, 정치 산업의 근본적 구조는 바뀌지 않았다. 오히려 정치 경쟁의 분열이 커지면서 의회 기능에 문제가 생겼다. 트럼프 행정부의 노선을 반대하는 공화당원들이나, 거의 모든 것을 반대하는 것처럼 보이는 민주당원들이 예비선거를 치러야 하는 두려움이 생겨났다.

트럼프의 당선은 정치 산업의 본질이 민주주의가 삼키면 해로운 알약이라는 주장을 뒷받침한다. 트럼프 정부 역시 국가적 도전을 해결하지 못하는 본원적 실패를 반복하고 있기 때문이다. 양당 체제와 광범위한 정치-산업복합체는 아직까지 그대로 형태를 유지하고 있다. 보다 바람직한 경쟁과 더 나은 결과를 만들기 위해 정치 시스템 혁신은 꼭 필요하다.

빠르게 성장하는 정치-산업복합체

1961년 1월, 공화당의 드와이트 아이젠하워는 고별 연설에서 미국에게 군수-산업복합체의 위협과 잘못된 영향력을 경고했다. "엄청난 군사 시설과 대규모 무기 산업의 결합은 미국에서 처음 있는 일이다. 경제와 정치에 걸친 영향력이 거의 모든 도시와 주정부, 연방정부의 사무실에서 느껴진다. 우리는 해당 산업이 발전해야 하는 필요성에 대해서는 같은 인식을 공유하면서 해당 산업이 미칠 수 있는 중대한 영향력도 반드시 인식해야 한다. 우리의 노력, 자원, 생계, 모든 것이 연관되어 있다. 사회 구조도 마찬가지다. 정부 평의회에서는 군수-산업복합체가 부당한 영향력을 가지는 것을 경계해야한다. 권력 남용이 비정상적으로 증가할 가능성이 존재하며, 이는 꽤 오래 지속될 것으로 예상한다."[39]

아이젠하워가 예견한 것은 미국 군대와 방위 산업 사이의 강력한 동맹이었다. 그는 이 동맹이 통제되지 않고 방치되면, 미국의 국익보다 복합체의 이익을 추구하는 제품을 생산하거나, 제작-구매, 안보-지출 사이클이 실제 니즈보다 훨씬 크게 작동할 가능성을 키운다고 믿었다. 군수-산업복합체는 판매를 위해 계속해서 안보물품을 공급할 것이며, 다른 현대 미국의 산업 분야와 마찬가지로 매우 크고 강력해질 것이라고 예상했다.

미국의 정치 역시 같은 방식으로 변질되었다. 양당 체제와 그 주변 관계자들은 당파적 노선을 따라 공동 입안되고 분할되어 왔다. 정치-산업복합체는 계속해서 번창하고 있다. 캠페인은 끝이 없어 보이고, 많은 유세자, 여론조사관, 그리고 직원들이 일하고 있다. 최고 컨설턴트들에 대한 수요는 많고, 언론의 관심은 계속해서 증가하고 있다. 산업의 성공 여부를 측정하는 전반 지출은 해마다 증가하는 추세다.[40] 자금을 조달하는 사람들은 효과가 있고 투자수익률이 높은 산업에 점점 더 많은 돈을 쏟아 붓는다.

2016년 선거 기간 동안 연방 차원의 직접적 지출은 160억 달러에 달했다.[41] 이 중 약 40퍼센트, 즉 60억 달러 정도는 후보, 정당,

PAC, 슈퍼 PAC, 기타 단체에 의한 선거 지출이었다. 또 다른 40퍼센트는 기업, 무역 협회, 노조, 그리고 다른 특별 이익집단들의 정부 기관 로비 비용으로 사용되었다.[42]

정치는 언론에게도 매우 큰 사업이다. CNN, 폭스뉴스, MSNBC 같은 채널에서 정치 쇼가 진행되는 동안 적어도 15억 달러가 광고비로 쓰인다.[43] 나머지 잔액은 미국진보센터나 헤리티지재단 같은 주요 싱크탱크의 예산으로 흘러들어간다.[44] 정치 산업은 1만 9,000개의 일자리와 수천 개의 컨설팅 일자리를 만든다. 이런 숫자들은 연방 차원에서 만드는 정치 산업 일자리라는 사실을 기억해야 한다. 만약 우리가 주 차원에서 지출을 늘리면, 이 추정치는 더욱 증가할 것이다.[45]

정치 산업에 종사하는 많은 사람들은 지출액을 줄여서 보고하는 경향이 높기 때문에, 실제 지출은 수십억 달러 이상 늘어날 것이다. 예를 들어, 이른바 그림자 로비에 사용되는 추정치만 고려해도 60억 달러 정도다.[46] 이 추정치는 국민총연맹, 시에라클럽, 미국시민자유연합 등 정치적으로 활동하는 비영리단체와 사회복지단체를 제외한 수치인데, 이 집단들은 지칠 줄 모르고 공공 정책에 영향을 미치기 위해 노력하고 있다. 이 모든 정치 조직의 수익을 포함시키면, 정치 산업의 규모는 선거 주기 당 1,000억 달러 이상으로 부풀어 오른다.[47]

정부가 연방 차원에서 3조 9,000억 달러를 어떻게 지출할 것인지 결정하는 것이 가장 중요하다.[48] 정치 산업은 정부가 얼마나 지출하고 어떻게 지출하는지를 통제하는 것 외에도, 모든 분야 지출에 영향을 미치는 정책을 수립하기 때문에 국가 경제 전반에 매우 큰 영향을 미친다.

정치는 규모가 큰 사업이다. 민주주의라는 사명은 더 이상 주요 정치적 경쟁자들에게 중요한 일이 아니며, 그보다 훨씬 더 광범위한 지지 정치 주체들, 즉 정치 시스템에 자금을 제공하는 핵심 고객, 통제된 공급자, 선별된 채널의 입장에서도 그다지 중요한 사안이 아니게 됐다. 정치 산업은 거대 정당이 권력을 유지하도록 만든 법칙으로 이루어진 게임이 되었다. 이제 우리가 새로운 규칙을 만들 시간이다.

게임의 법칙

대선을 앞둔 시점에는 정당의 최고후보들을 파악하려면 반드시 텔레비전을 봐야 한다. 후보 토론 시즌이기 때문이다. 정치-산업복합체의 네트워크와 다른 주요 산업 업체들에게 2020년은 큰돈을 벌 수 있는 기회다. 2016년 대통령 선거 기간 토론 시청률은 슈퍼볼 시청률과 거의 비슷했고, 수백만 달러의 광고비가 방송사로 흘러들어갔다. CBS는 광고주들에게 30초짜리 광고에 25만 달러까지 비용을 청구했다.

미국 정치에서 사업하는 것이 좋은 이유가 무엇일까? 왜 정치 산업은 일반 시민들에게는 그다지 좋은 산업이 되지 못할까? 수세대에 걸쳐 양당 지배 구조에 의해 설정되고 최적화된 선거와 입법기구의 규칙과 관행을 배제하면, 우리는 이런 질문에 쉽게 답을 내릴 수도 있고, 미국의 민주주의를 재건할 수 있는 해결책도 찾을 수 있다. 하지만, 이를 위해서는 가장 먼저 '규칙'이 정확히 무엇을 의미하는지를 알아야 한다.

1976년부터 1984년까지, 대통령 후보 토론은 여성유권자연맹의 후원을 받았다. 초당파적 조직으로서 해당 연맹은 때때로 양당과 예측 가능한 이슈들로 갈등을 빚었다. 예를 들어 1980년 해당 연맹이 공화당과 결별하고 무소속 후보로 출마한 자유로운 사상가 존 앤더슨 의원을 초청 토론하자, 지미 카터는 첫 번째 대통령 후보 토론에 불참했다.[1] 4년 후, 해당 연맹은 로널드 레이건과 월터 몬데일의 선거캠프가 후보 토론회에서 가능한 질문을 사전 통제하려고 했다고 주장하면서 "완전히 선거 과정을 망쳤다"고 비난하기도 했다. 1984년 차기 대선 레이스가 시작될 무렵 공화당 전국위원회RNC와 민주당 전국위원회DNC는 후보 토론회를 장악하기 위한 계획을 짜기도 했다. RNC 의장인 프랭크 파렌코프 주니어는 양당의 전국위원회가 이런 시도를 하는 이유를 다음과 같이 밝혔다. "양당은 선거에서 자신의 입지를 강화하기 위해 모든 힘을 다해야 하기 때문입니다."[2]

몇 달 후 조지타운대학 전략국제문제연구소는 보고서를 통해 "대통령 후보 토론회의 후원을 양대 정당에 넘기는 일"을 지지했다.[3] 해당 보고서는 정치 산업의 핵심 구성 주체들인 정치와 정치 컨설턴트, 미디어회사 임원으로 구성된 위원회에서 작성되었다. 전 공화당 국회의원과 전 DNC 위원장이 공동 의장이었다.[4] DNC와 RNC 의장 대행 역시 해당 보고서를 지지했다. 한편 여성유권자연맹의 도로시 라이딩스 회장은 "향후 대통령 포럼이 양당에 의해서만 후원된다면, 중요한 무소속 또는 제3후보들이 토론에 참여하는 일을 상상하기 어려워질 것이다"라고 경고했다.[5] 그녀의 예언은 적중했다.

1987년, 양당은 이 보고서의 권고를 기꺼이 따랐고, 대통령토론위원회CPD의 공동의장을 DNC와 RNC 수장으로 구성했다. CPD 구성을 처음으로 발표하는 공동 기자회견에서, 새로운 공동 의장들은 제3후보가 이 토론에 참여하는 것을 허용하지 않을 것이라는 사실을 인정했다.[6]

억만장자지만 정치 신인이었던 로스 페로가 1992년 개혁당 후보로 대통령 선거에 출마하면서 이런 CPD 정책은 시험대에 올랐다. CPD는 처음에 페로를 토론에서 제외시키는 일을 계획했다. 결국 페로는 자신을 토론에 참여시키는 로비를 한 후에 토론에 참여할 수 있게 되었는데, 양당의 후보들은 페로가 서로 상대편 진영의 표를 더 많이 빼앗을 것이라고 믿고 있었다.[7] 페로는 그해 11월, 대통령 선거에서 거의 20퍼센트의 지지율을 획득함으로써 대통령 후보 토론에서 한자리를 차지할 이유가 충분하다는 사실을 증명했다.

그러나 1996년에는 CPD가 페로에게 토론 참여 기회를 주지 않았다.[8] 4년 전과 달리 양당의 후보들이 페로를 포함시키는 것이 그들에게 유리하지 않다고 생각했기 때문이다. 선두주자인 클린턴은 후보 토론회가 중요한 이벤트가 되기를 바라지 않았고, 상대 후보인 밥 돌은 페로의 출마가 공화당의 지난 선거를 망쳤다고 믿었다. CPD는 이런 사실을 기꺼이 인정했다. 밥 돌 선거대책위원장 말을 빌려, "위원회는 양당의 후보가 시키는 대로 움직인다"고 할 수 있었다.[9]

그러나, 유권자들은 페로를 배제하는 결정을 원하지 않았다. 유권자의 75퍼센트가 페로의 참여를 바랐으며, 그해의 토론은 유권자가 원하는 후보 토론이 아니었다고 지적했다.[10] 〈대통령후보토론회 바로잡기〉라는 제목의 〈뉴욕타임스〉 사설은 "CPD위원회가 미국의 이익을 수호하지 않고 양당의 정치적 도구임을 입증했다"고 지적하며 CPD의 결정을 비난했다.[11]

이후 CPD는 '후보자가 토론회에 초청받기 위해서는 전국 여론조사에서 최소 15퍼센트의 지지를 얻어야 한다'는 기준을 수립했다.[12] 이 15퍼센트 지지 규칙은 중립적으로 보일지 모르겠지만, 9월 마감일 전까지 새로운 후보가 이 15퍼센트라는 문턱에 도달하는 일은 거의 불가능했다.[13] 새로운 후보자들은 전국에 방영되는 TV 토론이 언론의 관심을 얻지 못하면 15퍼센트 수준의 유권자 지지를 얻기 어렵다. 따라서 15퍼센트라는 규칙은 오히려 새로운 후보자들이 무대에 오를 가능성을 차단했다. 양당은 중요한 채널인 후보 토론회 독점에 성공했고, 자기들을 보존할 수 있는 게임의 규칙을 재설계함으로써 진입 장벽을 강화하는 데 성공했다.

언제 게임의 규칙을 정하는가?

양당이 자신들의 성공을 최적화하기 위해 서로 협력하는 것은 다른 산업의 협력 양상과 매우 유사하다. 어떤 산업에서든지 플레이어는 수익성을 높이기 위해 고군분투하고, 바뀌는 규제 지형에 적응하기 위해 경쟁 전략을 수정한다. 프로 스포츠를 생각해보자. 1891년, 제임스 나이스미스가 농구를 발명했을 때, 모든 득점은 2점 슛이었기 때문에, 슛 성공률이 가장 중요했고, 따라서 공격과 방어를 위해 골대 근처에 공중 지배력이 높은 선수들이 배치됐다. 이후 농구경기를 현대화하고 팬들에게 조금 더 흥미진진한 게임으로 만들기 위해 1977년, 전국농구협회NBA는 3점 슛을 도입했다. 그 결과 전략적 우선순위와 팀을 구성하는 전략이 바뀌었다. 과거에는 힘 있는 공격수와 몸싸움을 마다하지 않는 중앙 센터의 역할이 중요했지만, 바뀐 규칙이 적용되는 현대 게임에서는 아무 위치에서든 3점 슛을 성공시킬 수 있는 선수와 넓은 영역 방어를 해내는 선수들이 중요해졌다. 이처럼 농구는 독립적인 권위자가 경기 규칙을 바꾸고 지속적으로 게임을 감시하고 규제하는 역할을 충실히 수행한다.

정치 산업이 다른 산업에 비해 불공정한 이유는 시간이 지나면서 양당이 스스로 게임의 규칙을 최적화하고 매우 중요한 기본 규칙을 스스로 결정하기 때문이다. 따라서 양당이 아닌 국민이 가장 중요한 요소를 파악해 이를 기반으로 새로운 규칙들을 설계해야만, 선거와 입법에 필요한 건강한 경쟁을 주도하는 해결책을 찾을 수 있다.

정치 기계

중요한 기사를 발굴하는 기자들은 가장 먼저 돈의 흐름부터 파악하기 시작한다. 시간이 지나면서 정치 산업의 규칙이 어떻게 달라졌는지를 조사하는 데도 같은 방식을 적용할 수 있다.

돈의 흐름을 추적한다

정치 산업의 핵심 통화는 돈과 유권자의 표다. 선거의 승리와 법이 어떻게 쓰이는지를 규정하는 규칙, 즉 돈과 표가 동시에 소비되는 영역에 관한 규칙이 가장 큰 영향력을 가진다.

선거 구조와 선출직 의원들이 법을 제정하는 방식은 불가사의하게도 궁극적으로 거대 양당에게 이익을 주는 일련의 규칙과 관행을 따른다. 앞서 설명했듯이 우리는 이러한 규칙을 '정치 산업 기계' 혹은 '정치 기계'라고 부른다. 여기서 이야기하는 정치 기계는 정치 산업의 배후에서 조용히 정치 시스템을 지배하는 소프트웨어라고 생각해야 한다. 잘 보이지도 않고, 가끔은 비정상처럼 보이지만, 후보자와 의원들의 경쟁을 지배한다.

정치 기계는 두 가지를 결정한다. 첫째, 투표용지에 누구를 내세울지를 어떻게 결정해야 하는가? 그리고 후보들 중에서 누가 이기는지를 어떻게 결정할 것인가? 둘째, 일단 후보가 선출직 의원이 되면, 그가 입법안을 최종 법으로 만드는 것을 어떻게 허용 혹은 제한할 것인가? 의회가 작동하는 방식을 결정하는 규칙과 관행은 어떻게 결정할 것인가? 선거 기계와 입법 기계는 정치 산업에서 가장 중요한 경쟁을 지배하는 규칙이면서 동시에 정치 산업의 건강한 경쟁을 왜곡하는 원동력이기도 하다.

선거 기계

선거 기계는 온건파에게는 유리하게 작용하지 않으며, 타협을 추구하는 사람들이 처벌 받고 무소속과 제3자가 제외되도록 만든다. 오늘날 선거 기계의 두 가지 요소가 바람직하지 않은 경쟁을 강화하고 있는데, 그것은 바로 '정당 예비선거'와 '상대다수득표제'다. 양당은 이 요소들을 최초로 만들지는 않았지만, 이런 요소들이 자신들을 위한 것이 되게끔 최적화했다.

정당 예비선거의 함정

//

　대다수 시민은 정당 예비선거에 참여하지 않지만, 우리는 예비선거에 대해서 꽤 많이 알고 있다. 정당 예비선거는 선거의 공식 출발선이라고 할 수 있다. 모든 예비선거가 총선에서의 경쟁을 어느 정도 좁히는데, 주마다 규칙은 다르다. 예비선거가 폐쇄적으로 운영되는 주에서는 정당 소속 유권자만 정당 경선에 참여할 수 있다. 무소속이거나 제3자인 유권자는 완전히 배제되어 있다. 예비선거가 공개되어 있는 주에서는 정치적 소속과 상관없이 등록된 유권자 누구든 참여할 수 있다.

　정당 예비선거는 20세기 초에 시작된 혁신이다. 전당대회에서 당 대표들이 후보를 선정하는 시대에 종지부를 찍고, 시민들에게 당 후보를 직접 선택할 수 있는 권한을 부여했다. 이 혁신은 원래는 바람직한 정부 개혁 활동 중 하나였으며, 의미 있는 점도 분명히 있었다. 그러나 오늘날 정당 예비선거는 좋은 정부의 적으로 변질되었다. 양당은 당의 경선을 이용해 자기 정당의 이념을 강화했고 정당에 대한 충성심을 강화하는 도구로 활용했다.

　앞서 언급했듯이 정당 예비선거에서는 해당 정당이 지향하는 이념을 보다 더 강력하게 지지하는 소수의 유권자들(고객)이 본선거 진입 출입문을 지키는 역할을 한다. 이런 소수가 가지는 게이트 유지 권한 때문에 이들은 정치 산업에서 가장 강력한 고객이 된다. 최근 연구에 따르면, 유권자가 이념적으로 극단적일수록 그들은 정부에 영향력을 발휘할 수 있다고 생각하는 것으로 나타났다.[14] 따라서, 정당 예비선거는 문제해결력을 가진 후보 대신 이념적으로 극단적인 후보들에게 유리하게 작용할 수 있다.

2009년 조 바이든이 부통령이 되었을 때, 공화당 하원의원 마이크 캐슬이 바이든의 후임으로 차기 델라웨어 상원의원에 임명될 것이라고 알려져 있었다.[15] 마이크 캐슬은 1984년 주지사로 선출되었고 1988년 70퍼센트 이상의 득표율로 재선되었다. 임기 제한 때문에 그는 워싱턴으로 발을 돌렸고, 중도온건파라는 평판을 쌓으며, 델라웨어의 유일한 주 기록인 9번의 하원 임기를 마쳤다. 뉴트 깅리치 하원의장으로 인해 팽배해진 갈등 정치 속, 의회로 온 마이크 캐슬은 실용주의 정책을 통과시키고, 양당을 오가며 초당파적으로 일하기로 약속한 공화당 모임을 이끌었다. 그는 조지 부시가 추진한, 모든 어린이가 중심이 되는 교육 정책에서 매우 중요한 역할을 해냈으며, 2008년 글로벌 금융위기 시기에 월가 구제금융에 찬성표를 던지기 위해 공화당과 결별했다.

마이크 캐슬이 주도한 '합의 중심 정치 접근 방식', 소위 델라웨어 방식은 그의 고향인 델라웨어 주에서 엄청나게 인기가 있었고, 2010년 선거에서도 압도적인 지지를 받았다. 그러나 어떤 사람들은 그가 종종 공화당의 정통성과 맞지 않는다는 사실을 좋아하지 않았다. 일부 우파 진영 사람들에게는 보수적 의제에 있어 그의 중도

주의가 공화당에 대한 배신을 의미했기 때문이다. 동성결혼, 줄기세포 연구, 총기 규제에 대한 그의 지지는 그에게 '이름만 공화당'이라는 뜻의 'RINORepublican in name only'라는 꼬리표를 붙였다. 그해 가을, 공화당 상원 예비선거에서 당파 세력은 마이크 캐슬의 상대인 크리스틴 오도넬 티파티 공화당 후보를 지지하기 위해 집결했는데, 크리스틴 오도넬은 지난 5년간 두 번이나 상원의원에 출마했다가 패배한 전력이 있었다. 티파티 스타들의 지지와 보수 옹호 단체들의 자금 지원을 받아 오도넬은 저조한 투표율로 치러진 경선에서 3만 561표로 마이크 캐슬을 꺾고 역전승을 거머쥐었다.[16]

　매우 놀랄 만한 일이었지만, 이는 경선에서의 패배일 뿐이었다. 마이크 캐슬이 11월 총선에서 무소속으로 출마하면 승리의 길이 펼쳐질 것으로 예상됐다. 오도넬은 오도넬이 집세를 내는 데 기부금을 사용했다는 그녀의 전직 선거관리자의 비난이 논란이 되어 약세였다.[17] 마이크 캐슬은 민주당 상원후보인 크리스 쿤스를 앞지르고 있었다. 여론조사는 마이크 캐슬이 총선에서 21포인트 차로 크리스 쿤스를 꺾을 것으로 전망했다. 미국 선거의 관점에서 볼 때, 이것은 산사태가 일어나기를 기다리는 것과 같았다.[18]

　하지만 아무도 '마이크 캐슬 상원의원'에 대해서는 들은 바가 없을 것이다. 델라웨어 주에는 '소어-루저법Sore-loser Laws(아픈 패배자법)'이 있었다. 이 법은 자신들의 정당 예비선거에서 출마했다가 패배한 후보들이 무소속으로라도 총선에 출마할 수 없도록 규정하는 법이다.[19] 인구의 6퍼센트 미만이 참여한, 약 100만 명이 거주하는 주에서 겨우 3,000표로 당선이 결정된 2010년 정당 예비선거는 총선 유권자들에게 주에서 가장 인기 있는 정치인에게 투표할 기회를 부여하지 않았다.[20] 마이크 캐슬은 총선 투표용지에 자신의 이름을 올리지도 못했다. 크리스 쿤스는 약세 후보로 알려진 오도넬을 상대로 순탄하게 승리로 향하는 걸음을 뗄 수 있었다.

소어-루저법은 정치 산업 내 주요 행위자들이 스스로 고안한 규칙의 대표적 예다. 이러한 규칙은 프레이머들Framers에 의해 만들어진 것이 아니라 사적인 이득을 추구하는 정당 덕분에 그 발판이 마련됐다. 최초의 소어-루저법은 1906년 미시시피 주에서 제정되었고 시간이 흐르면서 이 법은 1970년까지 20개 주에서 인기를 끌었다. 또 다른 21개 주가 1976년부터 1994년까지 소어-루저법을 채택했다.[21] 오늘날에는 44개 주가 정당 경선에서 패배한 후보가 총선에 출마하는 것을 막는 비상식적인 규칙을 가지고 있다.[22]

이런 비민주적인 규칙을 가지고 있지 않은 소수의 주에서는 선거 결과가 극적으로 달라질 수 있다. 2006년, 코네티컷 주 상원의원 조셉 리버만은 민주당 경선에서 네드 라몬트의 도전을 받았다. 네드 라몬트는 조셉 리버만의 부시 백악관 협력 의지를 비판하며 리버만이 공화당과 가깝다는 사실을 강조했다. 민주당의 자유주의적 이념을 강하게 가지고 있는 유권자들의 지지를 얻은 네드 라몬트는 조셉 리버만을 1만 표 차로 물리치며 놀라운 역전승을 거뒀다. 델라웨어 주었다면 리버만 상원의원은 선거에 더 이상 나갈 수 없었을 것이다. 그러나 코네티컷 주는 당시 소어-루저법을 갖고 있지 않은 4개 주 중 하나였기 때문에, 리버만이 총선에서 무소속으로 출마해 그가 진정으로 유권자들이 원하는 후보라는 사실을 증명할 수 있었다.[23]

소어-루저법은 정당들이 고안한, 공정한 경쟁을 제한하는 규칙에 의해 민주주의 원칙이 얼마나 무너져왔는지를 보여주는 끔찍한 하나의 예에 불과하다. 다른 예시도 많이 있다. 예를 들어, 많은 주에서 사용되는 선거 출마와 관련한 편향된 규칙은 독립적인 제3후보들이 투표 용지에 이름을 올리는 일을 더욱 어렵게 만든다. 선거에 출마하려면 후보자는 정해진 유권자 수만큼 서명을 수집해야 한다. 유권자로부터 서명을 받는 것은 매우 어려운 일이다. 예를 들어 앨라배마 주에서는 지난 도지사 선거에서 후보자가 최소 3퍼센트의 유권자로부터 서명을 받아야 했다. 이 조건은 1997년에 생겨난 이후 단 한 번 충족되었다.[24] 최종 후보가 되는 데 필요한 서명을 수집하기 위한 인프라와 자원이 부족한 새로운 경쟁자들은 선거 경쟁이 시작되는 싸움터에 도착하자마자 사망하거나, 참전하지도 못하는 상황에 놓인다.

예비선거는 선거 기계의 핵심 요소다. 입법자들이 잠재적인 초당적 입법 협상을 고려할 때 가장 필요한 질문은 "내가 이렇게 투표하면, 당파적 예비선거에서 이길 수 있을까?"다. 오늘날, 대부분의 경우 이 질문에 대한 대답은 "아니오"다.

에릭 칸토르 전 하원 원내 총무는 이 사실을 어렵게 배웠다.[25] 그는 2014년 드림법의 공화당 버전, '이민법'에 유보적 입장을 취했다는 사실 때문에 예비선거에서 뼈아픈 경험을 하였다. 규칙을 최적화하고 적절하게 활용해도, 에릭 칸토르처럼 규칙의 희생자가 될 수 있다. 공화당 하원의원들은 미국인들 사이의 이념적 구성의 변화가 거의 없었음에도 불구하고 그 어느 때보다 우파쪽으로 편향되어 있다. 정당 예비선거는 잘 알려져 있지 않은 다른 문제도 많다. 표를 집계하기 위해 사용하는 시스템에도 문제가 있다.

상대다수득표제도 문제가 있다

많은 사람들이 미국의 선거가 가장 많은 유권자들에게 가장 광범위한 호소력을 가진 후보의 당선을 보장하기 위해 고안된 것이 아니라는 사실을 알면 놀랄 것이다. 사실, 정치인들은 두 명 이상의 후보와 경쟁하는 선거에서는 과반수의 표를 얻지 않고도 쉽게 선거에서 이길 수 있다.

예를 들어, 3자 대결 구도 선거에서 후보자는 34퍼센트의 득표율만으로도 이길 수 있는데, 이는 유권자의 3분의 2가 다른 후보를 지지한다는 사실을 나타내기도 한다. 2010년 메인 주에서는 티파티 공화당 후보 폴 르페이지가 37.4퍼센트의 득표율로 주지사 예비선 거에서 승리했고, 앞서 이야기한 일이 현실에서 벌어졌다. 그는 본선 거에서 37.6퍼센트의 지지율로 주지사에 당선되었다. 다시 말하면, 민주당이든 공화당이든 상관없이 유권자의 약 3분의 2가 주지사로 당선된 후보자가 아닌 다른 후보를 지지한 것이었다. 재임 기간 동 안 미국에서 가장 인기 없는 주지사였음에도 불구하고, 폴 르페이 지는 2014년에 과반수의 지지를 얻지 않고도 연임에 성공했다.[26] 현 재의 이런 투표 시스템은 후보자들에게 폭 넓은 유권자의 지지를 구하는 대신, 경쟁 후보들보다 약간 앞설 수 있을 정도의 정당 내 지 지 기반을 만드는 목표를 세우도록 유도한다.

그러나 이것은 상대다수득표제의 작은 악영향 중 하나일 뿐이다. 상대다수득표제는 '스포일러 효과'를 만들어낸다. 메인 주로 돌아 온 폴 르페이지는 인기가 없는데도 불구하고 어떻게 두 번이나 주지 사에 당선될 수 있었을까? 해당 선거에서 무소속 후보였던 엘리엇 커틀러는 8퍼센트 이상의 득표율을 기록했다. 커틀러가 출마하지 않았다면 많은 표가 르페이지의 민주당 경쟁자에게 돌아갔을 것이 었다. 엘리엇 커틀러가 민주당 후보로부터 표를 빼앗아 르 페이지에 게 던져주면서 선거를 망쳤다.

스포일러 효과는 유권자들이 그들이 가장 싫어하는 후보에게 무 심코 도움이 될 것이라는 두려움 때문에, 자신들이 가장 좋아하는 후보에게 투표하지 않는 현상을 말한다. 2016년 미국 대선 레이스를 생각해보자. 녹색당 후보인 질 스타인에게 두표해서는 안 되었다. 힐러리에게 향할 표를 빼앗아 선거를 망칠 것이기 때문이다. 또한 자유당 후보 게리 존슨에게 투표해서도 안 되었다. 트럼프의 표를 빼앗을 것이기 때문이다.

상대다수득표제는 정치에서 새로운 후보가 나타나 경쟁할 수 없게 하는 장벽을 만들기 때문에 민주주의에 매우 부정적인 영향을 미친다. 스포일러 효과 논쟁은 모든 잠재적 경쟁자들을 위협하는 효과가 있다(선거를 끝까지 치를 수 없거나 출마 자체가 선거를 망칠 것이다). 사실 메인 주의 무소속 후보 엘리엇 커틀러가 일으킨 스포일러 효과는 예외적인 사례다. 잠재적 신규 후보 대다수는 출발선에도 도달하지 못한다. 또 그들은 스포일러 효과 논쟁을 맞닥뜨리면, 계속해서 싸울 수가 없다.

여러분이 무소속으로 상원에 출마하고 싶다고 상상해보자. 당신은 양당 중 어느 쪽이든 당신을 큰 위협으로 보는 정당에 의해 선거 출마에 어려움을 겪을 것이다. 또 당신을 위협하는 정치-산업복합체는 양심의 가책을 느끼지 않고, 당신의 입후보를 막기 위해 무슨 일이든 할 것이다.

하워드 슐츠를 생각해보라. 2019년 봄, 스타벅스 전 CEO, 하워드 슐츠는 대통령 선거 무소속 후보로 출마를 고려했다. 슐츠의 출마에 대한 민주당원들의 항의는 시끄러웠고 종종 악랄했다. 민주당원들은 슐츠가 선거에서 도널드 트럼프의 승리를 야기할 것이라고 믿었기 때문이다. 공화당원들 역시 그런 상황에서는 똑같이 행동할 것이다. 양당은 그들의 괴롭힘을 마치 정당한 행위처럼 생각한다. 현재 시스템에서, 상대방에게 졌을 때 떠안는 실존적 위협은 괴롭힘에 대한 비난보다 훨씬 크고 무겁기 때문이다. 이는 분명히 상대다수득표제가 만들어내는 문제다.

생각해보면, 정치는 덜 심한 경쟁이 고객에게 유리하다는 말을 듣는 유일한 산업이다. 하워드 슐츠가 훌륭한 대통령이 되었을 거라고 생각하든 말든 상관없다. 정치 시스템에는 재능 있고 성공한 사람들이 경쟁하는 것이 바람직하지 않다고 생각하는 무언가가 있음을 인식할 수 있다.

상대다수득표제는 많은 잠재적 후보들을 경선에서 배제시킬 뿐 아니라, '사표'를 만들어낸다는 주장으로 잠재적 후보들의 출마를 막는다. 이길 가능성이 높다고 여겨지지 않는 사람에게 투표하고 싶을 때마다, '표를 낭비한다'는 말을 듣는다. 그렉 오먼은 시민들이 자신의 투표가 영향력을 미치기를 바라기 때문에, 상대다수득표제가 새로운 도전자들이 경쟁력을 발휘하지 못하게 만드는 '중력 당김 Gravitation Pull'처럼 작동한다고 이야기한다.[27]

그러면 왜 우리는 이런 쓸모없는 투표 방법을 사용하게 되었을까? 헌법이 만들어졌을 때, 현존하는 유일한 선거 모델은 영국의 상대다수득표제도였다. 정치학자 리 드루트먼에 따르면, "다른 현대적인 선거 제도가 아직 발명되지 않았기 때문에, 미국을 건국한 프레이머들은 선거에 관해 충분히 생각하지 않았다"고 평했다. 그렇다. 상대다수득표제는 영국 제도를 모방한 것이었다.[28] 미국 헌법을 세운 프레이머들은 좋은 일도 많이 했지만, 상대다수득표제는 명백한 실수였다. 나중에 설명하겠지만, 다행히 우리는 이 선거 기계를 재설계할 수 있다. 우리의 접근 방식은 입법 기계에서 바람직하지 않은 경쟁 파트너를 재설계하는 것도 포함한다.

입법 기계

후보가 당 경선을 통과하고, 선거에서 승리한 뒤 워싱턴으로 향하면, 당파주의에 사로잡힌 입법 기계가 기다리고 있다. 입법 기계는 선거 기계처럼 정치−산업복합체의 이익을 우선시하는 강력한 규칙이다. 예산, 벼랑 끝 전략, 모든 입법 과정의 배후에서 작동하는 알려지지 않은 규칙에 대한 이야기부터 시작해보자.

매년, 의회는 연방정부를 위한 예산을 책정해야 한다. 새로운 회계연도가 시작되기 전에 합의가 이루어지지 않으면, 정부의 일부 기능이 마비된다. 2013년 분열된 정부와 의료개혁을 둘러싼 양극화가 나타났다. 민주당이 상원과 백악관을 장악하는 동안 공화당은 하원을 장악하고, '수용가능한 의료법ACA: The Affordable Care Act'의 폐지·대체가 논의되었다.[29] 이런 분위기에서는 해당 법안을 되돌리기 위해 온 힘을 다해 투쟁하지 않으면 당내 경선에서 어떤 공화당원도 살아남을 수 없다.

2013년 말, 약속 만기일이 도래했다. 회계연도가 끝나갈 무렵, 공화당은 대치 상황을 대비하기 위해 사람들을 동원하고 있었다. 8월에 80명의 하원 의원들은 존 베이너 하원의장에게 예산 세출 절차에서 ACA에 할당된 예산을 빼도록 촉구하는 서한에 서명했다.[31] 그러자 다수 외부 이익집단들이 연합하기 시작했다. 보수적인 헤리티지재단 싱크탱크의 정치 세력, 헤리티지액션은 지원을 얻어 내기 위해 여러 도시에 걸쳐 캠페인을 벌였고 정치-산업복합체가 강력하게 작동하기 시작했다.

공화당이 장악하고 있는 하원과 민주당이 장악하고 있는 상원 사이에는 ACA를 무효화하는 예산을 받아들이라는 밀고-당기기가 이어졌고[32] 10월 1일, 미국 연방정부는 정부 폐쇄, '셧다운'에 돌입했다. 정부 폐쇄는 교착 상태에 빠진 하원과 상원, 백악관 사이의 협상 결과였다. 공화당 하원의원들은 ACA를 철회하겠다는 선거 공약 이행에 몰입하고 있었다. 상원과 백악관은 굴복하기를 꺼렸다. 양측은 부채 한도에 대한 추가적인 압박과 10월 16일에 다가온 채무 불이행이 주장 철회를 강요하는 난국에 빠졌다.[33]

그러나 이런 요약은 골치 아픈 부분을 간과하고 있다. 셧다운은 16일 동안 지속될 필요가 없는, 애초에 일어나지 않아도 되는 일이었다. 셧다운 전이나 그 사이에 있었던 16일 기간 중 언제라도 표결에 부쳤다면 클린재정 법안이 하원에서 통과될 것이 거의 확실했다.[34] 셧다운은 보너 의장이 이미 상원에서 통과되어, 다수당의 지지를 받은 해당 법안의 하원 표결을 위해 제출 결정이 났다고 발표하고 나서야 끝이 났다. 미국은 잘 알려지지 않은, 믿기 어려울 정도로 강력한 규칙, '해스터트 규칙Hastert Rule' 때문에 16일 동안 인질로 잡혀 있었다.

해스터트 규칙은 오늘날 작동하는 당파적 입법 기구의 가장 터무니없는 예다.[35] 양당 의장들이 사용하는 표준적 관행은 어디에도 기록되어 있지 않지만, 해스터트 규칙은 법안을 표결에 부칠 경우 과반수 이상이 찬성할 것이라는 사실을 알고 있는 상황에서도, 하원의 다수당 의장이 해당 법안에 대한 원내 투표를 허용한다고 발표해야만 표결을 진행할 수 있다고 규정하고 있다.

하원의장들이 이런 관행을 무시하지 않는 한 소수당(지금 예시에서는 민주당을 의미한다)과 다수당(공화당)에 매력적으로 보일 초당파적 법안도 하원에 소개되지 못한 채 사라지고 말 것이다. 미국인 대다수와 하원의 과반수가 지지하는 입법은 표결 자체를 진행할 수 없기 때문에 법안이 통과될 가능성도 존재하지 않는다. 사실, 토론조차 허용되지 않는다. 법안 심의와 수정, 표결도 진행할 수 없다. 이에 대해서는 누구도 책임지지 않는다.

실제로 헌법에서 찾을 수 없는, 숨은 규칙은 법률로 성문화되거나 하원 규칙을 기술한 책에 기록되어 있어 입법부에 대한 통제를 강화하는 역할을 한다. 미국인의 90퍼센트가 원하지 않았던 2013년 정부 폐쇄 16일 동안 240억 달러가 쓰였다.[36]

이런 종류의 당파적 음모가 언론인과 편집위원회를 포함한 대부분의 사람들에게 정상적인 것처럼 인식되고 있다는 사실에 주목해야 한다. 2013년 정부 폐쇄 당시, 예비선거에서 선출된 정치인이 뿜어내는 광기가 정부 폐쇄 문제를 해결할 입법부를 마비시켰다는 사실은 거의 알려지지 않았다. 240억 달러의 낭비는 말할 것도 없다. 이는 민주주의가 아니며 당파적 과두정치에 불과하다. 또한 국가를 운영하는 방법도 아니다. 우리는 격분해야 한다. 직접 나서서 고쳐나가야 한다.

의회마저 양당에 장악됐다

앞서 설명한 소어-루저법처럼, 의회의 해스터트 규칙은 입법 기계가 양당에 최적화되어 전용되고 운영되는 방식이다. 미국의 양당이 입법 기구를 탈취한 상황을 제대로 이해하기 위해서 한 걸음 물러나 생각해보자.[37]

정치학자들은 제2차 세계대전 발발 당시부터 1970년대 초까지 상하원이 일한 방식을 '교과서 의회'라고 부른다.[38] 정치학자가 아닌 일반 시민이라면 뮤지컬 애니메이션, 〈학교 록 의회The Schoolhouse

Rock Congress〉를 통해 이에 대해 알 수 있을 것이다. 유명한 노래 〈나는 그저 법안일 뿐이다I'm Just a Bill〉은 시민들이 제안하는 입법을 희망하는 내용이 담겼다.

I'm just a bill. Yes, I'm only a bill, and I got as far as Capitol Hill.

Well, now I'm stuck in committee, and I'll sit here and wait

while a few key Congressmen discuss and debate

whether they should let me be a law.

How I hope and pray that they will, but today I am still just a

bill.

난 그냥 법안일 뿐이야. 그래, 난 법안일 뿐이고,

국회의사당까지는 갈 수 있어.

자, 이제 나는 위원회에 갇혀, 여기 앉아서 기다릴 거야.

몇몇 주요 의원들이 토론하고 의논하는 동안.

날 법으로 삼을지 말지를 말이야.

그들이 나를 그냥 내버려 두기를 얼마나 바라고 기도하는지, 아직까지 여전히 난 법안일 뿐이야.

어린이들을 위한 애니메이션 이야기지만, 이 노래는 20세기 중반에 의회가 어떻게 작동했는지를 잘 묘사하고 있다. 노래가 설명하듯이, 모든 법안의 운명은 위원회에서 결정된다. 의회는 강력한 위원회를 중심으로 농업, 외교 문제 같은 다양한 주제를 논의했다. 의회에서 도입된 법안은 관련 위원회에 배정된다. 양당 의원들은 위원장의 주도 아래 법안에 대해 토론하고 수정안을 제시하며, 법안을 표결에 부칠지, 말지 그 여부를 결정한다.

놀랍게도, 그 노래에는 민주당이나 공화당에 대한 언급은 없으며 위원회에 소속된 의원들에 대한 언급만 있다. 이는 과거 1950년대와 1960년대 워싱턴과 오늘날 워싱턴의 중요한 차이를 보여준다. 과거 양당은 입법 절차를 완전히 장악하지는 못했다. 연공서열제 Seniority System 같은 규범에 의해 정당으로부터 격리되어 있는 위원회가 통제하고 있다. 국회의원으로 봉직한 기간을 기준으로 하는 연공서열제를 따르면 당 지도부가 위원회 의장을 재량에 따라서 선출하지 못한다.[39] 의원을 통제하지 못하는 상황에서 당 지도부가 위원회를 완벽하게 장악할 수는 없었다.[40] 위원회의 원래 목적은 대화, 심의, 협상을 통해 문제를 파악하고 해결책을 마련하는 것이었다.[41]

1976년 TV에서 처음 〈나는 그저 법안일 뿐이다〉가 흘러나왔을 무렵, 워싱턴에서는 이미 의회에 대한 당파적 장악이 진행되고 있었다. 1955년부터 약 40년 동안은 하원 다수당이었던 민주당이 주도했고, 이후 공화당이 의회를 주도할 때는 의회 장악이 꽤 공식화되었다. 이는 정치 시스템의 기능 장애를 야기했다.

당파적 장악의 근거는 1970년대 하원에서 찾을 수 있다. 당시 다수당이던 민주당은 보수주의자들이 진보적 법안을 보류시키기 위해 위원회를 이용하는 것에 진저리가 나 있었다.[42] 1959년에 설립된, 민주당 연구 그룹으로 알려진 의회 내 민주당 진보파는 오랫동안 진보적 법안 입법 우선순위를 전략화했다. 그리고 나서 민주당 프로그램에 필요한 조치를 보장하는 입법 기구와 정당 내부 간 통합을 이끌었다.[43] 정당의 의회 장악은 민주당 간부회 회생 같은 작은 일로 시작됐다. 옛날에는 대부분의 국회의원들이 임기를 시작하면 당 지도부와 거의 접촉하지 않았는데, 1969년부터는 모든 민주당원들이 매월 총회를 열어서 주요 의제를 결정하고, 입법 전략을 고안하며 민주당 의원들이 통일된 목소리를 내기 시작했다.[44]

위원회에 대한 공격도 이루어졌다. 민주당은 위원회 의장의 권한을 축소했다. 위원회의 의제 통제권를 약화시키기 위해 소위원회의 위원장을 임명하는 권한을 당 지도부로 이전하였다. 의장의 권한을 축소하기 위해 이루어진 다음 단계는 의장 결정 방법을 바꾸는 것이었다. 1971년, 민주당은 더 이상 연공서열이 위원회의 의장을 선택에 사용되는 유일한 기준이 되지 않을 것이라고 발표했다.[45] 그로부터 4년 후, 3명의 현직 위원회 의장들이 축출되었다. 1960년대에는 위원회 의장의 1.1퍼센트만이 연공서열에 근거하지 않고 결정되었는데, 1970년대에 그 수치는 무려 15퍼센트 이상으로 급증했다.[46]

이 같은 변화는 위원장을 결정하는 중요한 기준이 이념적 순수성과 당파적 충성심('능력에 기반한 결정'으로 포장된다)이 될 것이라는 의미를 내포하고 있었다.[47] 위원회의 의장이 되기 위해서는, 위원들은 의장을 임명하는 권한을 가지고 있는 당 지도부에게 충성심을 보여주어야 했다. 또한 향후 의장은 당 지도부의 의견을 무시하려면 상당한 위험을 감수해야 했다.

위원회 의장 결정 권한을 장악한 민주당 지도부는 일반 당원들에게 눈을 돌렸다. 1975년, 의원들에게 위원회를 배정하는 일은 세입위원회가 아닌 국회의장이 의장을 맡고 당 지도부가 장악하고 있는 정책조정위원회의 일이 되었다. 따라서 향후 경력 관리를 중요하게 여긴 일반 당원들에게 당 지도자부와 좋은 관계를 유지하는 것이 중요해졌다.

이 같은 통제에도 불구하고, 민주당원들은 여전히 초당파적 위원회가 중요한 결정을 내릴 수 있다는 것에 불만을 가지고 있었다. 그래서 민주당은 1970년대부터 매우 중요한 정책을 관리하기 위해 당파적 태스크포스팀을 활용해 위원회를 완전히 따돌리기 시작했다. 태스크포스팀은 당의 주요 의제들을 실행하기 위해 국회의장이 임명한 민주당원과 직원만으로 구성되었다.

완전한 당파적 입법 기구를 만들기 위해서, 민주당은 하원 법안의 중앙 문지기 역할을 하는 하원 의사운영위원회에 초점을 맞췄다. 민주당은 법안이 관할권을 떠나면, 다음 단계로 해당 법안에 대한 추가적인 논의를 하거나 혹은 표결에 부치기 위한 일정을 잡는 의사운영위원회를 통과해야 한다는 규칙을 만들었다. 의사운영위원회는 제안된 입법에 연관된 기관의 크기, 국가직 차원에서 따진 중요도에 따라 법안의 순서를 결정했고 토론 규칙을 정하는 데 있어 공정한 결정을 하려고 노력했기 때문에 매우 중립적인, 전통 있는 심판이라는 자부심을 가지고 있었다.

그러나 1975년, 민주당은 위원회의 의장과 민주당 위원을 임명할 수 있는 권한을 하원 의장에게 부여하면서 위원회까지도 장악했다. 이제, 국회의장의 승인 없이는 어떤 법안도 하원에서 표결에 부칠 수 없게 되었다. 입법안을 작성할 때, 위원회는 더 이상 최고 정책이 무엇인지, 하원의 대다수가 선호하는 법안이 무엇인지에 생각할 필요가 없어진 것이었다. 그 대신, 의회 일정을 완전히 통제할 수 있는 당파적인 일련 지도부들이 중요하게 생각하는 정책을 제시하는 것이 중요해졌다.

오랜 기간 집권해온 민주당이 정당 이익을 중시하는 의회로의 전환 첫 단계를 주도했는데 1994년에는 수십 년 만에 처음으로 하원을 장악한 공화당이 주도했다. 뉴트 깅리치 의장은 당파적 입법 기구를 해체하기보다는 이전 당파주의자들이 확립한 기초에다가 의회를 당파적 기구로 만드는 일을 쌓아올렸다. 그는 공화당 고위 인사들 대신 독실한 충성파들을 위원회 의장으로 임명했다.[48] 그는 초선 의원들을 가장 권위 있는 위원회에 배치하면서 전통을 파괴했다. 충성파가 위원회를 장악하면서, 그는 위원회의 업무에 더 많은 권한을 행사할 수 있었다. 예를 들어, 그는 세출위원회 위원들에게 지출

을 줄이겠다는 서약에 서명하도록 강요할 수도 있었다.[49]

뉴트 깅리치는 오랫동안 의회의 일상적 입법 작업을 지탱해온 구조를 해체하기 위해 노력했다. 그는 개별 위원이 아닌 위원회 전체를 위해 일하는 경제학자, 변호사, 수사관들 같은 의회의 전문직 직원들을 30퍼센트 감축했다. 그동안 위원회를 위한 자원은 고갈되었지만, 의장실을 위한 재원은 급증했다.[50] 그는 또한 의회 전체를 지원하는 초당파적 기구인 정부회계감사원과 의회연구청 직원 3분의 1을 감축했다. 또 그는 여러 위원회에 복잡한 과학기술 문제에 대한 초당파적 분석을 제공했던 기술평가국을 폐쇄했다.[51] 그는 이런 조치로 당 대표로서 통제하기 어려운 거의 모든 것을 효과적으로 무력화했다.

뉴트 깅리치는 중앙집권 권한을 발휘해 위원회를 약화하는 데 그치지 않고 어떤 법안이 하원 표결에 부쳐질 것인지, 심지어 어떤 법안들이 토론에 부쳐질 것인지에 대해서도 당파적인 권한을 행사했다. 그의 민주당 전임자들이 기초 작업을 수행했고, 의사운영위원회는 당파적 의제와 일치하지 않는 법안들을 손쉽게 막아냈다. 그는 법안의 심의를 전면 금지할 수 있는 '폐쇄 규칙'을 전례 없이 아주 많이 사용했다.[52] 깅리치의 임기 첫 해가 끝나갈 무렵, 의사운영위원회는 절반도 안 되는 법안들에 대해서만 공개 토론을 허용했다.[53]

뉴트 깅리치는 '정치를 깨뜨린 사람'이라는 평가를 받기도 한다.[54] 그러나 이런 평가는 깅리치에게 너무 많은 책임을 묻는 것이다. 의회를 당파적으로 인수한 것, 당파적 입법 기계를 만든 일은 양당이 수십 년에 걸쳐 진행한 프로젝트였다.

오늘날 정치인들이 사용하는 시스템은 실용적인 해결책과 양당 간 생산적인 타협을 장려하지 않는다. 2019년 말 보도된 바와 같이, 선출직 의원이 자금을 모아 당 동료들에게 나누는 것은 권력 축적에 매우 효과적인 방법이다. 다시 말해서, 모금 목표 달성은 종종 더 나은 위원회에 배정을 받을 수 있다는 사실로 해석된다.[55] 현재 의회 시스템은 핵심 당원들과 특별 이익집에게 전달할 수 있는 가치를 극대화하고 있지만, 반대로 일반 유권자들을 불만족스럽게 만들고 있다.

발의된 법안은 어떻게 법이 되는가?

의회는 당파주의를 제도화하기 위해 신중하게 구성되었다. 오늘날 당파적 입법 기계가 어떻게 작동하는지 이해하려면, 법안이 하원을 통과하는 전체 과정을 이해해야 한다.

발의된 법안은 대부분의 경우 제안된 법안과 관련된 위원회에 할당된다. 앞서 이야기했듯이 위원회들은 이제 당 지도자들에게 보답을 해야 하는 입장에 있다. 위원회에 소속된 개별 의원들은 충성스러운 군인이 되려는 것처럼 동기가 부여되어 있고, 소속되어 있는 정당이 지향하는 이념을 이탈하면 지위를 상실하거나 승진을 하지 못할 위험을 감수해야 한다.[56] 다수당의 지도부는 위원회 규모를 정하고, 정당 간 의석과 직원을 분배하고, 심지어 의장을 선출하는 특권을 부여 받는다.[57]

의회 위원회의 의장들은 위원회 일정을 결정하는 주요한 사안에 상당한 권한을 행사한다. 2003년, 공화당이 통제하는 하원세입위원회는 민주당 위원들이 법안을 읽을 기회를 갖기도 전에 연금 개혁안을 서둘러 통과시키려고 했다. 이에 민주당이 항의하자, 빌 토마스 위원장은 민주당원들을 위원회에서 배제시키기 위해 의회 경찰에게 연락했다.[58]

당파주의자들은 협상과 문제 해결을 위한 장소인 위원회를 전쟁터로 만들었다. 위원회에서 주관하는 청문회는 한때 이해당사자와 관련 전문가로부터 해당 내용을 배우기 위해서 활용되었다.

하지만 현재는 그렇게 활용되지 않고 있다. 1994년부터 2014년까지 위원회가 주최한 청문회는 절반으로 줄었다. 개최된 청문회 또한 대중으로부터 배우려고 하지 않았다. 40년간 이루어진 위원회 청문회를 검토한 2016년 연구 결과에 따르면, 국회의원들은 청문회를 정책 해결책을 찾는 것보다 당파 전쟁을 벌이는 용도로 더 많이 활용했다.[59]

당 지도부는 해당 법안이 위원회를 떠난 이후에 새로운 법안으로 다시 작성되도록 만들 권리를 가지고 있다. 하지만, 다수당은 위원회 대신 당 지도부가 더 많은 영향력을 행사할 수 있는 당파적 태스크포스팀을 활용한다.[61] 예를 들어, 2006년 민주당은 하원을 다시 장악한 이후, 위원회의 개입과 협상 및 타협 과정을 거치지 않고 100시간 동안 법안들을 통과시켰다.[62] 공화당은 이런 입법 과정에서 완전히 배제되었다. 제113차 의회에서는 실질적으로 법안의 약 40퍼센트가 위원회를 완전히 따돌린 채 입법되는 과정을 거쳤다.[63]

정당이 하원을 지배할 때 일어나는 일

다수 법안은 위원회를 통과하지 못한다. 그러나 소수 당파적 법안이 위원회를 통과하는 경우가 있다. 법안은 하원을 거치지 않고 의사운영위원회에서 소수의 다수당 간부들에 의해 통과되어야 한다. 의사운영위원회는 선거 유권자처럼 법안이 표결에 부쳐질 수 있는지, 그리고 만약 표결에 부쳐진다면 추가적인 토론과 수정을 할 수 있는 가능성을 열어 둘 것인지를 결정한다.[64] 의사운영위원회의 승인 없이는 어떤 법안도 하원에서 표결까지 갈 수 없다.

의장이 해스터트 규칙을 휘두를 수 있는 단계도 바로 이 단계다. 폴 라이언은 소수당 시절 하원에서 원내 토론이 위축되는 실태에 실망했기 때문에, 2015년 국회의장이 되고 나서 보다 개방적인 절차를 허용하겠다고 약속했다. 그러나 라이언은 법안을 검토한 2017년, 한 번도 공개 토론을 허용하지 않았다.[66]

회의위원회도 자유롭지 못하다

하원의 당파적 입법기구를 통과하고, 상원의 교착 상태에서 발생하는 장애물마저 극복한 법안은 마지막 단계 '회의위원회'를 거쳐야 한다.[67] 전통적으로, 이 위원회는 하원과 상원에서 개별적으로 통과된 법안의 차이를 조정하기 위해 상하원 소속 공화당과 민주당 위원들을 한자리에 모아 최종 조율하는 곳이다. 합의된 최종안은 다시 상원, 하원으로 가 표결에 부쳐진다.

오늘날에는 회의위원회가 거의 사라졌다. 제114차 의회에서는 8번에 걸쳐서 회의위원회 보고서가 만들어졌는데, 10년 전 제104차 의회 대비 무려 67건이나 줄어든 수치다.[68] 이제 특정 정당이 상원과 하원을 모두 장악하면, 다수당 지도부는 비공개로 만나 내부 협상을 진행하고, 다른 정당에게 결과만 간단히 발표한다.

실제로 회의위원회가 열리면, 협상을 관리하는 직원들이 참여하는데, 그들 대다수는 지도부가 임명한 사람들이다. 2017년, 공화당 상원이 세금 감면 및 일자리 법을 논의하기 위해 회의위원회를 개최하기로 결정하기 전에, 민주당 상원의원인 론 와이든은 이 과정을 이렇게 설명했다. "오늘 상원은 공화당이 통과시킨 두 가지 세금 계획의 차이를 해소하기 위해 하원과 함께 회의위원회 개최 여부에 대해서 논의할 것이다. 실수하지 마라. 앞으로 향후 몇 일간 개최될 회의위원회는 연극에 지나지 않는다."[69]

초선의원이나 새로운 정책이 변화를 만들어내기 어려운 상황이다. 따라서 최우선 과제는 공공의 이익에 도움이 되는, 바람직한 경쟁을 도입하기 위해 미국 정치 게임의 규칙을 재설계해야 한다. 이는 간단하면서도 어려운 문제다. 시간이 충분하지도 않다. 정치-산업복합체가 바람직하지 못한 경쟁으로 뒤덮이는 것은 매우 끔찍한 일이지만, 더욱 무서운 사실은 이런 현실이 마치 정상적인 현상처럼 받아들여지고 있다는 것이다. 공화당이나 민주당원만이 대통령 토론 무대에 나갈 수 있고, 그들 중 한 명이 대통령이 되는 일을 정상으로, 당연하게 여기고 있다.

의회에서 가장 강력한 의원인 미치 맥코넬과 낸시 펠로시스는 그들의 최우선 과제가 현 대통령에 저항하거나 자신들의 정당에서 더 많은 의원을 선출하는 것이라고 공개적으로, 자랑스럽게 발표하는데도 많은 사람들이 이를 정상적인 현상으로 받아들였다. 다수당의 지지에도 불구하고 초당적 거래가 실종된 상황도 정상이며 로비를 통해 상당한 수익을 창출하는 기업들로 구성된 '로비지수'가 지난 10년간 S&P500지수보다 높은 성과를 내는 것도 정상이라고 여기고 있다.[70]

세계에서 가장 부유한 나라, 미국이 당파 정치 게임 때문에 신용도와 경제력이 떨어진 것도 정상이라고 생각하는가? 분명하게 말하지만 가장 심각한 문제는 현재 미국이 쇠락의 길을 걷고 있다는 것이다. 우리는 이런 일을 겪어야 할 이유가 없다는 사실에 주목해야 한다.

3장

끔찍한 대가를
치르지 않으려면

견제 받지 않아 균형이 무너진 정치 산업은 민주주의와 경제력을 무너뜨리고 사회 진보를 가로막는다. 민주주의와 경제력, 사회 진보는 미국이 건국 이후부터 지키려 노력한 중요한 것이며, 계속해서 정치적 실험대에 오르는 가치다. 이 결과를 주의 깊게 살피면 정치 산업의 속성과 미국 정치를 연결 지어 이해할 수 있다.

가장 암울한 내용이 담긴 3장을 읽다 보면 수십 년 동안 지속된 쇠퇴에 새로운 좌절감을 느낄 것이다. 하지만 터널의 끝에는 반드시 빛이 있다. 3장과 이 책의 마지막 부분에서 이제까지의 진단을 바탕으로 쌓아 올린 정치 혁신의 유산과 제언을 제시할 것이다. 당파적 교착 상태를 타개하고 이 비극적인 관성을 혁신적으로 바꿀 수 있는 전략을 모색할 예정이다.

대가: 무너지는 민주주의

정치 산업 내 바람직하지 않은 경쟁은 민주주의에 다섯 가지 끔찍한 결과를 초래한다. 앞장에서 이미 살펴보았거나 어느 정도 암시한 주제들이기 때문에 보다 쉽게 이해할 수 있을 것이다.

문제를 해결하지 못하는 이유가 뭘까?

의원의 공익 추구 행동과 재선 가능성은 사실상 상관관계가 없다. 현재의 정치 시스템에서 시민들이 필요로 하는 방식으로 일하는 의원은 직장을 잃을 가능성이 높아진다. 이런 시스템은 정말 터무니없는 설계에 의해서 만들어졌다. 더욱 황당한 것은 현재 정치 시스템은 오히려 문제를 해결하지 못하도록 유도하는 특성을 가지고 있다는 사실이다. 초당적으로 타협하거나 자신들이 속한 정당의 당파적 이념에서 벗어나야 의미 있는 해결책들이 만들어진다. 그러나 의미 있는 해결책은 기존 정당의 열성적인 지지자들과 기부자들을 실망시킬 가능성이 크다.

문제를 해결하지 않고 분열적인 이슈들을 계속 끌어가야 당파적 유권자, 특별 이익집단, 헌신적인 기부자들을 만족시킬 수 있다. 그들은 대가로 투표하거나 기부금을 낸다. 이해관계가 얽힌 투표와 자금이 사라지면 안 되기 때문에 누구도 총체적 문제를 해결하지 않는 것이다. 또 입법자들이 진보를 이끄는 법안을 통과시키지 못하는 경우도 많다. 정치인들은 적어도 다음 선거 전까지는 상대 정당의 성공을 부정하기 위해 노력한다.

오늘날 정치 경쟁에서 중요한 많은 법률이 단일 정당이 의회를 통제하고 있을 때 통과되었다. 사회보장, 고속도로, 인권 같은 랜드마크 법안들은 초당적 지지를 받으며 통과되기도 했다. 또한 중요한 입법이 당파적 노선에 의해서 통과되는 경우가 많다. 그리고 나서 상대 정당이 권력을 되찾으면, 이전에 통과된 법안들을 개선하는 것에 초점을 맞추지 않고 오히려 폐지하기 위해서 노력했다.

한 정당이 주도하는 입법이 지배적인 이유는 부분적으로는 양당의 극단적 차이를 메꿀 수 있는 온건파가 충분히 많지 않기 때문이다. 양쪽 정당 하원과 상원에서 온건파의 비율은 급격히 감소했다.[1] 서로 타협하고 의미 있는 결과를 도출하지 않아 역사적으로 매우 심각한 교착 상태에 빠져 있다.[2] 중요한 현안들도 마찬가지다.

위기가 닥쳐야 행동하는 것도 문제다

의회는 대개 위기와 적자재정이라는 조건을 사용할 수 있을 때만 문제에 대한 조치를 취한다. 의회는 국가 안보 위기 상황이 되거나 국가 재난이 발생했을 때, 정부 폐쇄 또는 부채 악화 상황일 때 조치

주요 법안에 대한 초당적 지지 하락

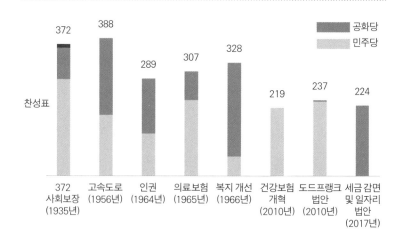

참고: 양당 의원 수는 조사 기간 중 다소 증감이 있었음.
출처: GovTrack.com

하원과 상원에서 감소하는 중도온건파 의원

참고: 양당 중도온건파는 이념적 성향 분포에서 ±0.25 범위 내에 있는 의원으로 정의.
출처: 조지아대학 키이스 풀, voteview.com

주요 현안에 대한 의회 교착 상태

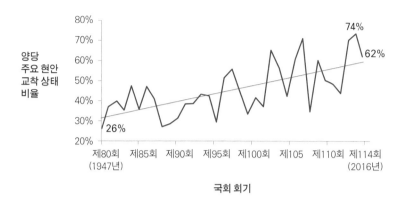

참고: 국회 회기별 주요 현안 선정은 〈뉴욕타임즈〉 기사를 기준으로 선정. '의회와 대통령이 회기 중 적절한
조치를 취하지 않았을 때'를 교착 상태로 정의.
출처: 사라 바인더 교수의 〈기능장애 국회The Dysfunctional Congress〉 논문

를 취한다. 때때로 신속한 조치를 취하기도 하지만, 이런 조치들은
이번 회기 정치 자금을 모으는 것으로 연결되지 않기 때문에 의회
는 국가 부채를 늘려 법안과 관련된 비용을 미래 세대에 전가하는
'적자재정' 방안을 사용한다.

상응하는 세수 증가 없이 지출을 늘리는 일괄세출안을 생각해보
자. 일괄세출안을 통과시키기 위해 공화당과 민주당은 각자의 핵심
지역구 민원을 해결할 수 있는 지출과 세금 조정안을 일괄세출안에
포함시켜 양당 모두에게 매력적인 안건으로 만든다. 그러는 동안 국
가 부채는 계속 증가한다. 책임재정을 강하게 요구하는 정당도 없다.
공화당과 민주당은 중요한 제3의 경쟁자가 책임재정 문제를 제기하

지 않는 상황에서는 책임재정의 강조가 정치적 이익으로 놀아오지 않는다는 사실을 잘 알고 있다.

의회는 미국에서 망가지고 있는 사회간접자본처럼 '긴급하지 않은 위기'에 효과적으로 대응하지 않는다. 인프라 위기는 의심할 여지없이 장기적 위기지만, 부채 한도 만료에 직면하는 경우처럼 시간적 압박은 느껴지지 않는다. 국가 안보 문제나 자연재해 때 명백하게 드러나는 즉각적인 조치에 대한 명확한 요구도 부재한 상황이기 때문에 강제적으로 행동을 강요하는 마감일이 없으면 아무 일도 일어나지 않는다. 계속해서 문제를 뒤로 미루는 것이 의회의 일상이 되었다.

더욱 분열된 나라

경쟁은 '사람'에 의해 움직인다. '사람'에는 정치인뿐 아니라 시민도 포함된다. 정당 간 경쟁, 중도층을 확보하기 위한 정면승부는 양당 모두에게 파괴적이기 때문에 양당 경쟁자들은 보다 정교한 방법으로 상대 정당보다 차별화된 전략을 시도하려 하고 정당 간 차이를 키우려 노력한다. 정치-산업복합체는 점점 더 정체성 게임에 빠져들고 상대 정당을 지지하는 시민들을 적으로 삼고 있다. 폴 라이언 하원의장은 은퇴를 발표한 후, 이 같은 현상을 두고 "국민을 더욱 분열시키고, 타인의 좌절과 분열을 이용해 자신의 이익을 착취하는 것, 정치적 이득을 위해 사람들을 분열시켜 '50(퍼센트)+1'의 연합진영을 만드는 일"[3]이라고 말했다.

정치 환멸

미국 대중은 정치 시스템에 많은 불만을 품고 있다. 연방정부에 대한 국민의 신뢰는 약 60년 만에 최저치를 맴돌고 있다. 1958년에는 미국인 4명 중 3명이 정부를 신뢰했었다.[4] 그러나 2017년에 들어서는 5명 중 1명만이 정부를 신뢰했다. 한편 2010년 이후, 매년 미국 시민의 의회지지율은 평균 20퍼센트 미만을 기록하고 있다.[5]

양당은 항상 상대 정당을 비난하지만, 점점 더 많은 미국 시민들이 양당 모두 비난을 받아야 한다고 생각한다. 오늘날 시민 절반이 민주당과 공화당의 미래를 어둡게 보고 있는데, 워터게이트 여파로 정치적 환멸이 최고조에 달했던 기록과 거의 맞먹는 수준이다.[6] 시민들은 지지 정당을 포기하고 정치적 독립, 무소속(지지 정당 없음)을 선언해 이런 불만을 표출하고 있다. 무소속을 자칭하는 비율은 사상 최고치인 41퍼센트에 달하는데, 민주당 지지율은 30퍼센트, 공화당은 지지율은 28퍼센트다.[7] 미국인의 3분의 2는 제3정당이 필요하다고 생각한다.[8] 미국 정치는 새로운 정당이 정치 산업의 진입장벽을 극복할 수 있으면 쉽게 파괴될 수 있는 산업이다.

다른 선택 대안이 없는 상황에서, 시민들이 정치에 가진 불만은 기존 정당을 향한 변덕스러운 지지율 변화로 표출되고 있다.[9] 2006년, 우세했던 민주당은 2010년에 공화당에게 패배했다. 2012년 버락 오

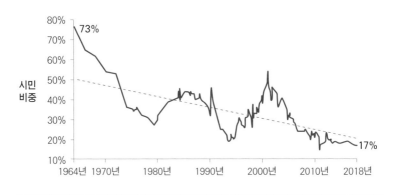

참고: 그래프의 수치는 개별 조사들의 이동평균치.
출처: 퓨 연구센터Pew Research Center가 2019년 4월에 발간한 〈정부에 대한 시민들의 신뢰(1958~ 2019년)〉, www.people-press.org

바마의 재선 이후 민주당은 다시 권력을 잡은 것처럼 보였지만 공화당이 상원을 장악한 2014년, 다시 권력을 잃었다. 트럼프가 2016년 백악관에서 승리한 뒤 공화당은 워싱턴 의회를 완전히 장악했다. 그러나 불과 2년 만에 공화당의 하원과 상원 동시 지배력은 붕괴되었고, 민주당원들이 다시 하원을 장악했다.

많은 시민들이 정부 시스템으로서의 민주주의에 신뢰를 잃어 가고 있다. 미국 밀레니얼 세대의 3분의 1만이 민주적으로 통치되는 나라에 사는 것이 중요하다고 여기고 있다. 오히려 권위주의를 지지하는 이들이 늘고 있다.[10]

계속해서 증가하는 무소속 유권자

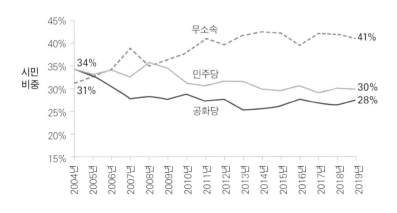

참고: 2019년 11월, 갤럽Gallup 이 실시한 정당지도 조사에서 획득한 해당 연도 평균치로, 조사에 사용된 질문은 "정치적 관점을 기준으로 현재 당신을 공화당, 민주당, 무소속 중 어느 쪽으로 분류할 것인가?" 였다.
출처: 갤럽

제3의 메이저 정당을 원하는 시민들

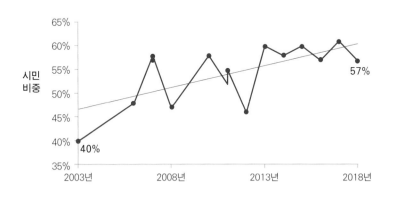

참고: 꺾인 점은 조사를 실시한 해를 표시한 것으로, 조사는 2003년 10월 10일부터 12까지 이루어졌다.
출처: 갤럽

사라진 책임

이처럼 고객 불만이 가득 쌓인, 겨우 두 개의 기업만 성장하는 산업이라면, 기업가는 이 상황을 사업 기회로 판단해 고객의 요구에 부응하는 전략을 가지고 시장에 진출할 것이다. 그러나 미국 정치에서 신규 진입자는 나타나지 않는다. 정치 산업을 지배하고 있는 양당이 새로운 경쟁자로부터 자신들을 보호하기 위해 게임의 규칙을 쉽게 조작할 수 있기 때문이다. 양당이 매우 높은 진입장벽을 세웠고, 5가지 경쟁요인 모델 분석에서 살폈듯이, 바람직한 경쟁에 필요한 새로운 견제와 균형도 무력화되어 있다.

다른 산업의 경우, 채널과 공급업체가 해당 산업의 주요 기업들에게 더 나은 고객 서비스를 제공하지 않으면 고객을 포기해야 한다는 압력을 가한다. 새로운 경쟁자, 대체제가 존재하기 때문이다. 압력이 실패로 돌아가면 독립적인 규제기관이 소비자를 보호하기 위해 개입한다. 그러나 정치에서는 이런 세력이 두 거대 기업의 같은 편에 서 있거나 제거되어 버린 상태다. 일반 산업이 경기 순환을 통해 자정 과정을 거치는 것과는 달리, 미국의 정치 시스템은 자정 작업이 가능한 단계를 지나쳐버린 지 오래다.

이민법에 대처하는 미국의 자세

미국 정치 내 바람직하지 않은 경쟁을 제대로 이해하려면 논쟁이 뜨거운 이민 문제를 살펴보아야 한다. 과거에는 양당이 이민 문제에 관한 실질적인 해결책을 제시하면서 지속적으로 이민 정책을 개선해왔다. 예를 들어, 1965년에는 양당이 합의해 국가별 할당제를 폐지해 이민법을 개정했다.[11] 1996년 양당은 해당 법안의 실행력을 강화하는 법안을 마련하기 위해 다시 협상 테이블에 앉았다.[12] 이런 일련의 조치는 현재 미국에서 만들어지는 이민 정책과는 크게 다르다.

양쪽 진영은 지금처럼 양당이 팽팽하게 대립하고 있는 시대에도 불법 이민자들을 이야기하고, 이민 제도를 다듬는 것 같은 분명한 문제들을 중심으로 이민 정책 논의가 이루어져야 한다는 사실을 인식하고 있다.[13] 그러나 여전히 이민 개혁은 환상처럼 느껴진다.

조지 부시 대통령 시절에는 초당적 협상을 위한 문이 열려 있는 듯했다.[14] 2006년, 존 매케인과 테드 케네디가 공동으로 발의한 법안이 거의 모든 민주당원과 공화당원 절반의 지지를 받아 상원에서 통과되었다.[15] 그러나 불행하게도 공화당의 데니스 해스터트 하원의장이 해스터트 규칙을 발의해 상원이 이미 통과시킨 해당 법안 투표를 거부하면서 그 법안은 버려지고 말았다. 양당 타협이 공화당의 이념적 순수성을 더럽히고, 당과 지지층과 특별 이익집단을 실망시

켜 연임 가능성에 악영향을 미칠 것이라고 판단했기 때문이다.[16]

그해 말 다시 민주당이 의회를 장악했을 때 이민법 논의가 진전될 것이라는 희망이 부활했다. 상원이 2007년 초 재조정된 매케인-케네디 법안을 채택했지만, 제안된 법안은 양당 핵심 유권자들을 화나게 만드는 타협안도 포함하고 있었다. 보수파 라디오는 '불법에 대한 사면'에 격분했고, AFL-CIO는 게스트-워커 프로그램에 항의했다. 법안이 상원에 통과되기 위해서는 불만을 품은 단체들이 요구하는 수정안을 피할 필요가 있었다. 그러다 보니 수정안에는 몇 달 전에 통과된 것과 유사한 내용이 담겨 법안이 폐기될 가능성이 높아졌다.[17]

지난 6월, 해당 법안이 상원 원내에 제출되었을 때, 불과 몇 달 전에 대통령 선거운동을 시작한 초선 상원의원 버락 오바마가 독소 조항Poison-pill Amendment이 포함된 수정안을 제시했고, 제시된 수정안은 기각되었다.[18] 그러나 오바마는 노동자 게스트 프로그램을 확대하려는 공화당의 인기 있는 아이디어를 잠재우기 위해 노동조합이 지지하는 또 다른 독소 조항을 재빨리 추가했다.[19] 수정안은 결국 단 한 표 차이로 통과되었다.[20]

양당이 저지른 이민법 개혁 실패는 오바마에게 전술적 승리를 안겼다. 오늘날 정치에서 실질적인 입법을 포기하더라도 이념적인 입장을 고수하는 것은 현명한 전략이다. 오바마는 민주당의 기반으로 돌진했고, 경쟁자가 될 존 매케인이 주요 입법에서 승리하는 상황을 저지했으며, 선거 지지기반을 모으는 데 당파적 문제를 활용했다.

오바마는 대통령 부임 1년차에 이민 문제를 다루겠다는 공약을 활용해 선거운동을 펼쳤다. 그러나 그는 첫 임기 동안 이민법에 대한 아무런 조치도 취하지 않았다.[21] 민주당이 2013년 상원에서 이민 개혁을 시도했을 때 공화당은 하원을 다시 장악해 이를 저지했다. 공화당은 부시의 마지막 해에 민주당이 성공적으로 사용한 전략을 그대로 따랐다. 차기 대통령을 기다리면서, 타협을 하지 않고 남아 있는 시간을 최대한 소진하는 전략이었다.[22]

양당 지배 구조는 국가가 직면한 중요한 문제 해결을 계속해서 방해했다. 10년이 지난 2019년에도 이민 개혁은 이루어지지 않았다. 대통령이 취한 유일한 조치는 법원에서 다른 정당의 도전을 받는 사안에 행정 조치를 발동시키는 매우 당파적 결정이었다. 우리의 예상대로, 판사들은 그들을 임명해준 정당에 유리한 쪽으로 판결을 내렸다.[23]

10년 전, 민주당원과 공화당원들은 이민자들의 국가 기여도에 관해 비슷한 생각을 가지고 있었다. 하지만 오늘날 양당의 입장은 크게 엇갈리고 있다.[24] 이민법은 양당의 정치적 무기로 변질됐다. 양당은 선거 운동에서 열렬한 지지자들을 끌어들이기 위한 확실한 수단으로 이민법을 사용했다. 새로운 경쟁의 위협이 없다면, 양당이 조화와 협력을 갈망할 이유도 없다.

대가: 무너지는 경제력

경제력은 모든 국가 복지의 핵심이다. 국가는 다음 두 가지를 동시에 충족시킬 수 있을 때 경쟁력을 유지할 수 있다. 첫째, 자국 기업들이 세계 시장에서 경쟁해 이길 수 있어야 한다. 둘째, 국민들의 임금 수준과 생활 수준을 높일 수 있어야 한다. 이 두가지를 달성하는 국가는 번성한다. 경제에 있어 경쟁력을 갖춘 국가들은 기업과 시민의 공동 번영을 강조한다. 기업이 번창하고 대부분의 시민들이 어려움을 겪는 국가는 경제력이 없다고 판단할 수 있다. 국민들에게 좋은 급여를 주지 못하는 기업이 시장에서 실패하는 경우도 마찬가지다. 지속가능한 경제력이 아니기 때문이다.

이 기준을 적용했을 때 현재 미국의 경제력은 어떨까? 미국 경제는 국가 경제 경쟁력의 절반만 충족하고 있다는 사실을 알려주는 증거가 많이 있다. 미국의 대기업과 중견기업이 번창하고 있고, 이런 기업을 창업한 사람들과 경영인들, 투자자들이 번영을 누리고 있다. 그러나 대부분의 중소기업, 중산층과 노동자 계층은 어려움을 겪고 있다. 126개월이라는 오랜 기간 동안 연속적인 경제 성장을 보이고 있지만 장기적으로 봤을 때는 좋은 상황이라고 판단할 수 없다. '시민, 기업, 국가의 공동 번영'이라는 이상은 미국의 현실과는 먼 이야기다.[25]

미국은 세계에서 가장 경제력이 강한 국가였다. 생산적이고 혁신적이며 역동적인 수많은 미국 기업들이 세계 시장을 지배했다. 동시에 최고의 훈련을 받은 노동자들을 배출했으며, 그들의 임금은 회사의 성장을 저해하지 않고 계속해서 상승했다. 많은 시민들이 부자가 되었으며, 그들은 잠재력을 최대한 발휘할 수 있었다. 이렇게 강력하고 성공적인 성과를 기반으로, 미국의 미래 번영은 보장된 것처럼 보였다. 그러나 지난 수십 년 동안, 경제의 중요한 부분들의 성과가 악화되면서, 밝은 미래는 그저 환상이 되고 말았다.

기존 기업과 창업 기업의 수가 줄어들면서 미국 경제는 역동성을 잃고 있다. 21세기 초부터 생산성이 떨어지기 시작했고 계속해서 더 작은 파이를 나누어야 하는 처지가 되었다. 미국의 가장 가치 있는 국가 자산인 노동자들도 그 활용도가 낮아지고 있다. 미디어의 헤드라인은 일자리가 증가하고 실업률이 낮아졌다고 말하지만, 사실 수백만 미국 시민들이 시간제 일자리로 몰려가거나, 생계비를 벌지 못하고 있으며 일자리 찾기를 포기하고 있다.

수십 년 동안 꾸준하게 증가하던 시민의 경제활동 참여율은, 2000년부터 감소해 1980년대 이후 가장 낮은 수준으로 하락했다. 이는 미국 기업들이 이전보다 일자리를 적게 창출하고 있다는 사실을 의미한다. 새로 생긴 일자리는 글로벌 경쟁과 다소 무관한 저기술 분야에 불균형적으로 집중되어 있다. 이런 요인들이 결합해 임금을 떨어뜨렸다. 미국 평균 가정은 20년과 거의 비슷하거나 떨어지는 수준으로 돈을 벌고 있다. 그 결과, 너무 많은 가정들이 재정적 안정성 없이 월급을 받아 매달 생존하는 방식으로 살아가고 있다. '아메리칸 드림'이 큰 위협을 받고 있다. 예전에는 미국에서 자녀 세대들이 부모 세대보다 더 많은 돈을 벌 것이라는 기대가 있었지만, 이제는 그 가능성이 50:50이 되었다.[26]

제2차 세계대전 이후 전반기에는 부유한 사람과 가난한 사람 모두 경제가 성장하면서 재산을 늘릴 수 있었다. 그러나 현재는 미국의 중산층이 다른 나라의 저임금 노동자들과 경쟁하기 위해서 고전한다, 숙련도가 높은 미국인들은 세계 시장의 혜택은 소득분포 최상위 집단에 집중되고 있다.

공동 번영의 시대가 무너지기 시작했다. 샌프란시스코, 보스턴, 뉴욕 같은 도시와 주변 지역에서는 지식 기반 클러스터 붐이 일어나고 있다. 연방정부가 있는 워싱턴 D.C는 그 어느 때보다도 잘 하고 있다. 이러한 풍요 속에서도 지난 20년 동안 평균 소득이 감소하는 고난을 겪는 지역들이 있다. 불평등이 심화되고, 사회 유대감이 무너지면서 가난한 이들과 부유한 이들이 갈등 속에 파괴적인 제로-섬 게임을 벌이고 있다. 이런 갈등은 금수저와 흙수저, 근로자와 기업, 월가와 그 외 지역 등 수많은 형태로 나타나고 있다.

이 같은 경제 붕괴 현상은 일부 사람들이 생각하는 것처럼 대침체Great Recession에서 비롯된 여파가 아니다. 이런 현상은 1990년대 후반부터 발생하기 시작했다.

미국 하버드경영대학원은 이런 암울한 결과의 근본 원인을 보다 제대로 이해하기 위해 2011년부터 미국의 국가경쟁력 분석 프로젝트를 실시했다. 이 프로젝트는 매년 하버드경영대학원 동문과 일반인을 대상으로 하는 설문조사를 통해 이루어졌다.[27] 개별 경쟁력에 관해서 미국이 다른 선진국에 비교해 어느 위치에 있는지를 파악했으며 다른 국가들과의 경쟁에서 미국의 성과가 개선되었는지 평가했다. 미국은 세계적 대학, 방대한 자본시장, 최고 수준의 경영방식 등 엄청난 강점을 가지고 있음에도 불구하고 경제 경쟁력 약화라는 어려움을 겪고 있음을 알 수 있었다. 천문학적인 비용과 불평등한 건강관리 시스템, 고비용 구조를 가진 규제·법률 시스템, 복잡하고 허점이 가득한 세금 정책, 미래 경제에 유용한 지식을 후속 세대에게 제공하지 못하는 공교육 시스템, 무너지는 고속도로와 철도, 공항 등 많은 사안들이 국가적 차원의 해결을 필요로 하고 있으며 상황은 더 나빠지고 있다.

민간에 의해 추진되는 분야와 달리 주와 연방 정부가 추진하는 분야는 늘 해결이 잘 이루어지지 않는다. 다른 국가들이 산업 환경을 개선하고 정책 눈높이를 올리는 동안, 미국 정부는 필요한 투자를 하지 않았다. 미국의 경제력을 회복하기 위해서 워싱턴 D.C.의 내외부에 있는 거의 모든 사람들이 인프라를 개선하고, 규제를 간소화하며 국제 무역 시스템의 남용을 해결하고, 연방 예산의 균형을 맞춰야 한다는 데 동의한다. 비공식적인 대화에서는 놀라울 정도의 합의가 이루어진다. 문제는 이런 합의가 실질적인 해결책으로

다른 선진국과 비교한 미국 경제 경쟁력

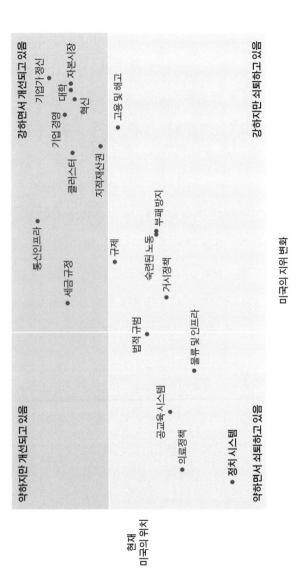

현재 미국의 위치

약하면서 개선되고 있음

- 통신인프라
- 세금 규정
- 법적 규범
- 공교육시스템
- 의료정책

약하면서 쇠퇴하고 있음

- 정치 시스템

강하면서 개선되고 있음

- 기업가정신
- 기업 경영
- 대학
- 자본시장
- 클러스터
- 혁신
- 지적재산권
- 고용 및 해고
- 규제
- 숙련된 노동
- 부패 방지
- 거시정책
- 물류 및 인프라

강하지만 쇠퇴하고 있음

미국의 지위 변화

참고: 2019년 12월, 하버드경영대학원 동문들을 대상으로 실시한 미국 경제 경쟁력 조사를 참조했다.
출처: 하버드경영대학원 마이클 포터 외 연구진이 저술한 《무너진 회복A Recovery Squandered》

연결되지 않고, 단지 합의에 머물러 있다는 것이다. 다시 말해서, 문제는 정책이 아니라 미국 정치 그 자체다. 하버드경영대학원 동문들과 시민들이 미국 경제력의 가장 큰 약점으로 미국의 정치 시스템을 일관되게 지목한 것은 당연한 결과일 것이다.

국가 경제력과 삶의 질의 관계

국가가 경제 경쟁력을 높이지 못하는 것 같은 실패는 국민의 삶의 질을 해치기도 한다. 대침체의 깊은 수렁에서 벗어난 이후에도 국민은 삶의 질이 더욱 떨어지는 불황에 갇혀 있다.[28]

우리 스스로 국민 복지가 국가 경제력과 밀접한 관련이 있으며 매우 중요한 것이라는 사실을 잘 알고 있다. 국가 발전 상황을 살펴보기 위해 매년 측정되는 사회진보지수가 영양, 건강, 교육, 안전, 환경 등 기본적인 인간의 기본 요구가 충족되고 있는지를 점검한다. 또한 자유와 개인의 권리, 정치적 권리, 종교적 관용 광범위한 영역에서 국가적 성과가 어떻게 변화하는지도 추적한다. 그런데 최근 발표된 결과는 가히 충격적이다.

미국인 대다수는 자국이 세계적인 리더라고 여겨왔다. 실제로 미국은 그 지위를 누려왔다. 누구나 초등학교부터 대학까지 보편적 교육을 받을 수 있도록 최초로 공교육을 개척했고, 가장 먼저 모든 가정에 전기를 공급했다. 태어난 모든 아이들이 잠재력을 최대한 발휘할 수 있는 기회를 만들어주는 것을 집단적 사명으로 여겼다. 그러나 오늘날 미국은 객관적 지표에 따른 결과로 '사회 진보' 25위 국가가 되었다.[29] 이 순위는 포르투갈과 슬로베니아 같은 부유한 국가보다 미국이 훨씬 뒤처져 있음을 의미한다. 사회적 성과가 개선되는 국가들과 달리 미국은 그 성과가 계속해서 감소하고 있는 유일한 선진국이다.

주요 지표를 통해 미국이 경제협력개발기구OECD 36개국과 비교

OECD 국가와 비교한 미국의 사회적 성과

지표	순위	지표	순위
교육		**치안**	
질적인 교육 접근 기회	33	교통사고 사망률	35
중등학교 입학 여건	22	살인율	35
		정치적 고문	29
환경		**포용력**	26
식수 접근성	31	소수 민족 차별과 폭력	16
온실가스 방출	29	동성애자 수용력	34
생태계 보호	34	사회·경제 그룹별 정치적 권리 평등	24
		성별 정치적 권리 평등	
건강		**권리와 자유**	
임산부 사망률	35	표현의 자유	23
아동 사망률	33	정의에 대한 접근	27
비전염성 질병으로 인한 사망	28	종교적 자유	21
기대수명	27	여성 재산권	29

출처: 2019년 사회진보지수 자료

해 어느 정도 위치에 있는지 살펴보자. OECD에는 독일, 일본, 영국처럼 시장경제 체제를 가진 선진 민주주의 국가도 있지만, 그리스, 터키, 헝가리, 멕시코처럼 일반적으로 최상위 그룹에 포함되지 않는 국가도 있다.

국민에게 공평한 기회를 부여함에 있어 중요한 '중등교육 접근성' 지표에서 미국은 36개 국가 중 35위다. 더욱 심각한 것은 OECD 국가를 차치하고, 이는 최근 동부 지역 혁명, 러시아와 전쟁에 휘말리고 있는 우크라이나와 비슷한 수준이다.

미국은 의료 시스템에 다른 어떤 국가보다 의료 시스템에 많은 돈을 썼다. 그런데도 임산부 사망률 35위, 아동 사망률 32위를 차지하고 있다. 이는 에콰도르와 파나마와 비슷한 수준이며, 2014년 이후 기대수명도 줄었다.

미국인들은 '식수 접근성' 27위로, 종종 생활에 기본이 되는 필수품도 부족한 상황에 놓인다. 또한 '치안'에서 인도네시아, 가나, 시에라리온 같은 국가들보다 뒤쳐졌다. '살인율'은 35위로 치솟았고, '소수민족 차별과 폭력'은 28위에 머물러 있다.

헌법에 명시된 핵심 권리도 위협받고 있다. 2014년 이후 미국은 '정치적 권리'는 36개 중 32위, '표현의 자유'가 25위, '정의에 대한 접근'이 23위, '종교적 자유'는 18위를 기록했다. '포용력'은 OECD 국가 중 헝가리와 동등한 수준이지만 헝가리 지도자 빅토르 오르반은 "자유주의 국가를 건설할 계획"이라고 선언했다.[30]

분명히 국민의 삶의 질이 나빠지고 있다. 한때는 바위처럼 단단하다고 여겼던 미국의 주요 업적이 흔들리고 있다. 예전에는 정부가 이 문제를 해결할 수 있었지만 지금은 그럴 수 없게 됐다. 미국의 정치 산업은 대중의 관심에서 멀어져 개인 삶의 질을 떨어뜨리고 생명을 위협하는 심각한 상황을 야기함에도 불구하고 계속해서 번성하고 있다.

내가 바라는 민주주의를 그려야 한다

앞서 살폈듯이 미국 정치 시스템 내 경쟁은 공공의 이익과는 거리가 멀다. 이런 결과가 발생하는 원인을 생각하기 이전에 우리가 원하는 결과가 무엇인지를 명확하게 정리할 필요가 있다. 일반적인 사업의 경우 희망하는 결과, 핵심은 분명하다. 바로 이익을 내 매출을 늘리는 것이다. 그렇다면, 미국 시민들은 국회의원에게 어떤 결과를 기대해야 할까?

이 질문은 매우 중요하고 본질적인 것임에도 불구하고 놀랄 만큼 논의와 합의가 이루어지지 않았다. 정치 드라마 보듯이 누가 누구에게 무슨 짓을 했는지에 대한 끝없는 논평만 있을 뿐이다. 정치적 결과에 관한 관심 부족이 정치에 참여하는 주요 행위자들이 개인 목적에 부합하는 결과를 만들어내도록 부추겼다. 바람직한 민주적 정치 시스템을 만들기 위한 5가지 핵심 대안을 제시하고자 한다.

해결책의 본질: 이데올로기가 아니라 정치다

해결책은 중요한 문제를 해결하거나 시민들에게 더 많은 기회를 제공하는 정책을 의미한다. 해결책, 즉 정책은 실제로 효과가 있고 상황을 더 좋게 만들 수 있는 접근이다. 해결책의 중요성은 분명해 보이지만 오늘날 정치 시스템에는 거의 존재하지 않는다. 효과적인 정책의 본질을 알고 있는가? 최선의 정책을 결정하기 위해서는 정책의 본질을 파악해야 한다.

효과적인 해결책은 '이데올로기'가 아닌 '정치'로 문제를 해결한다. 효과적인 해결책은 양식화된 이념 원칙을 적용한다고 해서 만들어지지 않는다. 그렇게 하면 오히려 상황은 더욱 악화할 수 있다. 해결책은 지나치게 오른쪽을 또는 지나치게 왼쪽을 지향하지도 않는다. 예를 들어 '큰 정부'나 '작은 정부'가 아니라 '정부가 해야 할 다양한 역할에 올바른 균형을 맞추는 법'이 훨씬 중요하다. 마찬가지로 규제를 완전히 배제하는 것이 아니라, 규제를 받고 있는 이해관계자와 궁극적으로 비용을 지불해야 하는 시민들에게 불필요한 비용을 발생시키지 않으면서도 우리가 원하는 사회·경제적 이익(예: 환경오염 감소)을 제공하는 규제 방안을 찾는 것이 옳다.

실용적이고 지속 가능한 해결책은 결코 어느 한 방향으로만 치우치지 않는다. 오히려 관련이 있는 중요한 고려 사항들을 통합한다.

많은 선거구를 모두 포괄하는 관점에서 저울질하고 균형을 맞추어야 하며, 서로 다른 의견을 통합하는 데 있어 바람직한 절충안을 만들어야 한다. 해결책은 대개 타협과 초당파적 자세를 요구한다.

좋은 해결책은 가능한 한 많은 사람에게 공정하고 수용 가능한 것이어야 한다. 좋은 해결책을 만들 때, 모든 사람들이 정부로부터 원하는 것을 얻어낼 수 없다는 사실도 알아야 한다. 이것이 민주주의다. 절충안을 포함한 좋은 정책은 일부 개인이나 집단이 주어진 정책에서 다른 사람보다 더 많은 이익을 얻을 가능성이 있고, 어떤 사람은 더 많은(또는 더 적은) 비용을 부담할 수도 있음을 의미한다. 그러나 결과는 시간이 지남에 따라 보다 균형 있고 공정하다고 인식될 것이다. 어떤 그룹이나 계층도 원하는 모든 것을 얻지 못할 때 좋은 정책이 만들어지기도 한다.

마지막으로, 좋은 해결책은 진전을 이루지만, 모든 것을 한꺼번에 해결하지 못할 가능성이 크다. '상황을 더 좋게 만들었는가?' 자문해보자. 효과적인 해결책은 올바른 방향을 지향하면서도 처음에는 부분적이고 단계적인 접근을 필요로 하며, 시간이 지나면서 계속해서 문제를 개선할 수 있어야 한다.

'사회보장법'은 효과적인 해결책의 교과서적인 예다. 1935년에 사회보장법이 만들어지기 전에는 은퇴한 미국인은 가족과 친구들의 지원에 의존해야 했다. 점점 더 많은 시민이 안전망을 잃고 노후에 삶을 부양하기 위해 고생했다. 이러한 추세는 대공황으로 더욱 악화되었다. 프랭클린 루스벨트 전 대통령은 이런 문제에 대한 해결책을 찾기 위해 정부, 기업, 학계, 시민사회의 지도자들을 모두 한자리에 모았다. 그리고 이 문제에 영향을 받는 모든 사람들의 이해관계를 고려해 균형을 맞출 수 있는 계획을 수립하기 위해서 경제안보위원회CES를 만들었다. 6개월 동안 CES는 전 세계의 연금 시스템을 연구했고, 유권자들에게 어떤 제도가 가장 효과적인지 찾아내도록 했다. 이런 노력과 결과를 바탕으로 민주당과 공화당은 오늘날까지 지속되는 사회보장 프로그램을 만들기 위해서 협력했다.[31]

양당 타협을 통해서 미국의 대표적인 문제를 해결할 정책이 만들어지기를 기대하는 일은 너무나도 당연하고 명백하게 유권자가 바라는 바다. 그러나 많은 사람들이 실질적 진보 대신 당파적 이념과 정치적 쇼, 보여주기식 대안에 익숙해지는 바람에 정치 시스템이 만들어야 하는 해결책을 기대하지 않게 되었다.

실행의 본질: 위협이 아니라 타협이다

오늘날 정치 시스템은 실행되지 않고 교착 상태에 빠지는 경우가 많다. 정치인은 중요한 법안을 입법하고 실행해야 한다. 정치인들의 입법 방해 행위가 소속 정당으로부터 보상을 받고 유권자들에 의해서 처벌받을 일도 없다고 믿을 수 있게 되면, 공익을 우선할 동기가 사라진다. 말뿐인 비현실적 약속은 아무런 의미가 없다.

루스벨트는 사회보장법을 만들면서 "이 법은 건설만 되고 완성은

되지 않는 구조를 바꾸는 중요한 초석이 될 것이다"라고 말했다.[32] 법이 통과된 이후 린든 존슨에서 로널드 레이건까지 과거 미국 대통령들은 사회보장법을 계속해서 개선했고, 혜택을 받을 수 있는 사람들을 확대해나갔으며, 비용 절감을 위한 노력을 기울였다.

오늘날 정치-산업복합체는 실행을 마치 위협으로 인식하고 있다. '혹시 강력한 고객, 특별 이익집단들이 부정적으로 반응하지는 않을까?', '당파적 언론 같은 핵심 채널이 수백만 명의 시청자 앞에서 실행을 비난하지는 않을까?' 같은 생각에 빠지는 것이다. 양당 후보자와 정치 지도자들이 한 대부분의 약속은 실행으로 옮겨지지 않는다. 처음부터 비현실적인 약속이기도 했거니와 실행에 옮길 수 있는 타협이 자기 진영으로부터 비난 받을 것을 우려하기 때문이다. 이처럼 중요한 입법은 거의 진전되지 않거나, 통과되지 않는 결말을 맞는다.

블로킹, 여론 의식한 행동, 공허한 말은 실행을 피한다는 공통점을 갖고 있다. 2010년 상원에서 60대 39로 통과된 '오바마케어ACA'를 생각해보라.[33] 모든 민주당 상원의원이 이 법안에 찬성표를 던졌고, 모든 공화당 상원의원은 반대표를 던졌다. 입법 과정이 너무 양극화되어 있어 해당 법안을 개선하려는 후속 조치도 이루어지지 않았다. 공화당은 이후 7년 동안 해당 법안을 폐기하려고 노력했다. 민주당과 협력해 개선하기 위한 노력은 하지 않고 법의 핵심 부분을 없앤 노력을 기울였다.[34]

하지만 실제로 공화당은 오바마 재임 기간 동안에는 ACA 법안을 절대 폐지할 수 없다는 것을 알고 있었다. 그럼에도 불구하고 공화당은 지지자들에게 자신들이 싸움을 지속하고 있다는 것을 보여주기 위해 법안을 없애기 위한 투표를 진행했다.[35] 이런 보여주기식 행위는 시간만 낭비할 뿐이다.[36] 2017년 공화당이 상원과 하원을 장악하고 대통령직까지 차지하자, 정작 그들이 시행할 의료 법안은 존재하지 않는다는 사실이 드러났다. 그들은 정치적 드라마이자 무의미한 투표에서 ACA를 폐지하는 데 필요한 표를 모을 수 없었다.[37] 공화당의 폴 라이언 의장은 이 상황을 두고 이렇게 말했다. "우리는 10년 동안 야당이었다. 우리는 그냥 반대해야 했다. 이제 실제로 216명의 사람들이 어떻게 일을 할 것인지 서로가 합의해야 하는 여당이 되었다." 진정한 여당이 되는 일은 반대만 하면 되는 당이 되는 것보다 훨씬 힘든 일이다.

시간이 지나면서 더욱 지지를 얻을 수 있다

해결책, 정책은 시간이 지나면서 국민으로부터 합리적이라는 평가와 광범위한 지지를 얻을 수 있어야 한다. 100퍼센트의 지지를 얻기는 어렵지만, 초당파적 자세를 수반하는 진정한 해결책은 정치적 스펙트럼을 가로지르는 다양한 유권자들에 의해 받아들여지고 지지를 받을 수 있다. 시민들은 정책 옵션의 현실적 한계를 이해하고 해당 대안을 실행하기 위해 필요한 합리적인 타협들을 이해하는 데 도움이 되는 대화를 통해 주어진 해결책을 받아들일 수 있다.

국회의원들이 여론에만 반응해야 한다는 말은 아니다. 대중의 의견을 앞서가야 한다. 이것이 정치적 리더십이다.

정치적 주장만 하지 않고 국가의 실제적 진보를 만든 정치 지도자들도 많이 있었다. 젊은 국가에게 더 강한 헌법이 필요하다고 설득한 제임스 매디슨과 유혈사태에도 불구하고 단결과 용서를 설파했던 에이브러햄 링컨을 떠올릴 수 있을 것이다. 진정한 정치적 리더십은 공익 전반을 반영하는 정책을 만들고 실행한다. 또 공동의 이익을 분명히 인지하고 권력의 균형이 한 정당에서 다른 정당으로 옮겨갈 때에도 진보를 만들고 정책적 연속성을 지켜낸다. 건강하고 바람직한 정치는 경쟁을 통해 시민들을 가르치고, 단결과 영감을 이끌어낸다.[38]

아무도 균형을 위해 나서지 않았다

정치에서 말하는 '좋은 성과'는 현재 세대와 미래 세대의 필요와 이익의 균형을 추구하는 입법이다. 이러한 균형은 궁극적으로 급진적인 정책 변화를 요구할 필요성을 낮추거나 처음 정책을 추진할 때 발언권이 거의 없었던 시민들이 피해를 보는 일을 줄인다. 또 이렇게 찾아낸 해결책을 지속가능하게 만든다. 사회보장법을 고안한 민주당과 공화당은 연금이 정부의 일반적인 세입이나 부채를 통해 조성되는 것이 아니라, 시민들이 자신들의 현재 급여에서 자금을 조달해야 한다는 데 동의를 얻었다. 이런 선제적 판단은 사회보장법을 장기 생존하도록 만드는 데 중요한 역할을 했다.

현재 미국 정치는 크게 달라졌다. 지속가능한 연방 예산을 마련하려고 노력한 심슨-볼스안이 대표적인 예다.[39] 2010년, 버락 오바마 전 대통령은 공동의장 앨런 심슨 전 상원의원과 함께 에르스킨 볼스의 성으로 가장 자주 표현되는 책임재정과 재정개혁 위원회를 설립했다. 이 위원회는 현재와 미래 세대의 이익이 균형적으로 고려된 훌륭한 양당 합의를 통해 해결책을 만들었다. 보고서 서문에는 다음과 같이 적혀 있다. "대통령과 상원과 하원의 양당 지도자들은 현재는 물론이고 미래 세대를 위해 국가의 재정 문제를 다루어 달라는 요청을 했다. 우리는 상당히 진취적이고 공정하며 균형 잡힌 초당적 제안을 제시하기 위해 노력하였으며, 제시하는 대안들은 우리가 직면한 재정 문제만큼 심각한 사안이다. 우리는 원칙적인 타협에 도달하기 위해 이전에 또는 현재 반대했던 조항들에 대해 부분적인 수용을 해야 했다. 또 이번 계획을 세우기 위해서 서로가 가지고 있는 이견들을 일단 제쳐두기로 했다. 그렇지 않으면, 미국은 다가오는 미래에 길을 잃게 될 것이 분명하기 때문이다."[40]

그러나 심슨-볼스의 제안은 결국 입법되지 않았다. 누구도 당의 정통성에 반하거나 특별 이익집단과 맞서려고 하지 않았기 때문이다.[41] 위원회에서 활동했던 폴 라이언 하원의원 마저 재정 개혁안에 반대표를 던졌다. 위원회를 만든 오바마 전 대통령도 해당 제안을 강력하게 지지하지는 않았다. 다른 국회의원들도 해당 제안을 살리기 위해서 나서지 않았다(양당 일부 의원들은 미국 시민들이 지지한다는 것을 언급할 정도로만 용감했다). 국회의원 대다수는 그들의 당론에 반대함으로써 당내에서 벌어질 예비선거에서 위험에 처하고 싶지 않아 했다.

심슨-볼스안은 '오늘날 정치적 경쟁을 지배하고 있는 양당은 결과에 책임지지 않는다'는 미국 정치의 또 다른 중요한 현실을 보여준다. 라이언 하원의원이나 오바마 전 대통령, 의회 모두 중요한 국가적 사안에 해결책을 제시하지 못한 것에 대해 정치적 대가를 치르지 않았다. 오바마 전 대통령은 연임에 성공했고, 라이언 의원은 하원의장이 되었으며 의회 재선율은 90퍼센트였다.[42] 오늘날 정치 지도자들은 지속가능한 해결책을 모색하는 대신 해당 문제를 뒤로 미루는 단기적인 조치를 계속해서 반복하고 있다.

우리에게는 헌법이 있다

'헌법이 있다'는 사실을 다시 강조해야 하는 이유는 정치인들이 기존의 경계를 넘어선 채 변화에 동참할 유혹을 느끼고 있기 때문이다. 쉬운 해결책을 조급하게 찾는 것이 아니라, 미국 시민들 모두에게 필요하고, 더욱 중요하며, 우리를 통합할 수 있는 행정을 구현하는 일관된 프레임워크를 추구하는 일은 의심할 여지없이 가치 있는 일이다.

이제는 정치 혁신이다

성공적인 정치 시스템은 해결책을 찾아 실행하고 개선하며 시간이 지나면서 더욱 지지를 얻는다. 정치 혁신은 현재와 미래 세대를 함께 고려하고, 헌법을 존중할 때 이루어진다. 이 책을 읽는 당신이 여전히 회의적일 수도 있을 것이다. 정치 산업의 현실은 제대로 파악했지만 이 시스템을 고칠 수 있을 것이라는 기대는 하지 않을 수 있다. 예전이나 지금이나 매우 어렵고 힘든 일이라고 여길 것이다. 그렇게 생각하는 것도 무리는 아니다.

제시한 제안들이 지나치게 큰 변화를 요구하는 것이라면 받아들이기 어려울 수 있으나 이 책은 워싱턴 D.C.의 정치 산업 싱크탱크에 의해 저술되지 않았다는 사실을 기억하라. 우리는 이 책이 세상을 바꾼 혁신을 보인 스티브 잡스의 차고와 비슷하다고 생각한다. 당신이 우리가 제시한 새로운 정치적 청사진을 검토하는 일에 참여해주기를 기대한다. 정치에 관한 새로운 생각과 시야를 가질 수 있는 기회를 만들고 싶다.

정치 혁신이 충분히 가능하다는 것에 더 많은 증거가 필요하다면, 다음 사실을 상기해 보라. 우리의 부정적인 생각과는 달리 미국은 이미 이야기한 정치 혁신을 성공적으로 실행한 경험이 있다. 4장에서 이야기하겠지만, 약 100년 전 미국은 비슷한 위기에 처해 있었다. 정치 산업이 국민을 위한 해결책을 찾지 못하는 가운데, 많은 국민이 '무엇이 잘못되었는가?' 스스로 물었다. 그들이 찾은 답은 오늘날 우리가 던지는 질문의 답과 동일하다. 그렇다. 여전히 '시스템'이 문제다.

2부

정치 혁신

THE
POLITICS
INDUSTRY

4장

위대한 유산

미국의 초대 대통령 조지 워싱턴은 두 번째 임기가 끝나갈 무렵인 1796년 9월 19일, 고별 연설을 했다. 그의 연설은 아직 어린아이와도 같은 미국이 스스로 일어서는 방법을 배워야 한다고 말하는 사전 경고였다.[1] 그는 공화당과 연방제 지지자들이 상대를 격렬하게 비난하는 전쟁이 격화하면서 강력한 두 개 정당 또는 한 정당이 장악하는 '대안적 지배Alternate Domination'가 초래할 위험을 예견했다. 또한 국가 부채가 증가에 대해 "우리 세대가 부담해야 할 채무를 후속 세대에게 무자비하게 내던지는 것이다"라고 경고했다. 북부와 남부가 맞서고 서부와 동부가 서로 대항하던 시기에 그는 미국인들에게 당파주의를 배척해야 한다고 간청했다. 그리고 그는 미국의 모든 시민들이 '출생 혹은 자발적 선택'으로 미국인이 되었다는 사실을 상기했다.

그는 이 연설을 통해 미국의 미래에 관한 뛰어난 통찰력을 보였다는 평가를 받고 있다. 미국에서 정당, 국가 부채, 당파주의는 200년이 지난 지금도 가장 중요한 이슈들로 남아 있다. 연설의 내용뿐 아니라 당시만 해도 미국 정치에서 고별 연설이라는 것 자체가 존재하지 않기 때문에 '미국 대통령직 사임 즈음 국민에게 전하는 연설'은 중요한 뉴스였다. 이는 조지 워싱턴이 두 번의 임기를 마치고 재선에 도전하지 않을 것이라는 사실을 의미했기 때문이다. 역사학자 해리 루벤슈타인이 말한 것처럼, "권력을 얻은 정치인들은 죽을 때까지 재임할 것이다"가 일반적인 인식이었다.[2] 따라서 조지 워싱턴의 연설은 대통령이 스스로 권자에서 물러나는 급진적인 혁신을 도입한 것으로 볼 수 있었다.

오늘날과 달리, 당시에는 조지 워싱턴만큼 인기 있는 대통령이 임기 제한에 따라서 퇴임해야 한다는 규범이나 기대가 없었다. 만약 그가 3선에 도전하기로 결정했다면, 틀림없이 성공했을 것이다. 그러나 그는 한 대통령이 오랜 기간 재임하는 위험을 명확하게 인식하고, 연임 횟수에 제한을 두는 전통을 확립했다. 1797년 존 애덤스가 평화적인 권력 이양으로 대통령직에 부임하면서, 미국은 다른 많은 국가들과 확연한 차이를 만들었다.

위대한 미국을 건설하는 프로젝트는 수많은 혁신을 거치며 발전했다. 각 세대에서 이루어진 혁신은 정치가 결코 영구불변의 것이 아니며, 정부 시스템의 변화는 가능하고 필수적인 것이라는 생각을 확고히 하는 헌신을 의미했다. 미국 대통령의 주기적인 교체를 명확하게 규정한 것 역시 정치 혁신의 대표적인 예다.

미국 민주주의는 혁명적이었다. 정부의 권력은 국민에게 있다는 민주주의는 아주 오래된 기원을 가지고 있는데, 현대 대의민주주의는 사람들이 자신을 대신해 결정을 내리는 대표자를 선출하는 제도로서 미국혁명에 의해 세계에 소개되었다. 영국을 물리친 후, 미국 건국자들은 그들이 물리친 군주주의 통치를 상당히 두려워했다. 그러나 그들은 직접민주주의, 즉 국민이 직접 정책을 결정하는 '다수의 독재Tyranny of the Majority' 역시 두려워했다. 그래서 그들은 국민들이 고용하거나 해고할 수 있는 국회의원과 정부 지도자들을 활용하는 중간적 제도를 해결책으로 고안하였다. 국민이 자신의 대표자를 선출하는 것이 지금은 너무나 직관적이고 명백해 보일지 모르지만, 원래부터 그렇지는 않았다.

미국적 혁신은 더 있다. 미국 헌법은 민주주의에 대한 최초의 공식적 청사진을 제공했다. 다른 나라에서는 찾아보기 힘든 매우 독특한 정부시스템을 성문화했는데, 정부의 특정 부서가 지나치게 큰 힘을 가지는 것을 제한했고, 정교한 견제와 균형 구조를 기반으로 시민의 역할을 가장 우선시한 데 의미가 있었다. 미국의 민주주의는 현재 세계에서 가장 오래 살아남은 명문화된 정부 헌장이다. 이는 화고한 원칙을 확립함과 동시에 국가가 발전힘에 따라 수정을 허용한 덕분에 가능한 결과였다. 실제로 국회의 동의를 얻은 개별 수정안은 미국 정치 시스템을 근본적으로 변화시킨 국가적 논쟁을 잘 반영하고 있다. 이런 정치 혁신은 미국의 국가 유산이라고 할 수 있다.

그러나 이전 세대가 확립한 민주주의를 그대로 유지하는 것만으로는 부족하다. 민주주의는 끊임없는 재창조를 필요로 한다. 미국을 건국한 사람들이나 미국 헌법을 만든 사람들 역시 후속 세대가 그대로 지키기만 하면 되는 완벽한 정부를 만들지 않았으며, 계속해서 진화하고 적응할 수 있도록 설계된 정부를 만들었다. 미국의 건국 헌법은 위대했지만 동시에 상당한 결함도 가지고 있었다. 향후에도 지속되어야 하는 건국 헌법 개선 노력은 시스템 차원의 변화가 필요하다는 믿음에서 나온다. 개혁가들이 자신들의 주장을 펴고 마음과 생각을 바꾸기 위해 노력하면서, 강력하고 원칙적인 아이디어들이 국가적 관심을 끌기 위해 계속해서 경쟁하고 있다. 토마스 제퍼슨은 이런 사실을 잘 포착했다. 그는 "상황이 바뀌면 우리의 제도 역시 발전해야 하고, 시대에 보조를 맞춰야 한다"고 말했다.[3]

오늘날 대부분의 미국인들이 현재의 정치제도는 수리가 불가능하다고 생각한다. 정치 산업은 오랜 기간 양당의 이익을 위해 최적화된 상태로 머물러 있고, 미국 시민들에게 불리한 구조로 짜여 있기 때문에, 정치적 문제는 해결하기 어렵다고 믿기 쉽다. 매번 선거 때가 되면 변화에 대한 요구와 약속이 난무하지만 아무런 변화도 일어나지 않는다. 그러나 우리는 시민으로서 미국의 정치를 혁신하고 건강한 민주주의를 회복할 수 있는 힘을 가지고 있다.

민주주의를 복구한 날

1897년 2월 10일, 경기침체 속에서 뉴욕의 엘리트 사교계 인사 브래들리와 코넬리아 마틴은 800명의 친구와 동료들을 월도프 아스토리아 호텔에 초대해 의상무도회를 열었다. 손님들은 수놓은 가운과 보석으로 장식한 왕족 복장으로 와야 했다. 현재 가치로 그 무도회는 약 1,000만 달러를 모을 수 있었다. 당시 미국인은 연평균 400달러 정도를 벌었다.[4] 이 호화로운 사건은 길드시대The gilded Age로(남북전쟁 후 대호황시대)의 상징이 되었다. 양극화와 마찬가지로 불평등도 급증한 것이다. 워싱턴은 부패와 정치적 교착 상태에 놓여 있었다. 민주주의의 생존이 위태로웠다. 21세기 미국의 위기가 그때에도 있었다. 우리 정치 시스템이 망가지고 시급한 국가적 사안들을 제대로 해결하지 못한 것 역시 이번이 처음이 아니다. 위험 수준까지 치솟은 양극화도 전례가 없지 않다. 브래들리-마틴 부부가 손님들을 대접하던 1800년대 후반에도 양극화 문제는 심각한 수준이었다.[5]

도금시대에도 미국은 오늘날 우리가 겪는 수많은 비슷한 문제들을 겪고 있었다. 공화당과 민주당은 일반 시민들의 요구보다는 자신들의 이익과 특별이익집단을 위해 양당 구조를 만들어서 경쟁했다. 지금처럼 그 당시에도 양당은 자신들을 위해 정치 규칙을 바꾸고 시민을 분열시켰고, 자신들의 영향력을 확대하기 위해 정부를 장악했다. 그 결과로 나타난 당파적 갈등, 정부의 역기능, 실행에 옮기지 않는 관행은 미국에 큰 피해를 주었다. 19세기 말, 미국은 와해되기 직전이었다. 그러나 우리가 알고 있듯이 한 시대의 정치적 혁신을 만든 결연한 인물들 덕분에 민주주의가 더욱 공고해지면서, 미국은 이런 형국에서 벗어날 수 있었다.

1890년부터 1920년까지 전국에서 등장한 정치 혁신가들은 미국의 민주주의를 회복하기 위한 조치를 취했다. 오늘날 좌파적 관점에서 진보적이라는 것이 아니라, 미국 정치 시스템의 구조적 개혁으로

미국의 정치 양극화 현상

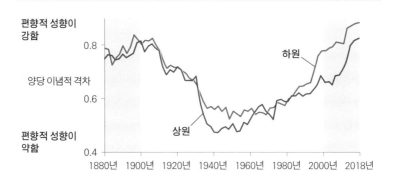

국가를 앞으로 나아가게 했다는 점에서 진보적이었다는 의미이다.

진보주의자들은 당파적 충성심을 극복하기 위해서는 정치에서 게임의 규칙을 적극적으로 재편성해야 한다는 것을 알고 있었다. 개선해야 하는 모든 잠재적 영역을 다룬 것은 아니지만, 진보주의자들은 국가의 방향을 바꾸었고 민주주의에 오랜 기간 지속되는 중요한 흔적을 남겼다.

진보주의 개혁은 미국 민주주의에 무수한 기여를 했다. 오늘날 선거에 출마할 후보자들은 당 간부 몇 명의 결정이 아닌 예비선거를 통해 선출된다. 미국 상원의원들은 의회를 장악하고 있는 당파주의자들이 아니라, 미국 시민들의 투표로 선출된다. 오늘날 우리는 선거에서 투표권을 가진다. 그리고 기업들은 더 이상 신고하지 않고서는 정치인들에게 무제한 기부를 할 수가 없다. 마지막으로, 26개 주는 시민들이 투표를 통해 입법할 수 있기 때문에, 원하면 입법 과정에 정치인들을 배제할 수도 있다.

진보주의 개혁은 두 번의 세계대전과 주기적인 경제침체에도 불구하고 지속적인 진보를 이끌어내 문제 해결의 시대를 열었다. 제도적 변화는 미국이 세계에서 가장 부유하고 강력한 국가가 될 수 있게 해주었을 뿐만 아니라, 양당 타협을 이끌어 시민의 기회를 확대하고 공동 번영을 추구한 정책을 세울 수 있는 국가로 만들었다.

진보주의운동은 오늘날 우리가 절실하게 필요로 하는 정치적 혁신이 어떻게 가능할 수 있는지에 관한 중요한 교훈을 준다. 첫째, 상황이 아무리 나빠지더라도, 우리는 시민으로서 권한을 행사해 정부를 통제할 수 있는 권한을 가지고 있다. 시민들이 정치 시스템이 실제로 어떻게 작동하는지 이해하고 필요한 실천을 할 수 있다면, 정치의 본질을 바꾸고 민주주의를 재건할 수 있는 힘을 가지고 있다. 진보주의시대는 이념에 상관없이 개혁 옹호자들이 함께 뭉칠 필요가 있다는 것을 명확하게 보여주고 있으며, 당파주의자들 혹은 서로 다른 정책적 선호도가 정치 혁신을 단념하도록 만들거나 분열시킬 수 없다는 사실을 보여준다. 마지막으로 진보주의운동은 미국 시민들이 민주주의를 쉽게 여기면 안 된다는 교훈을 일깨운다. 정치인들은 언제나 자신들에게 유리하게 제도를 왜곡하려는 의도를 가지고 있다. 오직 시민만이 그 의도를 막을 수 있다. 결국 정치 혁신은 시민의 손에 달려 있다.

정치적 역기능의 효시

마크 트웨인은 풍요와 분쟁이 만연했던 19세기 후반을 길드시대라고 이름 붙였다. 사회·경제적 혼란은 긴장과 분열, 민족적 편견을 야기했다. 이러한 분열은 정치인들로 하여금 정치 시스템을 자신들에게 유리하게 만드는 기회를 제공했다.

이런 변화 속 경제 요인이 중요한 역할을 했다. 많은 지역사회에서 경제적 기반을 형성하던 농업이 기계화되고 있었다.[6] 산업화가 더욱 진행되면서, 자급자족하던 지역 경제는 점점 치열해지는 국가 경쟁으로 파괴되고 있었다. 철도와 전신은 분리된 지역사회와 시장을 연결했고, 거대 기업들이 수많은 중소 지방 기업을 대체하기 시작했다.[7] 예를 들어, 지역 소매상들은 오늘날처럼 전자상거래에 의해 대체된 것이 아니라 시어스 같은 거대 기업에 의해 파괴되었다.

캠벨스, 퀘이커 오츠, 프록터 앤 갬블, 코닥, 싱어, 제너럴 일렉트릭 같은 회사들은 최초의 국가적 기업으로 이름을 날렸다.[8] 기업들이 밴더빌트, 카네기, 록펠러, 모건 같은 귀족들이 이끄는 독점 신탁을 이용해 전체 산업을 합병하면서 경쟁은 더욱 둔화했다.[9] 산업 내 거대 기업들은 시장뿐 아니라 정치까지 지배했다. 기업들은 방대한 자원을 사용해 정부에 과도한 영향력을 행사했고, 정책을 왜곡하면서 자신들의 권익을 추구하는 일을 주저하지 않았다.

미국이 현대 산업국가로 재탄생하면서, 많은 사람들이 뒤처지는 느낌을 받기 시작했다.[10] 소비자들은 낮은 가격, 많은 신제품으로 혜택을 받았지만, 많은 지역사회가 고통받았고, 기존 생활방식이 크게 달라지기 시작했다.[11] 많은 중소기업이 문을 닫았고, 직원들은 이제까지 훈련받은 적이 없었던 새로운 직장에서 일자리를 찾아야 했다. 근로자들은 농장과 지방 공장을 버리고 도시에서 새로운 일자리를 찾기 위해 이동했지만, 그들이 도착한 도시에는 수백만 명의 이민자들이 일자리를 두고 경쟁하고 있었다.[12] 일자리 대비 구직자의 숫자가 훨씬 빠르게 증가하면서, 미국 시민권을 가진 사람과 그렇지 않은 사람들 간에 갈등이 생겨났다.[13] 한때는 자신들도 이민자였던 미국인들은 새로 도착한 이민자들, 즉 남유럽과 동유럽 출신 이민자들이 미국 사회에 결코 동화될 수 없을 것이라는 주장을 펼쳤다. 반이민 정서가 치솟았고, KKK 그룹Ku Klux Klan Group이 활성화되었다. 많은 사람들이 인종에 따라서 미국 시민권을 제한해야 한다고 주장했다.[14] 반이민 정서에 관한 입법도 생겨났다. 1882년, 의회는 중국인 이민을 금지하는 법을 통과시켰고, 이는 처음으로 중국 국민 이민을 단호히 금지한 사례가 되었다.[15] 해당 법안이 통과되자 중국인들에 대한 폭력 사건도 발생했다.

임금이 올랐지만 사회적 불평등은 급증했다.[16] 월도프 아스토리아 무도회가 열릴 무렵, 미국에서 가장 부유한 4,000가구는 미국의 다른 모든 가정을 합친 것만큼의 부를 가지고 있었다.[17] 급속한 산업화는 경제성장을 촉진했지만, 호황과 불황이 반복되는 경제 변동성을 야기했다.[18] 1870년대와 1890년대의 대공황은 수백만 시민들을 빈곤의 늪에 빠뜨렸고, 이들을 돕기 위한 사회 안전망은 작동하지 않았다.[19]

새로운 사회·경제적 도전은 지역사회 차원에서 대응할 수 없는, 미국이 이전까지 경험했던 도전과는 달랐다. 효과적인 정부가 필요한 때였지만, 시민들이 직면한 압력과 분열은 미국 정부를 정치적 당파주의와 분열로 물들게 했다. 정치적 교착 상태가 시작되면서 국회의원들은 해결책이 될 정책을 만들기 위해 애쓰지 않고, 남북전쟁 직후 시작된 당파주의 전투에 몰입했다.

왜 바람직한 정치 경쟁이 사라졌을까?

미국 건국 100주년이 되던 해, 1876년 이후부터 미국의 재건이 갑작스럽게 종식되었으며, 사리사욕이 넘치는 정치 조직은 미국 헌법 비전을 어떻게 전복시킬 수 있는지 보여주었다.[20]

남북전쟁 이후부터 노예였던 아프리카계 미국인들이 유권자들을 조직적으로 움직여서 흑인 후보들을 지방, 주, 연방 행정부에 참여시켰다. 이전보다 더욱 평등한 주 헌법이 만들어졌고, 남부 전역에 공교육이 도입되었으며, 미국 헌법 14번째와 15번째 수정안이 통과되면서 법률에 의거해 인종에 상관없이 투표권을 부여받고, 동등한 법적 보호를 받게 되었다. 남북전쟁 이후, 비록 짧은 기간이었지만 열성적인 민주화운동이 일어났다.

남부 백인들은 협박과 폭력으로 대응하며 미국 재건에 단호하게 저항했다. 그 결과 유권자 탄압, 선거 사기 그리고 비민주적인 헌법 수정으로 미국의 민주주의는 다시 퇴보하였다. 여론조사에 세금을 부과하고 '백인 예비선거' 제도를 만들어 흑인 유권자들의 투표를 전면적으로 금지했다. 1876년부터 1898년까지 유권자 등록을 한 아프리카계 미국인의 수는 사우스캐롤라이나에서 97퍼센트, 미시시피에서 93퍼센트 급감했고, 남부 전역에서 비슷한 감소세를 보였다.[21]

이렇게 상황이 바뀐 것은 양당이 뒷방에서 거래를 성사시켰기 때문이다. 1876년 대통령 선거에서 공화당 러더포드 헤이스와 민주당 새뮤얼 틸든은 자신의 지지기반을 결집하기 위해 상대방에게 부정적인 공격을 퍼부었다. 헤이스 지지자들은 남부인들을 충성스럽지 않은 사람으로 묘사했다. 틸든 지지자들은 공화당이 남북전쟁을 위해 남부 민주당에 피해를 주고 있다고 주장했다.

개표를 담당하고 있던 당파주의적 간부들은 헤이스가 이겼다고 발표했다. 하지만 시민 투표에서 승리한 틸든은 이런 발표를 수용하지 않았다. 양당 지도부가 뒷방 협상을 벌일 때까지 대통령 선거 때문에 미국 헌법 위기가 일어났다. 결국 헤이스가 대통령으로 선포되었다. 민주당은 대통령 선거를 포기하는 대가로, 후원금과 정부보조금, 특별 이익집단을 위한 정부 계약 등을 보상으로 받았으며, 북부 연합군의 남부 철수를 약속받았다. 남북전쟁 이후 연방정부는 새롭게 출범한 공화당 주정부들을 보호하기 위해 남부에 군대를 주둔시켰었는데, 군대가 철수되자 남부 백인들이 흑인들의 정치적 참여를 금지하는 정부를 설립할 수 있는 길이 열렸다. 1898년 루이지애나 주에서 '백인의 패권'을 확립하기 위한 목적으로 헌법제정회의가 소집되었다. 1896년, 루이지애나 주에서 유권자 등록을 한 흑인은 13만 344명이었는데, 새로운 헌법이 채택된 후 첫 해인 1900년에는 겨우 5,230명뿐이었다.[22] 양당 간 정치적 담합으로 미국의 재건은 끝이 났고, 흑인 선거권 박탈 기간, 짐크로 법Jim Crow이 시작되었다.[23]

양당 모두 거래를 통해 그들이 원하는 것을 얻었지만, 국가는 무너졌다. 이는 길드시대의 정치를 규정할 바람직하지 않은 경쟁의 전조였고, 오늘날 다시 똑같은 문제를 직면하고 있다.

길드시대 정치 산업을 구성한 5가지 요인

길드시대에 어떻게 정치적 역기능이 발생했는지 이해하기 위해서는 현재 미국의 정치적 역기능을 이해해야 한다. 이전에 사용한 것과 동일한 분석 도구를 사용할 수 있다. 산업 구조를 명확하게 보여주는 5가지 경쟁요인 모델 분석은 미국 정치 산업이 공공의 이익에 대한 책임을 회피하면서 어떻게 번창할 수 있었는지 설명한다.

길을 잘못 들어선 경쟁

오늘날 민주당과 공화당 양당구조는 남북전쟁에서 시작되었다. 1870년대 초까지 양당은 고객이라고 할 수 있는 시민의 요구는 무시하면서, 새로운 규칙과 새로운 권력 축적 방법을 활용해 정치 산업을 자신에게 유리하도록 정치 산업을 재편하기 시작했다.[24]

영향력이 부족한 일반 시민

당시 정당들은 오늘날 정당들이 하는 것처럼 자금과 표를 줄 수 있는 능력을 가진 지지자들을 찾았다. 하지만 일반 시민들은 거의 영향력을 행사하지 못했다.[25] 선거비용이 급증하고, 후원제도를 축소하고 시민에게 정부 일자리를 판매하는 것을 제한하면서 정당 재정이 악화하면서 자금의 중요성이 더욱 커졌다.[26] 1895년, 공화당 전국위원회 위원장 마크 한나는 "정치에서 중요한 두 가지가 있다. 첫번째는 자금인데, 두 번째는 무엇인지 기억나지 않는다"라는 유명한 말을 남겼다.[27]

더 많은 자금을 끌어들이기 위해 양당은 새롭게 나타난 특별 이익집단으로 눈을 돌렸다. 양당은 기업들에게 보조금, 토지 보조금, 관세 보호 등 기업의 재무적 관점에서 볼 때 매력적인 정부 정책들을 제시했다.[28] 오늘날과 마찬가지로, 기업과 정치를 혼합하는 거래에는 독성이 있어, 기업과 정치 모두에서 경쟁을 왜곡시켰다.

정치 권력과 같은 편이 된 언론

또한 당시 정당들은 오늘날처럼 유권자들에게 다가갈 수 있는 채널을 공동으로 활용했다. 오늘의 언론이 양극화된 것처럼 보이는가? 길드시대는 더욱 양극화되어 있었다. 신문은 독립적이고 공정하며 균형 잡힌 것처럼 보이려는 시늉조차 하지 않았다. 대부분의 도시에는 민주당을 지원하는 신문과 공화당을 지원하는 신문이 있었다.[29] 각 신문은 상대 정당을 비방하면서 지지하는 정당을 홍보했다. 일부 충성스러운 편집자들은 정부 직책을 부여받았다.[30] 직접 유권자들에게 홍보를 하는 공격적인 조직도 출현했다. 지역 정당 조직들은 대규모 집회를 열었는데, 그들은 납세자들이 보조금을 지급하는 무료우편의 형태로 선거운동 자료를 배포했다.[31]

공급업체에 대한 통제

경제가 산업화되면서 정치도 산업화되었다. 이 기간 동안 '정치 기계', 대규모 정치-산업복합체가 나타났다. 여기에는 강력한 정당 리더, 정치 정보원, 후보자를 결정하는 충직한 보병들이 포함되어 있고, 정부 직책을 내팽개치고, 정부에 정당 규율을 요구하면서, 유권자들에게 뇌물을 주는 선거 조직도 있었다.[32] 정치 기계는 선거에 출마할 후보들을 양성했고, 정확한 여론조사를 실시했으며 목표 유권자들이 최종적으로 투표에 참여할 수 있도록 유도하는 정교한 장치를 만들었다.[33] 정치가 지방으로 분산되어 있어서, 오늘처럼 워싱턴에 결집한 싱크탱크나 로비스트들이 많지는 않았다. 그러나 양당이 선거에 필요한 기반 시설을 강력하게 통제하고 있었기 때문에 무소속 경쟁자들이 정치 산업에 진입하는 것은 거의 불가능한 일이었다.

진입장벽의 한계

이 같은 정치가 심각한 결과를 초래하자 많은 미국인들이 대안을 찾기 시작했다. 새로운 입후보자들은 정치에 진입하려고 시도하였다.[34] 1870년대와 1880년대에 그린백 노동당이 좌파 진영에 나났고 우파 진영에는 공화당의 '머그웜프Mugwump'가 부패에 대한 혐오감 때문에 공화당에서 탈당하는 일이 발생했다. 머그웜프는 선거에서 당락을 결정하는 중요한 부동표의 역할을 했으며, 민주당 대통령 후보였던 그로버 클리블랜드의 백악관 입성에 크게 기여했다. 1890년대에 등장한 포퓰리즘당은 노동자와 농민의 이익을 대변할 것이라고 주장했다. 비록 민중주의자들이 새로운 정당을 세우지는 못했지만, 그들은 민주당 내 새로운 기반을 만들었다. 그러나 신당에 대한 진입장벽은 너무나 높아 극복할 수 없었다. 규모의 경제 같은 일부 장벽은 자연스럽게 만들어진 것이었다. 하지만, 채널과 공급자들을 묶는 것 같은 장벽은 인위적으로 만들어졌으며, 양당의 이익을 보호하기 위해 더욱 강력한 장벽으로 발전했다.

길드시대 정당의 경쟁 방법

산업 구조는 경쟁자들의 경쟁 방법과 이유에 관한 통찰력을 제공하고, 동시에 해당 산업 내 경쟁의 본질을 결정한다. 길드시대 정치 산업의 중심에는 오늘날 우리에게 익숙한 양당이 있었고, 그들은 우리가 예측할 수 있는 두 가지 전략을 구사했다. 양당은 서로 합의

하에 자신들에게 유리하게 작용하도록 규칙을 조작했고 시민들을 분열시키기 위해 노력했다.

규칙 조작을 위한 공모 작전

미 연방선거위원회 같은 비효율적이지만 적어도 독립적이기라도 한 규제기관이 없는 상황에서, 정당들은 권력을 더욱 확고히 하기 위해 선거와 통치 규칙을 두고 거래했다. 먼저 선거와 관련해서는 반경쟁 규칙을 만들고 관행을 제정했는데, 그중 일부는 오늘날까지 유효한 상태로 남아 있다. 건국 이후부터 '상대다수득표제'가 실시되면서 새로운 참가자들이 공격받는 일이 발생했다. '게리맨더링'도 나타났다. 길드시대 정당들은 당파주의적 이점을 극대화하기 위해 의회 선거구를 수정하는 데 있어 최고전문가였다.[35] 그들은 자신의 지역구에 만족하지 않고, 주 전체 선거구를 조작하는 게리맨더링을 실시했다. 1889년, 하나의 주였던 다코타 주를 북부와 남부로 나눈 것은 공화당이 안전하게 두 개의 상원 의석을 확보하기 위해 사용한 전략이었다.[36]

길드시대의 다른 규칙들은 오늘날의 기준으로 평가해도 꽤 극단적이다. 양당 대표들은 자신들이 지배하고 있는 전당대회에서 정당에 충성하는 후보들만 선출했다. 투표소에 간 유권자들은 각 당이 배포한, 자기 정당 후보들만 기재되어 있는 투표용지를 받았다.[37] 양당 후보에게 동시에 투표하는 일은 불가능했다. 당파주의적 투표용지는 종종 다른 색깔의 종이에 인쇄되어서 일반 시민 유권자가 누구에게 투표했는지 쉽게 알 수 있었다. 투표는 시민들에게 지지를 강요하고 뇌물을 주는 정당 간부들의 감시 아래 실시되었다. 따라서 새로운 경쟁자의 경우 모든 투표소에 자신만을 위해 인쇄된 투표용지를 배포할 수 있는 자원이 부족하다면, 훨씬 더 높은 진입장벽과 싸워야 했다.

국회의사당에서는 이미 양당 지도자들에게 상당한 통제 권한을 부여하고 있었다. 1890년 공화당의 토마스 리드 의장이 채택한 이른바 리드룰Reed Rules에 따라, 국회의장은 상임위원회의 모든 위원과 의장을 임명할 수 있었고 하원의 운영위원회 위원장을 직접 맡아 국회에서 논의되는 의제에 완전한 통제력을 행사했다. 그 후에는 국회의장이 지지하지 않는 법안과 개정안은 오늘처럼 표결에 부칠 수가 없었다.[38] 크자르 리드는 국회가 어떻게 운영되어야 하는지에 대한 자신의 견해를 다음과 같이 요약했다. "최고의 시스템은 한 정당이 통치하고 다른 정당은 감시하는 것이다."[39]

분열시키기 위한 경쟁

오늘날의 양당처럼, 길드시대의 양당도 정면 경쟁으로 인한 책임을 회피했고, 동시에 중도 진영에 대한 지지를 얻기 위한 경쟁을 벌이지도 않았다. 당시 양당은 현재보다는 이념적으로 다소 약했지만, 그들은 양당 간 차이를 강조했다. 각 정당은 유권자들을 인종, 종교,

민족적 노선에 따라 여러 그룹으로 나누었다.[40] 공화당은 개신교도, 북유럽 이민자, 아프리카계 미국인을 공략했고, 민주당은 가톨릭, 독일 이민자, 남부 백인을 목표로 삼았다.[41] 민주당원들은 공화당의 관세, 규제 조장을 강조하면서 공화당을 자유의 적으로 간주했다. 또한 공화당원들은 부패했으며 남북전쟁에서 남부를 처벌했다고 비난했다. 공화당은 민주당의 이민자 사회를 비난해 이민으로 정착한 새로운 미국인들의 사회적 반발을 불러일으켰다. 분열된 시민들은 지지 정당을 자신들의 정체성으로 받아들였다. 지지 정당을 바꾸는 일은 자신이 속한 집단이나 공동체를 배신하는 것처럼 인식되었다.

양당의 선거 전략은 상대방이 정권을 잡으면 마치 국가가 심각한 위험에 처할 것처럼 보이도록 하는 것이었다.[42] 일단 한쪽 정당이 권력을 잡으면, 상대 정당과 협력하는 일은 거의 없었다. 오늘날과 마찬가지로 중도온건파는 국회에서 멸종위기에 처한 종처럼 인식되었다. 매우 헌신적인 충성파들은 해결책을 모색하기 위해 상대와 협력하는 모험을 시도하지 않았다. 국회에서 '타협'은 바람직하지 않은 것이 되었다. 유권자들이 양쪽 진영으로 균등하게 분열된 가운데, 한 정당이 정부의 모든 부서를 장악할 수는 없었기 때문에 이런 정치는 교착 상태를 야기했다.[43]

그 후 지금처럼 양당은 당파주의를 활용해 자신들을 차별화했고, 정부조직을 장악해 핵심 지지자들에게 보답했다. 그들은 정부를 장악한 이후에 자격과 상관없이 자신들의 정당 지지자들에게 정부의 관직을 전리품처럼 나누어주었다.[44] 이런 행동의 결과는 충분히 예측이 가능했다. 정당들은 시민이 필요로 하는 해결책을 제시하지 못했다. 개별 주에서 이런 행태를 규제하려는 시도가 실패하면서 발현된 대중의 분노는 몇 가지 중요한 법안을 도출했다. 예를 들어, 1887년의 주간상거래법은 철도 독점을 규제하기 위해 고안되었으며, 1890년의 셔면독점금지법은 연방 정부가 반경쟁적 거래 관행을 규제하는 권한을 가지려는 시도였다. 그러나 이런 법안의 실제 입법 과정은 중단되었고, 미국은 그에 상응하는 고통을 겪었다.[45]

시장은 규제받지 않았고, 혼란스럽고 파괴적인 경쟁으로 이어졌다. 불안정한 경기를 완화하기 위한 정책이 마련되지 않은 상황에서, 경제 상황은 엄청나게 변동하는 양상을 보였다.[46] 농작물 가격이 폭락하고 경작 비용이 치솟으면서 농민들은 생존을 위해서 몸부림쳤지만, 경제난을 해결할 실질적인 농업 정책은 존재하지 않았다.[47]

1880년대에만 기업과 노동자들은 단체 교섭권과 정부 중재자가 없는 상황에서 수천 건의 유혈 파업으로 충돌했다.[48] 공립학교는 학생들에게 새로운 경제에 필요한 능력을 가르쳐주지 못했다.[49] 범죄가 많이 발생하는 도시에서는 기본 서비스와 기반 시설이 부족했다. 거리에는 사람이 살 수 없는 땅과 위험한 공장들이 줄지어 있었다.[50] 남북전쟁 이후 만들어진 인종 차별 문제를 해결할 진보적 노력은 대부분 다시 원점으로 돌아갔다. 미국을 재건하려는 노력은 후퇴했고, 분열을 조장해 흑인들의 투표권을 박탈하는 짐크로 법만 살아남았다.

그동안 선출된 국회의원들은 각자의 당파와 특별 이익집단에게 호의를 베풀면서 이런 사태를 방관했다.[51] 정부를 향한 믿음도 크게 줄어들었다. 일반 시민들은 아무런 목소리도 내지 못하는 그룹으로 인식되었다. 역사학자 헨리 애덤스는 당시의 대중 정서를 다음과 같이 표현하였다. "1970년부터 1995년까지 25년 동안 의회, 사법부, 행정관 전체의 명단을 뒤져보면, 거의 모든 사람들의 평판이 망가져 있다."[52] 더 이상 정부가 미국을 지탱할 수 없을 것이라는 합의가 나타나기 시작했다. 하지만 문제는 정책이나 정치인에만 있지 않았다. 가장 중요한 문제의 본질은 정치 시스템에 있었다.

진보주의운동: 다시 일어선 시민들

20세기 초, 미국은 분열된 정치와 해결되지 않은 사회·경제적 문제로 가득찬 길드시대에서 벗어나 다시 일어서기 시작했다.[53] 소수민족 공동체는 서로 갈등을 빚고 있었다. 농부와 산업가가 충돌했고, 노동자들은 경영자들과 충돌했다. 유진 뎁스 같은 일부 노동자는 자본주의를 폄하하고 사회주의를 찬양했다. 미국의 노동조합원이면서 대통령 후보에 오른 뎁스는 전국 철도 파업을 주도했다. 다른 사람들은 공화국의 기초에 회의를 갖기 시작했고, 다양한 주에게 권력을 분산시키는 민주주의라는 제도가 경제력 집중 현상에서 계속해서 살아남을 수 있을지에 대해서도 의문을 제기했다. 남북전쟁 이후 무너지기 직전의 상황을 맞이한 미국의 시민들은 민주주의를 회복하겠다는 공동의 목표를 가지고 결집했다.[54] 1890년부터 1920년까지 미국 전역의 개혁자들은 정치가 작동하는 방식과 정치가 산출해야 하는 결과물을 변화시키기 위해 필요한 시간과 자원을 쏟아부어 정치 경쟁에 있어 주요한 변화를 만들었다. 이런 변화는 오늘날 미국 시민들이 비슷한 방식으로 의미 있는 결과를 만들 수 있다는 확신을 준다.

정치 혁신 운동은 대담한 비전이었고 결코 실현가능성이 낮지 않았다. 미국이 잘못된 궤도에 빠졌다는 공통적인 인식을 만들어내는 데는 언론의 변화가 중요한 영향을 미쳤다. 마치 정당의 소유물 같았던 신문들이 변화해 저널리즘의 황금시대가 찾아왔다. 개혁주의 성향을 가진 언론인들이 기업 독점과 정치 부패를 보도하면서 오늘날 '탐사보도'의 기반을 마련했다.[55] 심각한 경제침체와 동시에 격렬한 노동운동이 일어났다. 이들은 지지 정당에 상관없이 미국의 현재 상태에 혐오감을 느꼈으며 미국의 미래는 지금보다 나아질 수 있다는 낙관적인 생각으로 단결했다.[56]

진보주의자들은 이상주의자였지만, 관념론자는 아니었다. 개인으로서 그들은 실용주의자였고, 어떤 방법이 가장 효과적인지를 찾기 위해 다양한 접근법을 시도했다. 그들은 시민을 사회적 계급으로 나뉘 개혁을 추진한 포퓰리스트와 달리 많은 시민을 개혁에 동참시키려고 노력했다. 진보주의자는 시민들이 일부 사안이나 정책에 동의하지 않아도 최대한 설득해 개혁에 동참하도록 만들기 위해 노력했다.[57] 이념적 다양성을 포용한 시도는 수많은 사람들이 혁신 운동에 참여하도록 만들어서 궁극적으로 성공적 결과를 도출하는 데 기여했다.

진보주의운동은 주와 지방의 문제를 해결하기 위해 수백 개의 지역사회 단체가 자발적으로 참여하면서 시작되었다.[58] 흥미롭게도, 현재 우리는 많은 곳에서 일어나는 아래에서 시작되는 혁신 노력을 보고 있다. 그러나 세기 말로 접어들면서 진보적 개혁자들은 단편적인 접근 방식의 한계를 인식하고, 정치 시스템을 변화시켜 좋은 정부를 복원하려는 노력에 집중했다. 그들은 효과적인 정부를 만드는 것이 성공적인 혁신의 전제조건이라는 사실을 알고 있었다.[59] 새로운 형태의 정치 참여도 나타났다. 많은 시민과 사회단체들이 정당이나 투표를 통해서가 아니라, 정치의 게임 규칙을 바꾸기 위해 광범위한 연합을 만든 것이다.

이전까지 미국 전역에 걸친 국가 개혁 운동은 없었다.[60] 그동안 개혁은 주 혹은 도시에서 일어났으며, 지역단체들이 주도해 여러 선거구를 하나로 합치는 정도의 변화를 만들었다. 하지만 진보주의자들은 개혁 모델을 제시하는 전국시민연맹과 직접입법연맹 같은 국가 인프라를 구축했다. 테디 루스벨트와 위스콘신 주의 로버트 라폴레트를 포함한 저명한 개혁자들이 합류해 주도적 역힐을 해내면서 개혁에 필요한 희망과 에너지, 그리고 방향성을 제공했다. 진보주의자들은 언론을 망가뜨리는 일에 주도적 역할을 하고 있던 〈맥클루어〉처럼 미국 전역을 대상으로 발간하는 언론을 겨냥했다. 보다 많은 사람들이 진보주의운동에 참여하면서, 진보주의는 30년 만에 미국 정치 시스템을 변화시켰다.

진보주의의 혁신 전략

진보주의자들은 정치인이 아닌 시민을 위해 작동하는 일련의 구조 개혁을 이뤄냈다. 당시로서는 혁신적인 발상이었다. 가장 먼저 시민들이 투표하는 방식을 바꿨다. 유권자들은 예비선거에서 후보를 선택할 수 있는 힘을 갖게 되었고, 상원의원들은 정당의 당직자 회의가 아닌 일반인들이 참여하는 선거에서 선출되었다. 진보주의운동으로 정치 자금에도 제한이 생겼고, 직접민주주의를 통해 정책에 영향을 줄 수 있는 시민들에게 더 많은 권한이 생겼다. 입법 기계는 국회 혁신을 기반으로 새롭게 설계되었다.

전략 1: 투표 방식 혁신

1888년 보스턴의 엘리트 소셜 클럽 개혁파들이 경쟁을 제한하는 당파적 투표 제도를 무너뜨리면서 혁신이 시작되었다.[61] 매사추세츠는 호주에서 개척되고 몇몇 유럽 국가에서 도입된 제도를 참고하여 만든, 이른바 호주식 투표용지(모든 후보자명을 하나의 투표용지에 인쇄하여 기표하는 방식)를 최초로 채택했다.[62] 정부는 소속 정당과 상관없이 모든 후보를 열거한 단일 투표용지를 제공했다. 이 투표용지를 사용하면 유권자들은 강압에 대한 두려움 없이 자신들이 원하는 후보를 선택할 수 있었다.[63] 다른 주들이 곧 뒤따라 이 방식을 채택했고, 불과 5년 만에 호주식 투표용지가 전국으로 확산되었다.[64] 투표 방식 혁신은 진보주의운동에도 활력을 불어넣었다. 이제 다음 목표는 부패한 공천 제도를 개혁하는 것이었다.[65]

전략 2: 직접 예비선거

길드시대에는 당 대회에서 정당 지도부가 선거에 출마할 후보들을 직접 뽑았다.[66] 이런 방식은 1890년대 초에 무너지기 시작했는데, 그 계기는 정부가 발행, 도입한 새로운 투표용지였다. 미국 정치 시스템에서 정당들이 상당한 지배력을 발휘하고 있다는 사실이 시민 모두에게 알려졌다.[67] 1898년 뉴욕에서 열린 전국 예비선거 혁신을 위한 컨퍼런스가 개최되면서 예비선거개혁이 시작되었다.[68] 해당 컨퍼런스에 참석한 사람 중에는 로버트 라폴레트도 있었는데, 그는 2년 후 예비선거가 성공적으로 개혁되면서 위스콘신 주지사가 될 수 있었다. 그의 지도력으로 위스콘신 주는 1904년 일반 시민투표로 후보자를 선출하는, 직접 예비선거를 도입한 최초의 주가 되었다. 1년 후에는 오리건 주가 참여했고, 그다음 해에는 6개 주가 합류하였다. 이후 약 10년 만에 국회의원과 대부분 주의 주지사 선거에서 직접 예비선거가 도입되었다. [69]

그러나 직접 예비선거는 아직 완벽하지는 않았다. 앞서 오늘날 명백하게 드러난 직접 예비선거의 문제점들을 설명했듯이 말이다. 그러나 일정 기간 동안에는 직접 예비선거가 정당의 우세한 권력과 당시의 정치 기계를 개선하는 데 분명히 효과가 있었다.

전략 3: 직접 민주주의

예비선거 개혁이 빠른 속도로 확산될 수 있었던 이유이자 또 다른 진보주의적 혁신은 바로 직접 민주주의였다. 1892년, 스위스의 선거 형식에 영감을 받은 제임스 설리반은《국민 제안 및 국민 투표를 통한 직접 입법》을 출간했다. 설리반은 미국인들에게 부패한 입법 시스템을 따돌리는, 정책을 직접 결정할 수 있는 능력을 주겠다고 주장했다. [70] 이 책은 직접입법연맹 창설에 영감을 주었고, 1902년, 오리건 주는 시민들이 투표소에서 법안에 직접투표하는 최초의 주가 되었다. [71]

그 후 15년 동안 22개 주가 오리건 주를 따라 시민이 법안에 직접투표하는 방식을 도입했다. [72] 1912년까지 직접민주주의는 테디 루스벨트가 대통령 선거에 후보로 나서서 제3정당을 주창하는 운동

에 중요한 영향을 미쳤다.[73] 직접 민주주의는 향후 더 많은 정치 혁신에 기여했다.[74]

전략 4: 상원의원 선출을 위한 직접 선거

원래 미국 상원의원은 헌법에 명시된 바와 같이 유권자가 아닌 주의회 의원들에 의해 선출되었다. 시민들에게는 그다지 인기가 없는 관행이었지만, 헌법을 수정할 때도 이 제도를 바꾸지 못했고, 이런 제도를 개선하려는 노력은 미국 국회에서 번번히 무산되었다.[75] 그러나 1913년에 제17차 헌법 수정안이 통과되면서 시민들이 직접 상원의원을 뽑을 수 있는 권한을 가지게 되었다.

이런 변화의 계기는 데이비드 그레이엄 필립스가 〈상원의 반란 The Treason of the Senate〉으로 폭로한 상원들의 부패 내용 때문에 촉발됐다. 다수 상원 의원이 뇌물과 선거 기부금을 받는 대가로 록펠러나 밴더빌트와 같은 부유한 가문에 유리한 정책을 어떻게 지원했는지가 드러나 있다. 이런 개혁은 시민들이 의회를 따돌리는 직접 민주주의를 활용하면서 더욱 광범위한 개혁을 이룰 수 있었기 때문에 가능한 일이었다.[76]

1901년, 오레곤 주는 유권자들이 직접 자신이 선호하는 상원의원을 선출하는 예비선거를 치렀다.[77] 오레곤 주의 투표 법안은 주의회 의원 선거에 출마하는 모든 후보자들에게 반드시 예비선거 결과를 존중할지 여부를 밝히도록 요구했다. 거의 모든 후보자들이 이 법안에 동의했고, 예비선거를 실질적인 상원의원 선거로 바꿨다.[78] 다른 주들도 이런 변화에 곧 동참했다. 수정헌법 제17조가 통과될 무렵에는 이런 변화는 급진적인 변화로 인식되지 않았고, 오히려 많은 곳에서 수용해야 하는 현실처럼 인식되었다.[79]

전략 5: 변화한 입법 기계

선거 개혁이 의회의 인센티브 구조를 바꾸자, 1910년 국회의회들은 조셉 캐논 하원의장에게 반대하는 일을 벌였다. 이 사건은 캐논 반란The Cannon Revolt으로 불린다. 억압적인 당파주의 통제에 지쳐 있던 네브라스카 주의 조지 노리스 의원이 이끄는 진보주의 공화당과 민주당은 서로 연합해 국회 운영위원회에 대한 의장 권한을 박탈하고, 새로운 연공 서열주의를 기반으로 하는 보다 독립적인 위원회를 구성했다.[80] 이로써 운영위원회의 정당 지배력이 분산됐다. 당파주의자들의 이해관계를 기반으로 만들어진 국회를 초당파주의적 위원회 중심 국회로 전환한 것은 앞서 '교과서적 국회'에서 이야기한 합리적인 통치 구조를 만들기 위한 첫 단계였다.

이런 발전적인 전환 과정은 기존의 입법 기계의 문제 해결을 위해 운영되는 위원회 중심 구조를 명시한 1946년 입법개혁법으로 절정에 이르렀다. 또한 직원을 늘리고 위원회별로 입법 업무를 분산해 의회의 전문성을 높였다.[81] 이 제도는 앞서 2장에서 이야기한 것처럼 1970년대에 다시 당파주의 세력이 부상해 이 구조를 약화

시킬 때까지 계속되었다.[82]

전략 6: 정치 자금 규제

선거와 정부 행정에 관한 규칙 변화는 정치에서 활용되는 자금에 더욱 강력한 규제를 적용했다. 길드시대 대기업들은 그들만의 이익을 위해 선거운동과 로비에 많은 돈을 썼다.[83] 시민들은 정치 자금의 부정적 영향을 비난했지만 정치인들이 자신의 자금 출처를 스스로 차단할 것이라고 믿지는 않았다. 앞서 이야기한 선거제도 변화와 정치 부패에 관한 많은 뉴스 기사가 폭로된 이후에야 의회는 마침내 조치를 취했다. 1907년, 기업의 선거운동 자금 기부 행위를 금지했다. 4년 뒤 또 다른 법이 제정되어, 모든 선거 기부금을 공개되었다.[84] 이런 변화로 정치에 개입되는 자금이 축소됐지만 규제는 1970년대 이후 풀리고 만다.

당시 진보주의자들은 정치 경쟁 혁신에 성공했다.[85] 양극화와 당파주의가 쇠퇴했고, 양당 간 타협으로 중요한 해결을 도모하는 입법안이 만들어졌고 통과되었다. 자본 시장을 안정시킨 연방준비제도FRB와 소비재를 규제하는 식품의약국 같은, 사회적으로 매우 필요했던 규제기관도 출범했다. 정부는 셔먼독점금지법 덕분에 스탠더드 오일이 독점하던 시장에 경쟁을 도입했고, 공정한 비즈니스 관행을 만들기 위한 연방무역위원회를 창설했다.

또 정부는 직장안전규칙 제정, 아동노동 제한, 공중보건 개선으로 가장 취약한 계층을 보호하는 대책을 마련했다. 거기서 멈추지 않았다. 진보주의자들은 정치 산업 구조를 바꿔, 1930년대 사회보장법에서 1960년대 의료보험법에 이르기까지 수십 년 동안 획기적인 입법 개혁의 계기를 마련했다.

　진보주의자들 역시 완벽하지는 않았다. 그들의 노력 중 예비선거 제도는 허점이 있었고 양당 모두 원하는 모든 것을 얻지는 못했다. 좌파주의자들은 진보주의자들이 가난한 사람들을 보호하기 위해서 더 많은 일을 하지 않은 것에 대해서 질책했다.[86] 우파주의자들 역시 정부가 비대해진 것을 비난했다.

　그러나 진보는 이렇게 만들어지는 것이다. 기존 상황을 바꾸고, 수정한 이후에는 세밀한 조정이 필요하다. 이때 중요한 것은 '진보'가 이념적 이슈가 되어서는 안 된다는 것이다. 진보는 자기 것만을 주장하는 것이 아니다. 그리고 두 가지 중에서 한 가지를 고르는 것도 아니다. 진보란 국가를 꾸준히 발전시키기 위해 서로가 타협하고, 타협을 바탕으로 문제를 해결하는 것이다. 진보주의자들이 만든 초당파적 구조 혁신은 미국이 더 큰 도전에 효과적으로 대응하는 데 기여했고, 미국의 전성시대를 이끌었다.[87]

혼란 속 살아남는 혁신의 초석을 세워라

길드시대에 경험한 것처럼, 사회·경제적 혼란은 정치적 역기능을 초래함과 동시에 정치 혁신을 건설하는 기초가 될 수도 있다. 오늘날 우리는 혼란의 시대를 살고 있다. 디지털 혁신은 사실상 거의 모든 산업을 흔들어 놓았고, 오래된 경쟁 방식을 쓸모없게 만들었다. 이러한 변화는 새로운 기업이 출현할 수 있는 기회를 만든 동시에 불안정한 사회를 만들기도 했다.

산업화는 탈산업화에도 기여하고 있다. 농민이 기계로 대체되고 국가적 규모의 거대 기업이 탄생했지만, 현재 진행되고 있는 변화가 어떤 새로운 일자리를 탄생시킬지, 노동의 미래를 어떻게 변화시킬지에 대한 우려가 나오고 있다. 새로운 기술이 중요해지면서 수반되는 경제적 이득은 특정 계층에게만 불균형적으로 집중되고 있어, 가속화되는 사회적 불평등에 두려움을 느낀다. 현재 많은 사람들은 다가오는 미래 경제 속에 자신들의 일자리가 남아 있을지 걱정하고 있다.

길드시대에는 도시 중심에서 미국 전역으로 경쟁이 확산되었으나 지금은 경쟁도 세계화를 맞고 있다. 제2차 세계대전 이후 몇 년 동안 세계 무역 시대가 열렸다. 세계 각국의 정책 입안자들은 무역 장벽을 줄이고 지적재산법을 마련해 자본에 대한 규제를 완화하기 위해 노력했다. 경제 통합 노력은 꽤 성공적이었다. 세계 총생산에서 수출이 차지하는 비율은 1970년에 8.5퍼센트, 2001년에는 16.2퍼센트로 증가했는데,[88] 시장과 경쟁 영역이 점점 세계화되면서, 과거에 좋은 임금을 제공하던 전통적인 중소기업(작은 가게, 식당, 개인 서비스 등)은 위협받고 있다. 경제 번영이 사회 불평등 현상을 가속화하고 있는 것이다. 미국의 일부 도시 지역이 호황을 누리고 있는 동안, 다른 도시들은 경제적 어려움을 겪었다. 많은 농촌 지역 사회가 세속적인 불황에 갇혀 있고, 생계에 필요한 급여를 받지 못하는 노동자가 늘었다. 그래서 일부 사람들에게는 잘 작동하지만 또 다른 사람들에게는 거의 효과가 없는 자유시장 체제에 대한 반항도 일고 있다.

다양한 분열적 힘은 미국 경제를 변화시키는 동시에, 이민 물결과 다양성을 가져왔다. 이는 미국 사회에 다시 부담이 되면서 반이민 정서가 촉발했다.[89] 1965년 이후 미국에서 이민자의 숫자는 4배 이상 증가했다.[90] 혁신과 경제 생산성을 향상시켰다는 점에서 이민의 경제적 영향에 대해서는 논란이 있을 수 없으며, 정부 예산에도 긍정적으로 기여했다.

하지만 사회적 관점에서 이민은 논란의 여지가 남아 있다. 왜냐하면 이민이 문화를 바꾸고, 공동체의 연속성과 안전성에 부정적 영향을 미칠 수 있기 때문이다. 결과적으로, 사회·경제적 변화는 정부가 공공 정책을 혁신하고 기업과 시스템이 모든 그룹의 이익을 보장하기 위해서 더 많은 일을 할 것을 요구한다.

미국의 정치 산업은 정치 분열을 야기했고, 당파주의를 강화하면서 지금 미국에 필요한 타협을 기반으로 정책적 해결책을 찾는 일을 어느 때보다 어렵게 만들고 있다. 비효율적인 정부는 문제를 더욱 악화해 더 많은 정치 분열을 만든다. 또 이런 상황을 악용해 계속해서 생존력을 키운다.

오직 우리, 시민만이 이런 악순환을 파괴할 수 있다.

5장

21세기를 위한
새로운 규칙

늘 그렇듯 '규칙'은 매력적이지 않다. 규칙을 고려하거나 새롭게 만드는 일, 특히 규칙을 실행하는 일은 훨씬 더 재미없다. 이런 사실은 스포츠 경기의 심판도 전적으로 동의할 것이다. 그러나 앞서 설명했듯이 규칙은 모든 정치의 출발점이다. 규칙은 보편적이면서도 명백하게 게임을 바꿀 수 있는 유일한 방법이다. 규칙은 게임의 진행뿐 아니라 플레이어가 누구인지, 게임의 결과가 어떻게 되어야 하는지를 결정한다. 예를 들어, 미국의 NBA 경기 규칙에 3점슛이 추가되면서, 에이스는 이제까지 게임을 지배하던 덩크슛 플레이어에서 빠른 속도로 3점 슈팅을 할 수 있는 재빠른 선수들로 대체되었다.

게임의 규칙을 바꿔라

정치라는 게임 역시 마찬가지다. 2장에서 논의한 선거와 입법에 관한 규칙은 정치 산업이 어떻게 작동하는지, 누가 선출되는지, 재임 중에 무엇을 하는지, 그리고 그들이 만드는 결과, 만들지 않는 결과가 무엇인지를 결정한다. 오늘날 규칙은 바람직한 경쟁을 만드는 힘을 왜곡시키고 있다. 미국 정치는 해결책보다 이데올로기를 선호하고, 실행보다는 정치적 교착 상태를 선호하고 있다. 당파주의가 이익을 보는 반면, 생산적인 타협은 손해를 본다. 그렇다고 해서 이런 부정적 결과에 대한 책임을 각 정치인들에게 돌리는 것은 불공정하고 잘못된 일이다. 다른 직업에 종사하는 사람들처럼, 정치인은 철저히 그들의 산업에서 성공과 실패를 결정하는 규칙과 인센티브에 따라 행동할 뿐이다.

국회의원들을 움직이는 인센티브는, 마치 특별 이익집단과 이념적으로 극단적인 유권자들이 압도적인 영향력을 발휘하는 것처럼 선거 제도의 역학에 의해서 결정된다. 그리고 입법 활동은 차기 정당 내 예비선거에 포로로 잡혀 있는 일종의 제로섬 게임 같은 일이다. 오늘날 양당이 선거에서 자신들의 지배력을 강화했듯이, 양당은 공익을 위해 효과적으로 문제를 해결해야 하는 정치를 포기하고, 의회를 장악하면서 정당 지도부에 유리한 규칙을 만들어서 입법 과정에 대한 지배력을 강화하는 데 성공했다. 이런 선거와 입법 규칙이 부패하면서, 공익을 위해 행동하는 국회의원이 재선에 성공할 가능성이 점점 사라지고 있다. 결과적으로 우리는 미국 정치에서 우리가 원하는 결과를 얻을 수 없게 됐다. 왜냐하면 정치 산업에서 경쟁은 조작되고, 새로운 경쟁이 나타날 가능성도 희박하기 때문에 누구도 책임을 지려고 하지 않는다. 따라서 미국은 선거와 입법 과정에서 기능 장애가 반복되는 악순환을 겪고 있다. 이런 사실에 누구도 책임지지 않는다. 이런 악순환을 깨기 위해서는 미국 정치 게임의 규칙을 바꿔 바람직한 경쟁을 회복해야 한다. 어떻게 해야 할까?

가장 먼저 바람직한 경쟁의 잠재력을 보여주는 실제 사례를 생각해보자. 1992년에 출마한 무소속 대통령 후보자 로스 페로는 비록 선거에서 승리하지는 못했지만 가시적 성과를 얻었다. 그는 선거 전략으로 미국의 부채와 적자 차트에 통계를 사용해 유권자들과 정치

바람직하지 않은 정치 경쟁

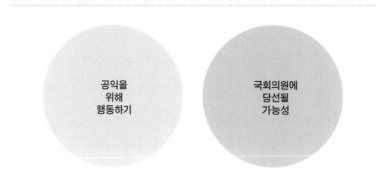

공익을
위해
행동하기

국회의원에
당선될
가능성

적인 대화를 시도함으로써, 미국 정치에 바람직한 경쟁을 유발하는 계기를 만들었다. 그리고 유권자들은 돌아온 11월, 19퍼센트라는 지지율로 그에게 응답했다. 이처럼 바람직한 경쟁이 도입되면, 양당은 이에 대응할 수밖에 없다.

로스 페로의 시도 이전에는 재정 책임은 양당에 최우선적인 선거 이슈가 아니었다. 페로의 이후, 양당은 유권자의 19퍼센트가 국가 재정을 매우 중요하게 생각하게 되었으며, 차기 선거 역시 정부 재정의 건전성이 매우 중요하게 영향을 미칠 것이라는 사실을 인식하게 되었다. 이런 경쟁적 압력은 민주당도 공화당도 무시할 수 없었고 빌 클린턴 전 대통령과 깅리치 의장도 집권 중에 이런 유권자 집단을 무시할 수 없었다. 이런 변화는 균형 잡힌 예산과 흑자재정을 만드는 데 기여했다. 물론 경제 호황으로 세입이 증가했지만, 페로의 도전이 없었다면 미국은 그런 세입을 낭비했을 가능성이 크다. 언제든지 다음 세대에게 재정적 책임을 전가할 수 있기 때문이다.

페로의 출마로 우리가 경험한 바람직한 경쟁은 대단히 불행하게도 일종의 변칙적 사건에 불과했다. 페로가 엄청난 개인 재산을 가지고 있었기 때문에 미국 재정 차트와 그래프를 대선 토론에 끌어들일 수 있었던 것이다. 그 후 거의 30년 동안, 양당의 유권자들과 대화하는 자세에는 별다른 변화가 없었다. 그러나 페로의 시도는 정치에서 무엇이 가능한지 명확하게 보여주었다.

선거와 입법에 관한 규칙을 바꾸면, 우리는 정치에서 반복되는 아순환의 고리를 끊고, 정치인들이 취하는 태도를 바꿔 그들이 만족시키려는 고객, 유권자도 바꿀 수 있으며 시민들이 선출한 의원들에게 책임을 물을 수도 있다. 선거와 입법 영역의 상호의존성을 고려할 때, 반드시 선거와 입법은 동시에 다뤄져야 한다. 하나를 수정하는 효과는 두 가지를 동시에 고칠 때의 효과와 비교할 수 없을 정도로 미약하다. 주간 고속도로 정체 지점을 하나만 해결하면, 결국 다음 정체 지점에 더 빨리 도달하는 것 말고 실질적으로 달라지는 것은 아무것도 없는 것과 같은 이치다.

선거는 '행정과 연결되는 현관문과 같다'는 명확한 이유 때문에 우선적으로 다뤄져야 한다. 미국 시민이 선출하는 정치인들이 바람직하지 않은 과정을 거쳐 워싱턴에 도착하면, 그들은 거의 모든 일의 과정에서 발생하는 부담과 위협을 짊어져야 한다. 정치인들은 자신들을 당선시킨 각자의 정당 지도부에 신세를 지고 있기 때문에, 선거 기계를 바꾸지 않는 한 입법 기계의 본질을 바꾸는 것은 거의 불가능하다. 선출된 의원들이 입법의 규칙과 관행을 바꿀 수 있는 권한이 없다는 것은 아니다. 미국 헌법에 '하원과 상원은 자신들의 입법 절차에 관한 규칙을 스스로 결정할 수 있다'고 명시되어 있다. 입법 기계를 바꾸는 것은 국회의원 대다수를 동참시키는 것만큼 쉽기도 하지만 동시에 어렵기도 하다. 가장 중요한 것은 '그들이 공익을 위해 행동할 수 있을 만큼 정당의 지배력으로부터 자유로운지', '여전히 바람직하지 못한 선거를 만드는 주요 세력과 당 지도부의 영향력 하에 있는지'다.

현재의 입법 기계가 정상적으로 작동하고 있는지 여부는 말할 필요도 없다. 현재 재임 중인 의원들은 지금의 게임 규칙으로 이익을 얻고 있다. 그들은 규칙에 복종하면서 우리가 생각하는 필요한 변화를 만들기 위해 투표할 것 같지는 않다. 선거 기계를 혁신하면 미국 시민의 집단적 목소리는 더 크게 울릴 것이다. 이데올로기의 포로가 되어 아무것도 하지 못하는 것이 아니라, 시민이 선출한 이들이 시민의 요구에 더 책임감 있게 반응할 것이며 결국 그들 자신들에게도 더 나은 결과를 만들 것이다. 가장 현대적이고 모범적인 입법 기계를 만들어서 의회가 어떻게 일을 해야 하는지를 다시 설계할 수 있을 것이다.

한 가지 명확하게 할 것이 있다. 입법 기구 혁신은 강력한 효과를 발휘하겠지만, 이런 변화는 선거 규칙이 바뀐 이후에나 가능한 일이다. 이미 우리는 이런 정치 혁신의 선후관계를 실제 사례를 통해 경험해보았다. 1910년 국회에서 정당 지도부의 입법 권한을 박탈해 초당파적으로 구성된 위원회에 부여한 캐논 혁명이 있기 전, 후보자 선정 방식 변화와 예비선거와 직접 민주주의 선거 혁신이 있었다. 선거를 잘 관리하면, 선출된 의원들은 유권자들이 원하는 방식으로 움직일 것이다.

최종후보 5명을 선출하는 시스템

선거 규칙은 정치인의 유형과 그들이 일하는 방식을 결정한다. 오늘날 당파주의적 선거 기계는 온건파에게는 적용되지 않으며 타협을 추구하는 사람들은 페널티를 받게 한다. 제3정당들은 선거에서 아예 배제된다. 예비선거에서 패배한 후보들이 본선에 출마하지 못하는 규칙이나, 기존 정당들에게 선거에 필요한 자금 조달을 유리하게 규정한 편파적 규칙은 유권자들이 원하는 결과를 얻지 못해도 양당 독점구조가 더욱 강력해지도록 만든다.

그러나 모든 규칙이 정치 시스템의 결과에 똑같이 영향을 미치는 것은 아니다. 앞서 말한 바와 같이, 선거 기계의 두 가지 중요한 요소가 선거의 승패와 입법에 가장 큰 영향을 미치고 결과적으로 정치 산업에서 바람직하지 않은 경쟁을 만든다. 그 두 가지 요소는 '정당 내 예비선거'와 '상대다수득표제'다. 민주주의를 되살리기 위해서는 최종 5명에게 투표하는 방식을 채택해야 한다.

최종후보 5명을 선출하는 투표 방식은 선거의 본질을 바꿀 것이다. 이 투표 방식은 미국을 이끄는 국회의원들을 움직이는 인센티브를 영구히 바꿀 수 있으며, 새로운 선거 경쟁이 도입되는 계기를 마련할 것이다. 새로운 투표 방식으로 투표가 책임을 묻는 도구로 발전할 수 있다. 현재의 투표 방식은 책임을 지지 않도록 유도하고 있다. 최종 후보 5명을 선출하는 투표 방식은 선거라는 게임을 혁신적으로 바꿀 수 있는 대안적 규칙이다.

최종후보 5명을 선출하는 투표 방식은 두 가지로 구성되는데, 첫째는 초당파적 예비선거로 본선거에 출마할 5명을 선출하는 것이며, 둘째는 본선거에서 순위선택투표RCV: Ranked Choiced Voting 방식을 사용해 5명의 최종후보자를 선출하는 것이다. 이 두 가지 변화를 도입하면 정당의 지배력을 약화시킬 수 있으며 상대다수득표제의 단점을 보완함으로써, 국회의원 선거 경쟁의 본질을 혁신적으로 바꿀 수 있다. 또한 국회의원들이 내리는 모든 결정을 달성 가능한 방식으로 변화시킬 수 있다. 최종후보 5명을 선출하는 투표 방식은 예비선거와 본선거에서 전부 적용되어야 최대 효과를 얻을 수 있다.

초당파적 예비선거: 상위 5명을 선출하라

앞서 논의했듯이, 정당 예비선거는 국회의원 선거에서 경쟁을 왜곡했다. 정당 예비선거는 유권자들을 희생시키면서 당파주의적 정당 지지자들에게 선출 권한을 부여하는데, 이 규칙 때문에 선출된 국회의원들은 재임 기간 동안 유권자가 아닌 당파주의의 지배를 받게 된다. 다시 말하지만 문제를 해결하는 의회를 만들고 싶은 정치인에게 정당 예비선거는 절대로 통과할 수 없는 바늘구멍과 같다.

그렇다면 이제 정당 예비선거를 없애고 상위 5명의 후보를 선출하는 예비선거 제도를 도입하자. 상위 5명의 후보를 선출하는 예비선거에서는 유권자들이 더 이상 민주당 혹은 공화당 예비선거에서 투표하지 않아도 된다. 대신, 정당과 상관없이 단 한 번 초당파적 예비선거를 치르면 된다. 무소속 후보자뿐 아니라 다른 정당의 후보자도 동일한 투표용지에 이름을 올리면 되고, 만약 후보자들이 원한다면 해당 후보의 소속 정당을 이름 옆에 표기하면 된다. 이런 방식은 모든 유권자들에게 예비선거 참여 자격을 부여한다.

국가 규정에 따라 무소속과 제3정당 지지자들을 배제하는 기존의 정당 예비선거와는 너무나 다른 방식이다. 소속 정당과 상관없이 최종득표순으로 상위 5명이 본선거에 진출하면 된다. 11월에 치러지는 선거에서는 민주당 후보 한 명과 공화당 후보 한 명이 맞대결을 벌이지 않고 세 명의 공화당 후보와 두 명의 민주당 후보가 경쟁하거나, 혹은 한 명의 공화당 후보, 한 명의 민주당 후보, 세 명의 무소속 후보가 경쟁할 수도 있을 것이다. 한 명의 공화당 후보, 한 명의 민주당 후보, 한 명의 자유당 후보, 한 명의 녹색당 후보, 그리고 한 명의 무소속 후보가 경쟁할 수도 있다. 상위 5명의 후보를 선출하는 예비선거는 기존과는 달리 후보의 폭을 혁신적으로 확장할 수 있다.

상위 5명의 후보를 선출하는 예비선거 제도는 아직 시행되지 않고 있지만, 단일 투표와 초당파적 예비선거를 도입하고 싶은 개척자들이 이 제도의 도입 가능성을 열어주고 있다. 캘리포니아 주와 워싱턴 주는 상위 2명의 최종후보를 선출하는 예비선거를 실시했는

데, 정당 소속을 고려하지 않고 후보를 선출해 본선거에 출마하도록 했다. 캘리포니아 주는 이렇게 상위 2명을 선출하는 예비선거를 실시하기 이전에는 예비선거가 "비경쟁적이다"라는 평가를 받았다.[1] 최종 결과 역시 예상을 벗어나지 않았다. 선거구를 유리하게 설계하는 게리맨더링이 만연한 상태에서 당파주의적 예비선거 후보로 선출되면 본선거에서는 실질적인 도전이 이루어지지 않았다. 예를 들어, 민주당이 압도적으로 대표하고 있는 지역에서, 예비선거는 사실상 최종 승자를 결정하는 역할을 했다. 이런 지역에서는 민주당이 지명한 후보는 11월에 공화당 후보를 상대로 승리를 거머쥘 수 있었다. 총선 결과는 거의 확실했다. 유일한 실질적 경쟁은 투표율이 저조한 예비선거 기간 중에 발생하며, 후보자들이 재선하기 위해서는 당파주의적인 예비선거 유권자들에게 호소해야 했다. 당파적인 예비선거 이후 치르는 본선거는 그다지 경쟁적이지 않았는데 이런 총선은 캘리포니아 주에 심각한 영향을 미쳤다. 자신들의 재선을 걱정할 필요가 거의 없는 초당파적 정치인들로 구성된 캘리포니아 주 의회는 가장 정치 역기능이 높은 주로 선정되기도 했다.[2]

그러나 상위 2명의 후보를 선출하는 예비선거는 이런 셈법을 혁신적으로 바꿨다. 상위 2명의 후보를 선출하는 예비선거의 실시 이후, 경쟁이 치열해졌고, 압도적인 승리는 줄었으며, 본선거에서 낙선하는 현직 의원 수는 오히려 늘었다.[3] 이런 혁신을 도입한 지 불과 4년 만에 미국 전역에서 캘리포니아 주는 가장 선거가 치열한 주라

는 평가를 받았다.[4]

선거가 바뀌면 정부의 행정도 바뀐다. 유권자들이 문제를 해결하는 데 전념하는 정치인을 더욱 많이 선출하기 시작하면서 캘리포니아 주의 악명 높은 정치적 교착 상태 역시 완화되기 시작했다. 2016년까지 캘리포니아 의회 지지율은 아주 낮았던 10퍼센트(2010년 기준)에서 50퍼센트로 상승했다.[5]

이러한 결과에도 불구하고, 상위 2명을 선출하는 방법은 양쪽 정당 지도부들에 의해 후퇴하기 시작했다. 케빈 매카시 하원 원내총무는 2018년 캘리포니아 경선을 앞두고 "상위 2명을 선발하는 제도는 싫다"고 했고, 낸시 펠로시 하원 소수당 대표 역시 "캘리포니아의 2명을 선발하는 현 제도는 '대안'이 아닌 것 같다"고 말했다. 그러나 아놀드 슈워제너거 전 공화당 주지사와 로 칸나 하원의원은 "평소에는 타협하지 않는 그들이 이 제도에 초당적 대응을 보이는 것이 모든 것을 말해준다. 정당들이 상위 2명을 선출하는 제도를 싫어하기 때문에, 유권자들은 그것을 좋아해야 한다"고 말했다.[6]

그러나 상위 2명을 선출하는 제도 역시 우리 선거에 바람직한 경쟁을 완전히 도입하지는 못했다. 본선거에서 두 명의 후보자만을 허용하는 현재 제도가 여전히 유권자의 선택을 제한하고 있으며, 양당 외 새로운 도전자는 기회를 가질 수 없다. 뿐만 아니라, 경우에 따라서는 의도하지 않았던 결과도 발생한다. 2012년 캘리포니아의 31번째 의회 선거구 유권자들은 그 지역의 대다수 시민이 민주당에 투표했음에도 불구하고, 결국 보수적인 공화당 후보 2명 중에서 다시 선택해야 했다. 유권자들의 표가 다수의 민주당 후보들에게 분산되면서, 공화당 후보 2명이 본선거 후보자가 되는 결과가 발생한 것이다. 이런 결과는 대의성을 높이려는 개혁 의도에 걸맞지 않았다.

본선거에서 상위 5명을 선출하는 방식은 3가지 이유로 최적의 방식이라고 할 수 있다. 첫째, 최종선거에서 추가적인 의석이 있다고 해도 소수당이 5석을 모두 차지할 가능성은 거의 없다. 둘째, 상위 5명 후보는 더 많은 유권자들이 자신들이 지지하는 후보를 선택할 수 있는 가능성을 제고한다. 셋째, 선택의 폭이 클수록 경쟁이 치열해지고, 후보자와 아이디어가 많을수록 책임을 지려는 의원이 많아진다.

전국대학체육협회 연례농구대회에서 최종 결승후보 4팀을 선발하는 제도가 엄청난 성공을 거둔 데는 이유가 있다. 전국 64개 팀으로 시작하는 이 대회는 매번 신데렐라 이야기로 유명해진다. 하위 컨퍼런스에 소속된 무명 팀이 결승까지 진출하는 일이 발생하기 때문이다. 듀크, 노스캐롤라이나, 위스콘신, 미시간, 켄터키, 루이빌 같은 강팀들만이 매번 결승에 진출할 수 있다면, 바람직한 대회라고 할 수 있을까? 그렇지 않다. 정치도 마찬가지다. 최종후보 5명을 선발하는 제도를 도입하면, 모든 사람에게 공평한 기회를 줄 뿐 아니라, 새로운 아이디어가 탄생할 가능성이 생긴다. 양당이 독점적으로 경쟁하기가 어려워진다.

일부 지역구에서는 5명의 후보를 채우지 못할 수도 있을 것이다. 하지만 그렇다고 해서 이런 현상이 우리가 제안하는 제도의 심각한 단점이 되지는 않는다. 사용하지 않는 빈자리를 갖는 것이 선택의 여지가 없는 것보다 민주주의에 더 어울린다. '기회'는 미국을 세운 초석이다. 선거는 기회를 구현하는 일이 되어야 하며 이는 우리의 권리다. 바로 그것이 자유 구현이다.

상위 5명의 후보 선출은 입법자들의 게임을 바꿀 수 있는 규칙이다. 소속된 정당의 정통성을 위반하는 초당적인 랜드마크 법안에 찬성표를 던져도 의석을 잃지 않기 때문이다. 문제를 해결하고 싶은 정치인이 통과해야 하는 바늘구멍이 제거되는 것이다.

우선순위를 정하면 된다

앞서 논의했듯이 상대다수득표제와 그에 따른 사표 논쟁은 정치 산업에서 새로운 경쟁을 도입하는 데 있어 큰 구조적 장벽으로 작용한다. 상대다수득표제는 상대방을 비난하는 선거운동과 유권자를 분열시키는 구조를 만들며, 때로는 유권자 대다수가 선거에서 승리한 사람을 지지하지 않는 비민주적인 상황을 만든다.

본선거에서 상대다수득표제를 대체할 '순위선택투표RCV'의 아이디어는 매우 간단하다. 상대다수득표제는 대다수의 지지를 받지 않아도 선거에서 승리할 수 있지만, RCV는 그렇지 않다. 후보자는 승리하려면 '50퍼센트' 문턱을 통과해야 한다.

RCV가 실제로 작동하는 방식은 다음과 같다. 그림을 보면서 이해해보자. 유권자는 투표소에서 5명의 초당파적 예비선거 승리자의 이름이 적힌 투표용지를 받는다. 언제나 그렇듯이, 당신은 가장 좋아하는 후보를 선택하면 된다. 예를 들어 치열한 캠페인을 벌이고 있는 알렉산더 해밀턴을 1위로 선택하고, 추가로 좋아하는 후보를 2위(아비게일 애덤스)로, 그다음 선호도로 3위(조지 워싱턴), 4위(토마스 제퍼슨), 5위(존 애덤스)를 선택할 수 있다.

투표가 끝난 후, 1위 후보가 집계될 것이다. 1위(진정 다수) 후보가 50퍼센트 이상의 지지를 받으면 선거는 바로 끝난다. 해밀턴이 65퍼센트의 지지율을 얻었다면, 그가 선거의 승자가 된다. 하지만 해밀턴이 과반수보다 적은 33퍼센트의 지지를 받고, 애비게일 아담스가 32퍼센트를 받는다면 어떻게 될까? 상대다수득표제에서는 해밀턴이 유권자 3분의 1의 지지만 얻었음에도 불구하고 승리하게 된다. 그러나 RCV 방식에서는 그렇게 선거가 끝나지 않는다.

진정 다수(50퍼센트+1) 후보자가 없다면, 가장 먼저 최하위 득표자, 토마스 제퍼슨을 탈락시킨다. 토마스 제퍼슨을 선택한 표는 사표가 되지 않는다. 그를 1순위로 선택한 유권자들은 자동으로 자신들이 선택한 2순위 후보를 첫 번째 후보로 투표한 것으로 산정되기 때문이다. 제퍼슨 지지층 대다수가 워싱턴을 2순위로 선택했

순위선택투표 예시

하단에 제시된 투표용지 양식은 유권자가 후보 5명을 어떻게 투표할 수 있는지 보여준다. 아래의 경우에는 1순위를 알렉산더 해밀턴으로, 5순위를 존 애덤스로 투표한 경우다.

	1위	2위	3위	4위	5위
토마스 제퍼슨	1	2	3	●	5
알렉산더 해밀턴	●	2	3	4	5
조지 워싱턴	1	2	●	4	5
존 애덤스	1	2	3	4	●
아비게일 애덤스	1	●	3	4	5

다고 치자. 제퍼슨을 선택했던 표가 워싱턴에게 재분배되자 워싱턴이 50퍼센트 문턱을 넘었다고 가정하자. 기존 제도에서는 해밀턴이 33퍼센트의 득표율로 선거에서 승리했겠지만, RCV 방식에서는 워싱턴이 더 많은 유권자의 지지를 얻어 선거에서 승리하게 된다.

미국인 대다수가 새로운 RCV 방식을 모르겠지만, RCV는 완전히 새로운 아이디어가 아니다. 2002년, 존 매케인 상원의원은 RCV 투표 방식을 채택하기 위한 지지를 촉구하는 전화 메시지를 녹음하면서 "RCV로 유권자들이 다수의 지지를 받는 지도자를 선출할 수 있기 때문에 좋은 정부가 만들어질 것이다"라고 말했다.[7] 같은 해, 매케인의 미래 경쟁자이자 당시 일리노이 주 상원의원이었던 버락 오바마는 주와 의회의 예비선거에 일리노이 주 상원 법안 1789번을 지지했다. 두 제안 모두 시대를 앞섰고 둘 다 통과되지는 못했지만, 2018년 메인 주는 최초로 RCV 방식을 채택한 주가 되었으며, 매사추세츠 주는 2020년 11월부터 RCV 방식 투표를 실시하기로 했다.

RCV의 잠재적 이점은 결코 이론적이지 않다. 미니애폴리스와 샌프란시스코 같은 19개 자치구가 시 공무원을 선출하기 위해 RCV 방식을 채택하면서 여러 도시가 이런 혁신을 주도하고 있다. 특히 이 제도가 바람직한 결과를 도출하고 실질적인 혜택을 가져온다는 사실을 확인하면서, 혁신은 추진력을 얻고 있다. 2017년 RCV 방식을 이용해 시 공무원을 선출한 미국 내 7개 자치구를 평가한 결과, 유권자들은 RCV가 도입된 이후 선거에 출마한 후보자들이 상대 후보를 비난하는 것보다 선거 이슈 자체에 초점을 맞추고 있다고 판단했다.[8] 샌프란시스코가 RCV 방식을 시행한 이후, 유권자들의 집으로 보낸 선거 자료에는 '정책에 대한 입장'처럼 보다 가치 있는 정보에 더 집중한 내용이 늘어 있었고 다른 후보자들을 공격하는 내용은 상대적으로 줄어 있었다. 후보자들은 '50퍼센트'의 문턱을 넘으려면 2위(또는 3위나 4위)로 선택받는 것도 중요하기 때문에, 더 이상 단순히 상대방을 공격하는 선거운동은 효용가치가 없다는 사실을 깨달았다.[9]

RCV 방식은 유권자의 가장 폭넓은 지지를 받은 자가 선출될 수 있도록 해준다. RCV가 상대다수득표제가 만드는 견고한 진입장벽을 제거한다는 사실도 중요하다. 상위 5명의 후보를 선출하는 초당파적 선거가 혁신적 변화를 만들 수 있을 것이다.

최종후보 5명 선출 방식의 이점

앞서 우리는 당신에게 정치 산업의 규칙에 지배당하는, 운신의 폭이 거의 없는 상황에 처한 정치인이 되었다는 가정을 해보라고 부탁했다. 다시 당신을 정치인으로 가정해보자. 이번에는 상황이 달라져, 공익을 최우선으로 삼는 입법을 위해 정치 산업의 규칙과 관행에 도전하거나 반항하지 않아도 된다. 이번에는 게임의 법칙이 바뀌었다고 가정하자. 법안 투표 방법에 대한 당신의 결정은 더 이상 특별 이익집단이나 초당파적 유권자, 또는 당신을 통제하는 당 지도부에게 위협받지 않는다. 이번에도 초당파주의적 법안에 대한 의사결정을 한다고 생각해보자. 이번에는 열정적인 직원들로 구성된 팀과 함께, 당신은 법안의 공식 세부 사항에 관해 자유롭게 토론하고, 선거구의 목표, 정당의 목표, 국가적 목표와 필요를 기반으로 양당을 오가면서 토론할 수 있다. 재선에 대한 보복이나 두려움 없이 자유롭게 투표할 수도 있다. 이런 상황에서는 당신의 결정을 이끌어내는 질문이 마침내 올바른 질문이 된다. '이것이 과연 좋은 법안인가?' '이 법안이 유권자들의 삶을 개선할 수 있을 것인가?', '국가를 위한

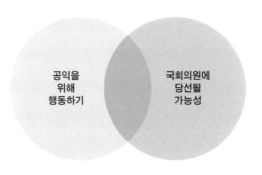

올바른 선택인가?'

　정치 산업의 고착 문화에 도전하는 국회의원에게 불이익을 주는 잘못된 구조 대신, 새로운 지침 원칙이 있다. 공익을 위한 행동이 당선 가능성을 올릴 수 있어야 한다. 유권자들은 결과를 기대할 것이고 국회의원은 결과에 책임을 질 수 있어야 한다. 제발 이렇게 되기를 기도한다.

　결과에 책임을 지는 바람직한 정치 경쟁을 만들기 위해 최종후보 5명을 선출하는 투표방식을 밀어붙여야 한다. 물론 이것만으로 충분하지는 않다. 이제는 최종후보 5명을 선출하는 투표 방식과 관련한 추가적인 혜택에 관해 설명하고자 한다.

가장 중요한 고객, 유권자의 힘이 커진다

유권자는 정치 산업에서 가장 중요한 고객이다. 당연히 본선거는 예비선거보다 중요한 선거가 되어야 한다. 당선자는 가장 많은 유권자를 대상으로 호소력을 가진 인물이어야 한다. 후보자들은 예비선거보다 더 많은 유권자 집단에 호소해야 하는 구조를 따라야 한다. 선거구 내 유권자들이 더 많은 후보자들에게 잠재적 가치를 알 수 있어야 한다. 5명을 선출할 수 있으면 대다수 유권자가 11월 투표에서 자신이 선호하는 후보자를 볼 수 있다.

RCV 투표 방식 덕분에 시민은 자신의 표가 사표가 되거나, 자신이 가장 지지하지 않는 후보를 선출하는 데 도움을 줄 수도 있다는 우려를 하지 않고, 선호도를 바탕으로 5명의 후보자에게 투표할 수 있을 것이다. 이 방식은 유권자들의 자유로운 선택을 보장한다. 그동안 대부분의 유권자들이 전략적 이유로 특정 후보를 지지해야 한다는 이야기를 들어야만 했다. 이런 새로운 방식은 투표의 가치를 돈의 가치보다 높이고(본선거 결과를 예측하기 어려워지기 때문이다) 정치 자금이 보다 올바르게 활용되도록 만들 것이다.

진입장벽이 낮아질 것이다

최종후보 5명을 선출하는 투표 방식은 사표 논쟁으로 주요 정당의 내외부에서 새로운 경쟁자의 등장을 막는 현상을 해결할 수 있다. 5개 자리가 있다는 사실은 여러 영역에서 후보들이 입후보하도록 유도할 것이며, 정당 예비선거에서 경쟁력 있는 후보를 탈락시켜 자신의 당선 가능성을 올리는 노력도 무력화할 것이다. 언론은 후보자 모두 결과에 영향을 미치기 때문에 5명의 후보자 모두를 '중요한 인물'로 취재할 동기가 생긴다.

시민 분열을 야기하는 구조가 무너진다

당파주의자들이 던진 1위 투표만 치열해지지 않을 것이다. 후보자들은 훨씬 더 넓은 유권자들에게 2위 또는 3위 후보로 선택받기 위해서 경쟁해야 하기 때문에 시민을 소외시키는 불필요하고 거짓된, 부정적 공격 광고는 선거에서 잠재적 부채로 작용해 승리에 도움을 주지 못할 것이다. 50퍼센트 이상의 유권자로부터 지지를 얻어야 할 때는 소수 그룹의 유권자도 무시하기 어렵다.

물론 최종후보 5명을 선출하는 투표 방식이 곧바로 선거운동을 건전하고 이상적으로 만들지는 않을 것이다. 선거는 여전히 강경하고 냉혹할 것이며, 후보자들은 합법적 우열을 만들려고 애쓸 것이다. 그러나, 한 표 한 표가 중요해지는 선거가 되면 이제까지 뉴노멀로 인식되어온 진흙탕 싸움, 인정사정없이 상대방을 비난하는 일을 차단하는 힘이 생길 것이다. 승자가 독식하는 상대다수득표제 방식에서는 출마한 후보 대다수가 상대방을 비난하는 전략을 사용한다. 경쟁자보다 한 표만 더 받을 수 있으면 유권자를 얼마나 소외시키는지는 전혀 고려하지 않는다. 새로운 투표 방식은 선거 게임 참여자들이 전략을 수정하게 만들 것이다.

더 많은 혁신과 다양성, 아이디어가 만들어진다

우리는 타협지향적인 온건파 정치인들만이 국가적 문제에 대한 해결책을 만들고 실행한다는 생각을 가지고 있다. 그러나 우리는 온건파만 가치 있는 국회의원이 아니라는 사실을 알고 있다. 해방과 여성 참정권부터 사회보장과 시민권까지 미국의 혁신적 변화들은 종종 온건하거나 중도적이지 않은 진영에서 시작되었으나 결국 초당파이고, 문제 해결과 합의를 중시하는 중도온건파들이 실질적인 해결책을 만드는 데 중요한 역할을 해냈다.

모든 본선거에서 5명의 후보자가 존재하는 모습을 상상해보라. 1992년 페로처럼 국가 부채 감축 플랫폼을 기반으로 출마하거나 기후변화를 외치는 후보자들이 첫 번째 투표에서 두 자리 수 지지율을 받는 현상이 국회의원에게 미치는 영향을 상상해보라. 혁신적 아이디어를 만들기 위한 공개토론이 활발해질 것이다. 또한 5명을 선출하는 투표는 진입장벽을 낮추고 양쪽 정당이 추구하는 최선의 결과를 만들어낼 것이다.

국회의원이 해야 할 일을 하게 된다

최종후보 5명을 선출하는 투표 방식은 국회의원들이 해야 할 일을 하게 만들어 실질적 변화를 도모할 것이다. 공공의 이익을 위해 용감하게 선거에 출마한 사람들이 승리하고, 목적을 이룰 수 있게 될 것이다. 왜냐하면 이 제도는 움직이지 않는 사람보다 실제로 행동을 추진하는 사람에게 보다 유리한 제도이기 때문이다. 이 제도가 도입되면 의원 일자리가 더 만족스러운 일이 되고, 더 이상 선거운동은 덜 악한 후보를 선출하는 게임이 아니기 때문에, 과거보다 재능을 잘 활용하고 똑똑한, 능력 있는 사람들을 정치 현장으로 끌어들일 것이다.

새로운 미국을 건설하는 정치 개혁 프로그램의 수석 연구원, 리드 루트먼은 "오늘날 의원들도 현상 유지에 지쳐 있다. 그들은 당파적 갈등에 지속적인 거부감을 느낀다. 그들은 의회 권력 중앙 집중화 때문에 많은 사람들이 주변인으로 전락하는 현재의 방식을 좋아하지 않는다. 의회에서 퇴임하는 거의 모든 의원들은 요즘 의원이 얼마나 힘든지, 당파주의가 얼마나 악화되었는지, 그리고 그들이 워싱턴에 처음 왔을 때 그들이 지향하던 모습과 얼마나 차이가 나는지에 대해 불평한다"라고 말한 바 있다.[10] 최종 5명을 선출하는 투표 방식은 유권자들에게 좋을 뿐 아니라, 입법자들에게도 더 나은 환경을 제공한다.

지금, 달성 가능한 목표에 관하여

3장에서 설명했듯이, 국회의원은 단기·장기 수요를 균형 있게 조정하는 능력, 원하는 결과를 전달하는 능력인 '해결책의 실행', 광범위한 합의를 이끌어내는 능력으로 평가받아야 한다. 제대로 일하는 정치인들이 오히려 위험해지는 구조를 바꾸지 않는 한, 우리는 계속해서 타협 대신 정치적 교착 상태를 지켜보게 될 것이다. 고무적인 사실은, 국가를 바꾸기 위해 50개 주의 규칙을 전부 바꿀 필요는 없다는 것이다. 10개 주 정도에서만 최종후보 5명을 선출하는 투표를 실시해 선출된 이들을 워싱턴에 보내면 당장 20명의 상원의원과 100여 명의 의원들이 새로운 중심축이 된다. 즉, 문제를 해결하고 타협해 정부 행정의 당파적 교착 상태를 극복할 수 있다. 미국 전역에서 원하는 결과를 얻기 위해 몇 개 주만 참여하면 충분히 가능한 일이다. 2020년 11월, 최종 4명을 선발하는 투표 방식을 도입한 알래스카 주가 가장 먼저 변화를 주도할 것이다.

미국의 건국 헌법 입안자들은 정치인들을 선출하는 데 사용되는 투표 시스템에 관해서는 별다른 언급을 하지 않았고, 그런 결정을 개별 주에 맡겼다. 앨라배마 주에서 와이오밍 주까지, 선택은 우리가 해야 했다. 최종후보 5명을 선출하는 투표 방식은 더 나은 미국을 만드는 거대한 도약을 의미하고, 더 많은 정치 혁신 출발점을 만들어낼 것이다. 진보주의 시대에 우리가 경험했듯이, 정치 혁신은 전파력이 있으며 혁신은 또 다른 혁신을 낳는다. 선출된 국회의원과 그들의 책임을 강조하는 유권자도 중요한 '입법 기계'다. 변화한 투표 방식은 의미 있는 출발이지만 효과적인 입법 과정이 뒷받침될 때, 정치인들이 자신의 결정에 책임을 지는 자세를 가질 때 비로소 강력한 도구가 될 것이다.

입법 기계를 다시 설계하자

2010년 〈뉴욕타임스〉 기자, 로버트 피어는 소시지를 생산하는 공장의 공장장 스탠리 페더와 대화를 나눈 적이 있다. 피어는 오토 폰 비스마르크가 이야기했던 말과 관련이 있는 일을 조사하고 있었다. 그 말은 국회의원들이 자신의 잘못을 용서하기 위해 자주 사용하는 것이었다. "만약 당신이 법과 소시지를 좋아한다면, 이것들이 만들어지는 과정을 절대 보지 말아야 한다."

소시지가 쌓인 곳으로 가본 피어는 말했다. "그러나 의회에서 약 10마일 정도 떨어진 소시지 공장을 방문해보면, 비스마르크와 오늘날 정치인들이 실수하고 있다는 사실을 알 수 있다. 이 말은 소시지 생산업자를 지나치게 비하하는 표현이다."[11]

지금은 미국의 입법 절차를 개선해야 할 때다. 의회의 규칙과 관행은 실효성과는 너무 거리가 멀다. 입법 기계는 오랜 시간에 걸쳐 거대 양당과 양쪽 진영에 있는 당파주의자들의 이익을 위해 설계되었으며, 문제를 해결하기 위해서 설계되지 않았다. 이런 당파주의적 입법 과정의 최종 결과물은 한 정당이 다른 정당의 반대를 무시하고 통과시킨 이념적이고 불균형적이며, 지속 불가능한 법률이다. 새롭게 출범한 의회는 매번 시행과 개선보다 정치적 교착 상태와 잘못된 사안 폐지를 약속한다. 다시 말하지만, 이런 식으로 문제를 반복할 필요는 없다. 그러니 이번 기회에 현대적이고 당파적이지 않은 입법 기구를 만들 것을 제안한다.

헌법에는 하원과 상원이 어떻게 작동해야 하는지 설명한 6개의 짧은 단락뿐이지만, 하원과 상원 규정집에는 수백 페이지가 존재한다. 이런 규정은 정치인들이 직접 작성한 것이다. 시민은 거대 양당이 이끄는 입법 과정과 입법 책임 메커니즘을 디자인하고 최적화하는 과정은 난해하고 오래 걸린다고 여긴다. 이 관점은 국회에서 만들어지는 바람직하지 않은 경쟁을 수용하는 좋은 핑계가 된다. 하지만 이런 인식이 우리 삶에 매우 중요한 영향을 미친다는 사실을 명확하게 인식해야 한다.

심지어 국회의원들도 국회에서 일어나는 일상적인 기능 장애에 너무 익숙해져서 정당에 최적화된 규칙의 입법 방해 행태를 모른 척하거나 뒤로 물러나는 경우가 많다. 의원 대다수는 어떻게 정치적 과정과 행위가 만들어지는지 들여다보지 않고 상대방을 비난하느라 바쁘다. 하지만 초선의원들이 고민하는 모습은 쉽게 찾아볼 수 있다. 마이크 갤러거 의원은 첫 임기 초반에 국회의사당의 규칙을 바꾸어야 한다는 사실을 깨달았다. "국회에서 입법 과정과 권력 구조를 바꾸기 전까지는, 양극화와 상대 진영에 대한 독설, 선동을 계속해서 볼 수밖에 없을 것이다. 후보들은 2년마다 늪에 빠지는 현재 같은 상황을 반복할 것이다. 위대한 국가는 기능적인 입법부를 가질 자격이 있고, 현재 상황을 바꾸는 구조 개혁만이 기능적인 입법부를 만들 수 있다.[12]

국민을 위해 더 나은 결과를 만들고자 한다면 의회를 재설계해 당파주의자들을 위한 입법이 아니라 문제를 해결할 수 있는 초당파적 입법 기구를 만들어야 한다. 헌법은 의회의 내부 입법 과정을 규정하지 않은 대신 '상원과 하원 스스로 필요한 절차와 규칙을 정하라'고 하고 있다. 다시 말해서, 시민들은 의원들에게 현재와는 다른 새로운 것을 만들도록 강요할 수 있다. 시민으로서 신경 써야 하는 선거만큼 바람직한 법률 제정 과정도 중요하게 다뤄져야 한다.

그렇다면, 정확히 무엇을 어떻게 해야 할까? 입증된 경영 방식을 사용해 입법 기구를 처음부터 다시 설계하는 방안을 생각해야 한다. '제로베이스 예산'이 바로 그런 예다. 제로베이스 예산 기법은 민간 및 공공 부문에 도입되어, 모든 비용을 과거의 관행이 아닌 추정한 산출 가치에 대비해 정당화하고 승인하는 방법이다. 1970년대 피터 피린이 개발한 제로베이스 예산은 조직 내 모든 기능의 필요성과 비용을 분석해 그에 따라 자금을 할당하는 방식인데, 시간이 지나면 또 다시 제로에서 예산을 배정하는 절차를 시작한다.

마찬가지로, '제로베이스 디자인'은 사고의 제약을 없애고 문제 해결을 위한 새로운 가능성을 연다. 의회를 바꾸기 위한 처방으로

'제로베이스 규칙 만들기'가 있다. 하원 규칙, 상원의 상임 규칙, 상원위원회의 권한과 규칙, 하원위원회가 채택한 규칙, 운영위원회의 규칙, 그리고 수십 년 동안 최적화되어 무력화된 규칙, 해스터트 규칙 같은 비공식적인 규칙도 전부 제쳐두자. 그리고 민주당과 공화당을 위한 별도의 연단을 만드는 관습도 제쳐두고, 정당에 따라 좌석을 배치하는 관행도 제쳐두자. 모든 것을 제쳐두고, 깨끗한 공간에서 다시 상상해보자. 현재의 규칙과 관행 중에서 중요한 목적을 달성하고 있는 것들은 끌어들이자. 새로운 대안을 창조하기 위해 상상력도 자유롭게 발휘해야 한다.

중요한 것은 중요하지 않은 주변적인 사안들을 개혁하는 것이 아니라, 미국 정치가 섬겨야 하는 국민들을 위해 의미 있는 결과를 만드는 입법 기계 모델을 만드는 것이다. 앞으로 시도할 이런 변화는 크고 대담한, 또 반드시 필요한 목표가 중심이 되어야 한다는 이야기다.

입법 혁신을 이루는 법

'제로베이스 디자인'을 완성하는 데는 3~5년이 걸릴 것이기 때문에, 우리는 지금, 바로 혁신 노력을 시작해야 한다. '입법 기계 혁신위원회' 설립을 제안한다. 입법 기계 혁신위원회는 주와 주 사이의 협상, 의사소통 및 문제 해결 모범 사례를 채택해 실질적인 결과를 도출하기 위해서 만들어진 현대적이고 모범적인 위원회로, 입법부를 설계하기 위한 독립적이고 초당파적인 조직이다. 위원회에서 개혁안을 제시하면, 상원과 하원이 검토해야 한다. 의회 내부 문제를 해결할 권한을 가진다. 최종후보 5명을 선출하는 방식으로 워싱턴에 입성한 의원들의 숫자가 충분하다면, 그들은 과거의 당파적 입법 기구를 거부하고 문제 해결을 위해 고안된 새로운 입법 기구를 채택할 수 있다. 그리고 동시에, 유권자를 만족시키는 더 많은 일을 해낼 것이다.

입법 기계 혁신위원회에는 다음 질문에 답해야 한다. '하원 회의실에 435명이 있고 상원 회의실에 100명이 있는데, 이들은 서로 다른 배경과 관점, 이데올로기, 선거 지침을 가지고 있다. 자신들의 지역구 유권자들이 가진 성향도 다르다. 이런 차이에도 불구하고, 그들은 국민들에게 의미 있는 결과를 만들고 또 다음 선거에서 계속 출마할 수 있는 업적을 만들고 싶어 한다. 그들은 대통령의 서명을 받기 위해서 보내는 법안에 관해 서로 합의해야 한다. 당신이라면 이 일을 어떻게 정리할 것인가? 이들을 위해서 어떤 과정을 추진할 수 있을까? 방법과 통신 메커니즘, 기술과 데이터 지원 등 풀어야 하는 숙제가 많다.

이런 의미에서 혁신위원회는 다양한 분야와 조직을 대표하는 주요 전문가들로 구성된 초당파적 컨소시엄을 활용해 국가적 도전

과제에 가장 효율적으로 대처할 수 있는 입법기구를 재설계할 수 있어야 한다. 의회를 진정한 타협의 장으로 바꾸는 것에 대해서는 2019년 초당파적 의원들로 구성된 미국 의회의 특별위원회 같은 대안이 있었다. 그러나 이제까지 있었던 이런 위원회나 유사한 노력에서는 제로베이스 디자인을 사용할 수 있는 권한이 없었다(그들이 바꾸어야 했던 기관의 권력에 의존했다는 사실은 말할 필요도 없을 것이다). 완전히 시스템을 개선하는 것은 매우 어려운 일이다. 만약 이제까지 있었던 제도가 필요한 것이라고 생각하거나, 기존 제도가 최선의 선택이었다고 판단한다면, 혹은 기존 제도를 부분적으로만 수정할 수 있다고 생각한다면, 과연 입법 혁신을 이룰 수 있을까? 이런 접근은 무책임한, 어처구니없는 발상이다.

새로운 입법 혁신의 효과

입법 기계 혁신위원회는 세 가지 주요한 기능을 수행해야 한다. 첫째, 제로베이스 접근법을 사용해 모범이 되는 입법부의 청사진을 만든다. 위원회는 국회의 내부 작동 방식 및 처리 과정을 오랜 시간 연구한 정치학자와 이론가는 물론이고, 전직 및 현직 하원의원과 상원의원, 다수의 외부전문가들이 참여해 협업하는 조직이어야 한다. 행동과학, 갈등 해결, 협상, 기술, 조직관리 등 분야별 전문가들로 구성된 다양한 팀이 획기적인 현장 연구를 기반으로 문제를 해결할 수 있는 모델 같은 입법기계를 설계해야 한다. 우리가 이제까지 논의한 수많은 황당한 규칙과 관행을 무시해야 하는 것은 물론이고, 문제 해결 능력을 복원할 것이라는 약속을 지키기 위해 필요한 최신 지혜를 최대한 활용해야 한다.

둘째, 입법 기계 혁신위원회는 당파주의자들의 이익에 부합하는 입법 기계의 문제점에 대한 전국적 여론을 불러일으키고, 찾아낸 결과를 대중들에게 공개해야 한다. 1946년에도 공동위원회가 혁신을 시도했지만, 의회 내부에서 자신들의 이익이 위협받는 사람들 때문에 심각한 저항에 직면했다. 그러나 대중이 국회 혁신 압박을 가하면서, 입법개편법은 초당파적 지지를 얻어 통과되었다. 실제로 이런 변화는 대중이 공개적으로 요구하지 않으면 실패로 돌아간다. 새로운 위원회는 자신들의 작업을 최대한 널리 홍보해 의회의 기능 장애에 대한 책임이 입법 기계에 있다는 사실을 명확하게 알려야 한다. 이런 홍보는 의회 혁신 필요성을 환기한다.

셋째, 입법 기계 혁신위원회는 미국 의회를 지금보다 나은 문제 해결 기구로 만들기 위해 전념하는 입법자들과 함께하면서 의회 현대화를 이뤄내야 한다. 궁극적 변화는 의회가 실행해야만 가능해진다. 의회가 작동하는 방식에 관한 새로운 매뉴얼을 채택하고, 새로운 매뉴얼에 실질적으로 적응할 때 변화가 일어나는 것이다. 의회는 대다수의 변화를 전폭적으로, 그대로 수용하지는 않는다. 그러나 외부 제안은 의회를 제도적으로 혁신하는 데 기여한다. 특히 국회의원들이 처음부터 그런 제안 과정에 참여한 경우에는 더욱 그럴 가능성이 높다. 더욱 자세하게 이야기하겠지만, 미국 정치학협회의 의회위원회가 헌신적인 국회의원들의 혁신을 지원할 때 국회의 제도적 변화가 가능하다는 사실을 증명했다. 외부 위원회는 의원들과 협력하여 아이디어를 만들어야 하고, 대중의 압력을 기반으로 과감한 변화를 실행할 수 있다.

우리는 많은 국회의원, 특히 최종후보 5명을 선출하는 투표 방식으로 선출된 국회의원들이 우리가 제안하는 새로운 입법 혁신에 환영할 것이라고 기대한다. 왜냐하면 우리가 제안하는 변화는 역량과 기회를 넓히기 때문이다. 보다 나은 규칙이란 '더욱 순조롭게, 효과적으로 일하는 것'을 의미한다. 재능 있는 사람들에게는 흥미로운 기회가 주어질 것이기 때문이다. 이런 원리는 실리콘밸리와 월스트리트가 능력 있는 인재를 끌어당기는 원리와 같으며, 바람직한 경쟁이 일어나는 곳으로 전문가들이 모여드는 현상과 동일한 원칙이다. 좋은 규칙은 사업적 관점에서도 아주 좋은 것이다. 좋은 규칙은 입법 자체에도 좋겠지만, 입법을 하는 사람들에게도 좋은 결과를 제공할 것이다.

과거 경험이 알려주는 성공 모델

우리가 제안하는 위원회는 이미 과거 의회 내에서 대규모 변화를 선도하기 위해서 활용된 경험이 있다.[13] 뉴딜시대 후반, 대통령과 행정부의 권한이 급속히 확대되는 것에 대한 우려가 커지고, 의회에 대한 시민들의 불만이 늘면서 대학, 싱크탱크, 정부조직은 물론이고 정치학자 집단이 대규모 의회 혁신 가능성에 관한 논의를 시작했다.[14] 1941년 1월, 권위 있는 학자와 전문가가 모인 집단인 미국정치학회는 위원회를 구성해 이러한 논의를 공식화했다.[15] 초당파적 전문가 집단이 주도하는 위원회는 의회의 입법 방법을 면밀히 조사하고, 과감한 운영 개혁을 권고하는 임무를 담당했다.[16]

위원회에 소속된 위원들은 자신들이 오랜 기간 연구한 결과를 테이블에 올려놓았다. 위원회는 더 많은 연구를 하기보다는, 변화에 필요한 계기를 만드는 '촉매제Catalytic Agency' 역할을 했다. 위원회는 의회 의원들을 만나 문제를 직접 문서화하고 새로운 사고에 대한 지지를 촉구했다. 그들은 미국 전역에 있는 학계 동료들에게도 의견을 구했다. 또 라디오 프로그램, 공개 포럼과 신문 사설을 통해 전국적인 토론을 시작했다.[17] 그 결과, 매우 중요하고 큰 사안들을 보고 서로 만들어내는 성과를 거두었다.[18] 위원회 제도를 개편했고, 로비스트들에게 공식 등록을 요구했으며 국회의원들이 효과적으로 일할 수 있도록 직원 수와 역량을 늘리자는 아이디어는 비전이 의회 혁신을 불러일으켰다는 사실을 말해준다.

위원회는 보고서가 책꽂이에 꽂혀 먼지만 쌓일 가능성에도 대비했다. 초기부터 양당의 개혁 성향 입법자들과 협력했고, 국회의 바람직한 모습에 매우 큰 관심을 가지고 있는 의원들과 소통했다.[19] 소통한 국회의원들은 1945년에 APSA가 제시한 국회개혁 공동위원회를 만드는 지휘봉을 이어 받았다.[20] 의회는 2년이 넘지 않는 시간 동안 APSA의 권고사항 중 많은 부분을 반영했고 1946년, 입법개편법을 통과시켰다. 한때 강력한 권한을 가진 의장의 기구 같았던 통제가 불가능한 위원회의 숫자는 상원에서는 33개에서 15개로 줄었고, 하원에서는 48개에서 19개로 줄었다. 처음으로 의회는 개별 위원회에 명확한 관할권을 규정했고, 해당 위원회들은 정책 수립을 돕는 전문직 직원들을 고용하기 위해서 상당한 투자를 할 수 있게 되었다.[21] 이런 변화는 미국 역사상 가장 전면적이고 큰 의회 개혁이었다.[22]

활력을 되찾기 시작한 민주주의

유토피아 같은 민주주의를 만들어내는 규칙은 존재하지 않는다. 윈스턴 처칠은 "민주주의는 간헐적으로 시도된 다른 모든 형태의 정부를 제외하고는 최악의 정부 형태다"라는 말을 남겼다. 민주주의는 복잡하고 어려우며 앞으로도 계속 그럴 것이다. 다양한 아이디어를 논의하겠지만, 다양한 집단이 서로 다른 생각을 할 것이다. 어떤 집단도 원하는 모든 것을 얻지는 못할 것이다. '민주주의를 위한 유토피아'는 '복잡하고 어렵지만 그럼에도 불구하고 좋은 결과를 추구하는 것'이다. 이 열망은 모든 시민의 열망이 되어야 한다.

　최종후보 5명을 선출하는 투표 제도를 갖춘 재설계된 선거 기계와 현대적이고 바람직한 입법제도가 결합하면 그 효과는 매우 강력할 것이다. 이 방법은 미국이 자멸로 향하는 궤도를 벗어나 진보와 번영을 향한 새로운 길로 나아가는 방법이 될 것이다. 우리는 현재 미국 정치를 있는 그대로 받아들일 필요가 없다는 사실을 깨달아야 한다. 이제 시민으로서 우리가 해야 할 일은 국민에게 봉사하는 바람직한 정치 경쟁이라는 비전을 현실의 것으로 바꾸는 것이다. 메인 주와 캘리포니아 주, 알래스카 주 등 이미 전국에서 긍정적 변화와 진전이 일어나고 있다.

○ **6장** ○

정치 혁신을 위한
원칙과 실험

대공황의 고통 속 대법원은 오클라호마법에 이의를 제기한 사건을 접했다. 제기된 내용은 기업들이 얼음을 팔 때는 허가를 받아야 함을 요구하는 것이었다. 이 사안은 주목받을 만한 내용이 아니었기 때문에, 만약 루이스 브랜데이스 판사가 연방주의의 이점에 반대하는 의견을 내지 않았다면, 역사 속에서 잊혀졌을 것이다. 브랜데이스 판사는 다음과 같이 말했다. "시민이 문제를 제기하면 주는 해당 내용을 검토해볼 필요가 있다. 각 주가 이런 실험을 할 수 있다는 사실은 미국 연방제도의 이점으로 작용할 수 있다."[1]

미국의 개별 주는 새로운 규칙과 절차를 실험해볼 수 있으며, 이런 실험을 통해 무엇이 선거 혁신에 좋은지 확인할 수 있다. 20세기 초 토머스 에디슨이 보여준 전설적 창의성은 현 진보주의시대의 '민주주의 실험실'과 경쟁했다. 민주주의 실험실은 비밀투표, 직접 민주주의, 선거 자금에 관한 규정 등 다양한 정치 혁신에 특허를 신청했다.

오늘날 미국의 서부에서 동부까지 개별 주들은 활력을 되찾고 있고, 민주주의와 경제, 삶의 질을 저해하는 정치 산업의 구조적인 문제, 상대다수득표제와 당파주의적 예비선거를 고찰하면서 21세기 혁신을 주도하고 있다. 정치 산업 혁신은 주로 미국 의회와 관련이 있는데도 상대적으로 미국 의회에서는 활력이 잘 보이지 않는다. 그러나 미국의 개별 주에서 이루어진, 널리 알려지지는 않았지만 충분히 공부할 가치가 있는 선구적 입법 혁신 사례가 꽤 있다.

6장에서는 초기 혁신가들의 노력을 찾아보고 매우 인상적인 승리는 물론 치명적인 실패에서도 시사점을 도출해 우리가 추구하는 선거·입법 혁신 원칙과 절대 타협해서는 안 되는 사안을 제시하고자 한다. 이 책을 읽으면서 향후 미국의 민주주의 실험실은 계속해서 증가하고 활성화될 것이라는 사실을 명심해야 한다. 또한 우리가 제안하고 설명하는 원칙과 협상 불가 항목은 아직 초기 아이디어다. 앞으로 모범적 사례를 만들어내기 위해서는 혁신운동을 병행해야 한다.

선거 혁신을 실험한 워싱턴 주와 메인 주

미국 헌법은 선거를 지배하는 대부분의 규칙을 명시하는데, 의회 의원 선거 규칙을 만드는 권한은 개별 주에 위임했다. 의회가 원하면 선거 규칙을 자발적으로, 최종후보 5명을 선출하는 투표 방식으로 바꿀 수도 있다.[2] 하지만 우리는 의회가 이런 행동을 할 가능성이 높지 않다고 생각하기 때문에, 제안을 주 단위로 옮기고자 한다. 이는 현실의 조건에 맞추기 위해 순서를 조정하는 정도의 일이다. 6장에서 말하겠지만 중요한 원칙은 '지역화Localize'다. 각 주의 고유 상황에 따라 두 가지 접근법, '입법 조치'와 '투표제도 개혁'을 활용한 선거 혁신을 제안한다.

입법 조치

모든 주에서는 입법 조치를 통해 정치 혁신을 이룰 수 있다. 다른 법과 마찬가지로, 정치 게임의 규칙을 재구성하려면 먼저 주 의회가 법안을 통과시킨 이후에 주지사가 서명해야 한다. 주정부에서 근무하는 정치인들은 그들을 선출한 제도를 혁신적으로 바꾸는 일을 꺼릴 수도 있지만, 그들은 시민을 위해서 일한다. 해당 지역구의 많은 시민들이 강력하게 변화를 요구하면, 선출된 의원들은 그에 대응할 수밖에 없다. 그리고 많은 국회의원들이 워싱턴이 망가지고 있음에 공감하고 실행 가능한, 즐거운 일을 하게 될 수 있다는 전망에 동의

하기 때문에, 지원 규모가 증가하면 해당 조치는 더욱 실행 가능한 것이 된다.

투표제도 개선

26개 주에서는 직접민주주의라는 정치 혁신을 위해 작동하는 도구가 있다. 이는 진보주의시대의 의미 있는 성취다.[3] 직접민주주의를 통해 시민들은 정치인을 거치지 않고 입법을 위해 직접 투표해 의사를 표현할 수 있다. 그 과정은 간단하다.

첫째, 투표용지를 바꾸는 방법이 있다. 전 국민이 투표할 수 있는 용지에 주 의회 의원들이 발의한 법안을 표기하는 것이다. 그리고 곧장 시민들이 해당 법안에 투표하지 않고, 입법자가 먼저 시민에게 이 법안을 법으로 제정할 것인지, 제정하지 않을 것인지 묻는 기회를 제공한다. 투표제도를 개선하면, 시민 스스로 서명을 수집하는 과정을 거친다.[4]

둘째, 유권자들은 선거일에 그들이 선호하는 후보에게 투표할 뿐 아니라, 특정 입법 제안에 찬성 또는 반대하는 의사를 표시할 수도 있다. 대다수의 지지를 받은 법안을 법으로 만들면 된다. 이제까지 투표제도는 특정 정책에 한해서 시민의 판단을 물었다. 1978년 재산세에 상한을 설정한 '캘리포니아의 제안 13'이 대표적인 예다. 현재로서는 투표제도를 활용하는 것이 구조적인 정치 혁신을 이루는 선구적 방법이다.

이미 몇 개 주는 투표제도 개혁으로 선거 혁신 성과를 기두고 있다.[5] 앞서 설명했듯이, 상위 5명의 후보를 선발하는 예비선거는 아직 시행되지 않았지만, 워싱턴 주와 캘리포니아 주에서는 단일 예비선거를 상위 2명의 후보를 선출하는 방식으로 변경해 그 첫발을 내디뎠다. 그들의 노력은 우리가 제안한 내용에도 어느 정도 부합한다.[6]

가장 먼저 움직인 워싱턴 주

워싱턴 주의 선거 혁신은 1935년 개방형 예비선거, 블랭킷 프라이머리Balnket Primary를 만들면서 일찌감치 시작되었다.[7] 블랭킷 프라이머리는 당파주의적 예비선거처럼 각 당 후보 중에서 가장 많이 득표한 후보를 해당 정당의 후보로 최종선거에 진출시킨다. 그러나 비공개로 진행되는 당파주의 예비선거와는 달리 유권자들은 민주당 혹은 공화당의 단독 정당 후보들 중에서 선택하는 것이 아니라, 원한다면, 주지사 예비선거에서는 공화당원을, 상원 예비선거에서는 민주당원을 선택할 수 있다, 또한 주 의회 예비선거에서는 민주당원, 미국 하원 예비선거에서는 공화당원을 선택할 수 있다.

이 예비선거 제도는 70년 동안 사용되었는데, 2003년 이후 민주당과 리드의 소송으로 무너질 위기에 처했다.[8] 폐쇄적이고 당파적인 예비선거로 복귀해야 하는 상황에서 워싱턴은 새로운 대안을 모색했다. 각 당의 예비선거 최고득표자가 최종선거에 진출하는 것이 아니라 소속 정당에 관계없이 상위 2명의 득표자가 진출하는 새로운 시스템을 만들었다. 이렇게 상위 2명을 선출하는 예비선거 제도가 만들어졌다.[9]

워싱턴 주 상원에서는 상위득표자 2명을 선출하는 1차 법안을 통과시켰지만 하원의장이 표결을 거부하면서 법안은 하원에서 교착 상태에 빠졌다. 이 법안은 2004년이 되어서야 주 의회의 양원을 통과했고 4월 1일, 민주당 주지사의 결정만 남아 있었다. 곧 주지사의 거부권 행사 소식을 들려왔고, 법안 지지자들은 그것이 만우절 농담이라고 생각했다.[10] 그러니 이 소식은 사실이었다.

이때 다행히 시민이 발 벗고 나섰다. 시민들은 먼저 투표제도를 활용해 개혁 법안을 통과시킨 다음, 양당이 지원하는 법률 소송(그란지 대 공화당 소송)도 성공적으로 방어할 수 있었다.[11] 마침내 2008년, 미국 대법원이 최종 득표자 2명을 선출하는 예비선거가 정당의 지명권을 침해하지 않는다고 판결했다. 클라렌스 토마스 판사는 "예비선거 제도를 개혁하려는 움직임을 막는 것은 국민의 의지를 비정상적이고 갑작스러운 방식으로 무효화하는 것"이라고 말하면서 정당을 비판했다.[12] 이 판결로 예비선거 상위 2명의 득표자가 가장 인구가 많은 캘리포니아 주로 진출할 수 있는 길이 마련됐다.

캘리포니아 주의 선거 인센티브 개혁

캘리포니아 주는 2000년대까지 위기에 처해 있었다. 미국 정부 역시 캘리포니아 주에서 계속해서 증가하는 문제를 해결하지 못하고 있었다. 사회기반시설이 무너졌고 실업, 적자재정 문제가 대두됐다. 주에서 발행한 채권은 최악으로 평가되었고, 그동안 입법부는 이념 양극화와 극도의 당파주의가 얽혀 주정부가 예산 협상 같은 기본적인 임무도 수행하지 못했다.

이 기간 동안 캘리포니아 의회는 전국에서 가장 양극화되어 있었다.[13] 당파주의를 우선하는 투표 관행이 표준이 되었고, 문제 해결을 위한 양당 타협은 이루어지지 않았다.[14] 캘리포니아 주의 문제를 해결할 방안을 찾으려는 민주당과 공화당 의원들이 협력한 실무 그룹을 만들었을 때도 그룹 내 의원들이 비밀리에 만나야 했을 정도로 당파주의 갈등은 극에 달해 있었다.[15] 당 지도부와 예비선거 유권자들로부터 처벌 받을지도 모른다는 두려움 때문에, 아무도 상대 정당과 공모하는 것처럼 보이기를 원하지 않았다. 그 결과 결국 시민들이 고통 받았다. 퓨 자선신탁Pew Charitable Trust에서 평가한 정부 성과는 캘리포니아 주 의회를 전국에서 최악의 주로 평가했다.[16] 2010년까지 캘리포니아 주 의회 지지율은 14퍼센트로 사상 최저치를 기록했다.[17] 안토니오 빌라리가사 로스앤젤레스 시장은 "캘리포니아 주는 통치 불가능 수준"이라고 평가했다.[18]

당시의 게임 규칙을 고려할 때, 캘리포니아 주는 실제로 통치 불가능한 상태였다. 2000년 인구 조사 이후, 양당은 선거구를 다시 설정해 현직자를 보호하면서 실질적인 경쟁을 하지 않았다. 대법원이

블랭킷 프라이머리를 폐지하자, 대다수 선거구는 한쪽 정당의 구성원들로 가득 차 있어서 후보 교체율이 높지 않은 소속 정당의 예비선거에 의해 당락이 결정되었다.[19] 따라서, 11월 선거는 선거를 치르는 날이 아니라, 잠정적으로 선출이 결정된 후보자들이의 취임식 같은 역할을 했다. 이 때문에 정치인들은 극단적인 예비선거 유권자들의 견해를 보다 중요하게 고려해야 하는 처지가 됐다. 일반 시민들은 힘이 없었다. 암울한 결과와 대중의 불만에도 불구하고, 2002년과 2010년 사이에 모든 주 입법 및 의회 경선에서 단 두 명의 현직 의원만이 패배했다.[20]

결국 캘리포니아 주 사람들은 게임의 규칙을 바꿨다. 새로운 당파주의 예비선거 제도를 없애기 위해 2004년 투표제도 혁신을 이뤄냈다. 상위 2명의 후보를 선출하는 예비선거를 실시하는 시도가 54대 46으로 표결에 실패한 후, 새크라맨토그룹은 독립적인 투표를 실시하는 이 프로젝트가 왜 잘못되었는지 연구했다.[21] 같은 실수를 반복하지 않기 위해서 2008년에 새로운 계획을 추진하기 시작했다.

새크라멘토그룹은 정치적 영향력을 만들기 위해 동맹을 만들었다. 2009년 예산 협상이 다시 결렬되자 민주당의 주도 그룹은 온건파 공화당 상원의원인 아벨 마도나도에게 도움을 요청했다. 아벨 마도나도는 입법부의 민주당원들이 다가오는 선거에서 예비선거 개혁안을 표결에 부칠 수 있는 조건이라면, 예산안을 지지하겠다고 약속했다. 공화당의 입장에서는 예비선거제도를 개혁하기 위한 투표를 만들기 위해서 유권자의 서명을 받아아 하는 어려움을 피할 수 있어 나쁠 게 없었다. 예산안 통과가 절박했던 양당은 결국 이 절충안에 합의했다.[22]

민주당에서는 투표제도를 활용하는 조치가 결국 실패할 것이라고 생각했다. 2009년 초 미디어에서는 "이 계획은 망할 것이다. 현재 제도로 혜택을 받는 모든 특별 이익집단과 많은 사람들이 이 계획을 반대하는 캠페인에 자금을 댈 것이다"라고 예측했다.[23] 장애물은 의심할 여지없이 높았다. 그러나 이런 정치적 분석은 그들과 반대편에 있는 공익 옹호자들을 간과했다. 선거운동이 시작되자, 독립 투표 프로젝트는 이제까지는 간과되어 온 무소속 유권자들, 특히 비공개로 진행되는 정당 예비선거에서 투표조차 할 수 없었던 유권자들을 대상으로 교육을 시작했다. 상황이 이렇게 전개되자 당시 공화당 주지사였던 아놀드 슈워제너거와 그레이 데이비스 전 민주당 주지사를 비롯해 현직·전직 정치인들이 지지를 표명했다. 로스 앤젤레스 타임즈와 샌프란시스코 크로니클 같은 주요 언론 매체들도 해당 법안에 대한 지지를 선언했다. 상공회의소 캘리포니아 지부, 미국퇴직자협회 및 코먼 코즈Common Cause(국민의 요구에 따른 행정 개혁을 목적으로 1970년대에 조직된 시민단체)가 지지에 동참하였다.

2010년 6월, 투표가 이루어졌고, 투표 결과는 6년 전과 같은 54대 46이었다.[24] 하지만 이번에는 찬성과 반대가 뒤집혔다. 54표가 찬성표였다. 이번에는 법안이 통과되었다. 5장에서 논의했듯이 초당파적 예비선거의 효과가 명확해지면서, 이런 변화에 대한 지지는 늘어났다.[25] 개혁 이후 캘리포니아 주 선거는 미국에서 매우 경쟁력 있는 선거가 되었다.[26] 비경쟁적인 공화당과 민주당 지역에서 많은 현직 의원들이 초당파적 예비선거에서 2위를 차지한 자신의 정당 소속 후보에게 패배하거나 기존의 지지기반이 아닌 새로운 유권자들에게 호소해서 선거에서 승리하는 일도 일어났다.[27] 예를 들어, 현직 민주당원 마이클 앨런이 같은 민주당원 마크 레빈에게 패배했다. 마크 레빈이 중도파적 자세를 유지하면서 민주당, 공화당, 무소속에 걸쳐서 다양한 유권자들과 연합했기 때문이나.[28]

그러나 누가 선출되는지보다는 정치인들이 재임 기간 동안 행하는 일을 바꾸는 것이 훨씬 더 중요하다. 이런 관점에서 개혁의 효과는 매우 극적이었다. 인센티브를 전환함으로써, 상위 2명을 선출하는 예비선거와 초당파적 선거구 개혁과 캘리포니아 주 정부가 지지하는 해결책을 지향하는 후보자들이 결합되면서 새크라멘토에서의 정치인들의 행동을 변화시켰다. 미국 전역에서 양극화가 심화되는 동안, 캘리포니아에서는 이념적 극단주의와 정당 위주의 투표 관행이 감소하는 현상이 발생했다.[29] 새로운 선거 인센티브는 배기가스 기준, 총기 폭력, 이민 개혁과 같은 사안에 대해서 초당적 협력을 만드는 계기가 되었다.[30] 공화당 의원들은 예비선거제도 개혁에 대해서 해당 개혁이 공화당 동료들에게 더 많은 용기를 주었다고 평가했다. "그들은 과거에는 다음 예비선거에서 패배하는 것을 두려워했다. 하지만, 이제는 그들이 지지를 호소해야 할 그룹이 그들의 전통적인 당파주의적 유권자들만이 아니라는 사실이 중요해졌다."[31]

〈뉴욕타임스〉는 기사를 통해 다음과 같은 내용을 밝혔다. "민주당도 변하고 있다. 캘리포니아 주 상공회의소는 지난달 민주당이 지지하는 규제법안들을 특히 '일자리를 없애는 살인행위'로 묘사된 40개 법안들 중에서 올해 표결에서 실패한 법안이 39건이라고 보도했다", "지난해 주 의회에 선출된 민주당 앤서니 렌던은 초선 의원 중에는 온건한 지지기반을 가진 사람이 많았다고 말했다. 이것은 많은 국회의원들이 민주당의 기반을 넘어서 새로운 유권자에게 지지를 호소할 필요성이 있다는 사실을 입증했다."[32]

그러나 캘리포니아 주의 정치 혁신가들은 개혁이 끝나지 않았다는 것을 알고 있다. 우리가 제안하는 최종 5명의 후보를 선출하는 개혁 방안에 근접한 버전을 구현하기 위한 새로운 노력을 진행하고 있다. 지지자들은 이런 개혁안이 2024년 미국 대통령 선거에 적용되기를 희망하고 있다.[33]

메인 주의 순위선택투표제 도입 투쟁

메인 주는 오랜 기간 동안 당파주의 정치를 회피한 기록을 가지고 있는, 조지 미첼과 올림피아 스노우 같은 기존 관행에 도전하는 온건파와 앵거스 킹 같은 무소속 의원들에게 유리한 지역이다. 그러나 상대다수득표제 투표방식은 메인 주에도 문제를 일으켰다. 이제까지 총 11명의 주지사 중 9명이 50퍼센트 이상의 지지를 얻지 못했다.[34] 이런 숫자는 2010년 38퍼센트 미만의 득표율로 주지사에 선출되고 2014년에도 50퍼센트 이하의 지지율로 재선에 성공한 폴르파지도 포함되어 있다.[35]

이런 다수결원칙에 의한 비정상적 선거 결과에 대응해, 개혁자들은 주기적으로 주 의회에서 순위선택투표RCV 법안을 제안했지만 아무 소용이 없었다. 2010년 메인 주의 〈선 저널〉은 "순위선택투표제는 두 개 정당이 지배하는 입법부에서 승인 받을 가능성이 거의 없는 대안이다. 우리는 앞으로도 오랫동안 승자 독식 시스템의 지배를 받을 것을 예상해야 한다"라고 평가했다.[36]

이런 예측이 한 가지 간과한 것은 메인 주 시민들이 이용할 수 있는 다양한 민주적 방안들이 존재한다는 사실이다. 르파지의 재선 출마에 관한 여론조사가 마무리되기 전에, 정치공작원으로 변신한 카라 브라운 맥코믹은 이데올로기적 스펙트럼을 넘어 선거 전문가와 지역 지도자, 그리고 일반 시민으로 구성된 선거팀을 구성했다. 그들은 2016년 투표에 적용할 RCV에 관한 법안을 상정하기 위해 6만 명 이상의 서명을 받는 데 성공했다.[37]

맥코믹그룹이 주도한 차임벌린 프로젝트Cheimberlin Project는 기업, 종교 및 학계 지도자들뿐 아니라 수백 명의 현직·전직 정치인들의 지지를 얻기 위해서 '순위선택투표위원회'와 협력했다. 버몬트 주지사와 한때 대통령 후보였던 하워드 딘도 이렇게 말했다. "이번 개혁운동은 메인 주의 목표, '삶을 제대로 살아야 한다'에 부합하는 방법이다. RCV는 민주주의가 지향하는 제도이며 유권자들에게 두 가지 이상의 선택권을 주어 그들이 더 많은 목소리를 낼 수 있게 하는 좋은 해결책이다"라고 말했다.[38] 이 같은 지지에 힘입어, 메인 주 시민들은 2016년에 이 법안을 통과시켰고 메인 주는 RCV를 가장 먼저 채택한 주가 되었다.

메인 주 시민들의 민주적 움직임에 정당의 반격이 시작됐다. 민주당 매튜 던랩 메인 주 국무장관은 "이번 결정은 자동차들이 거리를 불태우는 것 같은 일이 될 것"이라고 주장했다. 던랩이 해당 법안의 실행을 저지하려고 노력할 때도 메인 주 최대 도시 포트랜드는 이미 RCV를 도입했다. 던랩 장관은 포트랜드 시민들이 압도적으로 RCV를 지지하고 있다는 사실을 모르고 있었다.[39]

2017년 2월, 공화당이 장악한 주 상원은 국회의원이 '다수결로 선출되었다'는 조항을 이야기하면서, 메인 주 대법원에 RCV가 주 헌법을 위반했는지 여부를 검토하고 자문 의견을 요청했다.[40] 이 조항은 길드시대 혼란기에 만들어졌는데, 당시에는 당파주의자들이 메인 주를 내전에 참여하게 만든 시점이었다. 그 이면에는 민주당이 장악하고 있던 주 의회가 주지사 선거에서 49퍼센트 이상의 지지율을 획득한 공화당 후보의 승리를 인정하지 않았다는 사실도 영향을 미쳤다.[41] 입법자들은 당파주의 혼란이 극심한 상황 속에서 당연히 메인 주 시민들을 대표해야 하지만, 이런 규칙이 오히려 메인 주 시민들로부터 양당을 보호하는 방식으로 작용했다.

법원은 RCV를 적용해 주 선거를 진행할 수 없다는 판결을 내렸다. 이 의견은 양당을 위한 신의 선물이었다. 결국 양당은 주 헌법을 개정하지 않고 메인 주 사람들을 무시하기 위한 정치적 도구로 법원의 자문 의견을 사용했다.

본회기가 끝난 후 4개월 만에, 메인 주 의회는 10월 23일 단 한 가지 안건을 위한 심야특별회의를 재소집했다. 쟁점은 RCV의 실행을 연기하고, 2021년 말 이전에 헌법 개정안이 통과되지 않으면 해당 법안을 완전히 폐지해야 한다는 것이었다.[42] 이 개정안은 '주 선거뿐 아니라 모든 선거를 대상으로 적용한다'를 명시했다. 정치인들은 '롤 콜Roll Call(유엔에서 사용하는 투표방식 중 하나로, 알파벳순으로 국가를 호명하면 각국 대표가 가부 의사를 표현하는 방식)'로 대중의 의견을 무시한 채 RCV 폐지를 결정했다. 이는 노골적인 당파주의자들의 권력 장악이었고, 맥코믹그룹에 대한 모욕이었다. 맥코믹그룹은 수십만 명에 달하는 메인 주 시민들의 투표 결과가 불과 몇 분 만에 수십 명의 정치인들에 의해 무효화되는 것을 지켜볼 수밖에 없었다.

맥코믹그룹은 패배를 인정하지 않았다. 그들은 시민들이 입법자가 통과시킨 법에 거부권을 행사할 수 있도록 해야 한다는 '시민거부권 캠페인'을 시작했다.[43] 시민거부권을 행사하는 첫 번째 단계는 향후 90일 동안 6만 명의 서명을 모아 RCV를 다시 시민 투표에 적용하는 것이었다. 활동가들이 투표소에서 서명을 받을 수 있었다,

투표소는 정치에 참여할 준비가 되어 있는 시민들이 모이는 중요한 장소다. 메인 주 선거일에 맞춰 해당 사안을 투표에 부치는 데 동의하는 서명을 받지 않으면, RCV 안건은 겨울이 시작되는 시기에 폐기되고 말 것이었다.

그런데 한 가지 문제가 있었다. 양당 정치인들은 시민들에게 대응할 시간을 주지 않을 계획이었다. 선거일은 불과 2주 앞으로 다가왔고, 맥코믹 진영에서는 최대한 빨리 시민거부권 운동을 시작하려고 정신없이 노력했다. 그러나 메인 주 국무장관은 선거 전날, 오후 4시 45분이 되어서야 RCV 안건을 승인했다. 이제 선거까지 14시간밖에 남지 않았다.[44] 그다음에 벌어진 일은 기적에 가까웠다. 그날 밤, 맥코믹은 주 전역 투표소에 배포하기 위해서 탄원서를 복사했고, 탄원서는 자동차와 선박을 이용을 이용해 아침까지 모든 투표소에 비치되었다. 다음날 투표가 끝날 무렵, 3만 3,000명의 서명이 수집되었다.[45] 하지만 이 인원은 필요한 서명의 절반에 불과했다. 그 후 3개월 동안 약 2,000명의 자원봉사자들이 추운 날씨에도 아랑곳하지 않고 식료품점과 쇼핑몰 밖에 서서 시민들의 서명을 수집했다. 그 다음해 2월까지 자원봉사자들은 8만 명이 넘는 시민들의 서명을 모았고, 6월 선거에서 시민거부권을 표결에 부칠 수 있는 충분한 인원을 확보했다.[46]

그러나 다시 양당은 권력으로 반격했다. 던랩은 유권자들을 혼란스럽게 만들기 위해 매우 복잡한 투표용지를 고안했다. 그는 6월 예비선거에서 RCV 안건을 표결에 부치는 것을 거부하겠다는 의사를 표명해 법을 위반한 혐의로 기소까지 됐다. 한편 메인 주 공화당은 RCV 시행을 막기 위해 주와 연방 법원에 소송을 제기했다. 선거운동이 끝날 무렵 시민들이 투표를 시작할 때가 다가오자, 르 페이지 주지사는 RCV를 '세계에서 가장 끔찍한 것'이라고 표현하며, 투표 결과를 승인하지 않을 것이라고 위협했다.[47] 양당의 전술이 너무나도 과격하고 터무니없는 것으로 판명되면서, 처음에는 RCV에 반대했던 지역 신문들조차 5월에는 양당을 비난하는 사설을 실었다. "순위선택투표를 반대하는 것이 잘못된 일은 아니다. 이 안건은 매우 복잡한 문제다. 그러나 이 정도 논의를 하였으면 이제 충분하다. 시민들이 그렇게 이야기하고 있다."[48]

정말 충분했다. RCV를 위한 시간이 다가왔다. 노벨상을 수상한 많은 경제학자들과 〈뉴욕타임스〉가 시민거부권을 지지했다. 소셜미디어에는 인기 배우 제니퍼 로렌스가 지지를 촉구하는 광고가 넘쳐났다. 2018년 6월 13일, 메인 주는 캘리포니아 주의 투표 결과와 마찬가지로 54대 46이라는 결과를 맛봤다. 2년 전 메인 주 얻은 찬성표의 두 배로 RCV가 통과되었다.[50]

통과된 법안은 즉각적으로 효력을 나타냈다. RCV를 이용한 메인 주 국회의원 선출을 위한 제2선거구 초기 투표에서는 현직 후보가 상대다수를 득표했다. 이전 규정에 따르면, 많은 사람들이 다른 후보를 지지했음에도 불구하고 선거는 끝나버렸을 것이다. 하지만 새로운 규칙에 따리 선거는 2차 투표로 진행되었고, 36세의 해병대 참전용사 재러드 골든이 과반수의 지지를 얻어 선출되었다.[51] RCV 반대자들은 연방법원에서 선거 결과에 항소했지만 해배했다. 르 페이지 주지사는 마지못해 선거 결과를 승인해야 했고, 그는 이 결과를 '도난당한 선거'라고 표현했다.[52] 정확히 말하면 양당이 선거를 도난당한 것이라고 할 수 있다. 예전에는 너무나 쉽게 선거에서 이길 수 있었기 때문이다. 이로써 민주주의는 메인 주 시민들에 의해 회복되었다.

스탠퍼드대학 래리 다이아몬드는 비당파주의자들의 승리를 이렇게 표현했다. "최근 분명하게 드러난 정치 투쟁이 더 많은 선택을 원하지 않는 독점적인 양당과 더 많은 선택을 갈망하는 대중 사이의 격차를 노출시켰다. 많은 개혁이 필요하나 순위선택투표제가 '아르키메데스의 지렛대'처럼 작은 힘이 커다란 변화를 만들어 낼 수 있다는 사실을 증명할 것이다."[53]

메인 주가 변화하면서 미국도 변화를 맞고 있다. 변화를 위한 모멘텀이 힘을 얻고 있다. 그리고 우리가 보았듯이 모멘텀은 정치 혁신을 위해 필요한 강력한 힘이다. RCV를 확대하려는 노력은 전국적으로 확산되고 있다. 이미 6개 주가 2020년 예비선거에서 RCV를 이용해서 민주당 대선 후보를 뽑는다.[55] 메인 주는 첫 번째 주였고 결코 마지막 주가 되지는 않을 것이다.

메인 주, 캘리포니아 주, 워싱턴 주의 성공과 좌절 분석으로 정치 혁신을 어떻게 이뤄낼 수 있는지 이해할 수 있었다. 앞으로는 미국의 초기 혁신가들이 미래의 혁신가들이 따라할 수 있는 체크리스트를 제공하게 될 것이다. 그러나 정치 변화의 공간에 있는 많은 사람들이 알고 있듯이, 미네소타 주에서 효과가 있었다고 해서 오클라호마 주에서 바로 효과를 발휘하기는 어려울 것이다. 캘리포니아 주도 또 다른 특이점을 가지고 있을 것이다. 미국의 주들이 가지고 있는 성격과 역사는 큰 장점이지만, 각 주의 고유 상황이 고려되고 반영되지 않으면 어떤 대안도 지속 가능성을 확보할 수 없을 것이다. 일부 주는 이미 성공적인 정치 혁신 경험을 가지고 있다. 하지만, 많은 다른 주는 이제 막 시작 단계에 이르렀다. 일부 주는 민주당과 공화당이 끝없는 싸움에 휘말려 있고, 또 다른 주들은 한 정당이 완전히 장악하고 있다.

주 사이의 미묘한 차이에도 불구하고, 최종후보 5명을 선출하는 방안을 어떻게 실행할 것인지 생각할 때 적용해야 하는 원칙은 그 자체로 충분히 가치가 있는 제안이다. 큰 결정부터 구체적 사안에 이르기까지 실행가능성을 최대화할 수 있도록 개별 사안의 순서를 정하는 것이 중요하다. 3만 피트의 상공에서 내려다볼 정도로 광범위한 시각을 바탕으로 원칙이 제공되어야 한다고 주장하지 않을 것이다. 개별 지역이 중심이 되어야 한다. 캐서린은 위스콘신 주에 기반을 둔 초당파적 민주주의 확립운동의 공동 창립자이자 공동 의장으로서, 최종후보 5명을 선출하는 제도를 통과시키기 위해 끊임

없이 노력하고 있다. 우리는 이 원칙을 제안하는 데 그치지 않고 원칙을 실행하기 위해서 싸우고 있다.

선거 혁신을 위한 원칙

우리는 '정치 혁신의 정점'을 '시민이 성취 가능성을 희생하지 않고 제공하는 최대의 힘'으로 규정한다. 모든 주들이 가능한 모든 사안에서 정점에 도달하고 싶겠지만, 정점의 구체적인 내용은 주마다 다를 가능성이 높다. 앞서 배운 바와 같이 올바른 혁신 의제, 즉 '좋은 아이디어'만으로는 충분하지 않다. 중요한 것은 어떻게 해야 진정한 정치 혁신을 이룰 수 있는지 이해하고, 혁신을 이루기 위한 많은 지원 세력을 모으는 것이다. 선거 혁신을 위한 세 가지 원칙에 관해 알아보자.

반드시 초당파적이어야 한다

언제나 정치 혁신을 실패로 만드는 것은 '당파주의'다. 당파주의는 이사회, 자금조달자 등 어디에나 존재한다. 따라서 공화당과 민주당, 무소속 의원을 모두 참여시키기 위해 노력해야 하며, 아무도 배제해서는 안 된다. 최종후보 5명을 선출하는 초당파적 노력에 당파주의적 의제를 추가해서는 안 된다.

2018년 5월, 캐서린과 위스콘신 주 밀워키의 저명한 정치계 지도자들이 한 행사를 열었다. 그 행사에서 '정치 게임 규칙을 바꾸어야 할 필요성'에 관한 발표가 끝난 후, 린드 울린과 앤디 누네메이커가 무대에 올랐다. 평생 민주당원이었던 울린은 위스콘신 주에서 가장 진보적인 조직과 후보자를 후원하는 인물이었다. 공화당의 누네메이커는 2016년 대통령 선거 당시 위스콘신 주에서 도널드 트럼프를 위한 기금 모금 행사를 주최했었다. 울린이 말했다. "우리는 투표와 정책, 선거에 대해 서로 다른 의견을 가지고 있다는 사실을 인정했다. 앤디와 나는 무엇이 가치가 있고 중요한지, 어떻게 투표할 것인지에 관한 생각을 바꾸지 않았다."

누네메이커가 덧붙여 말했다. "그러나 우리는 현재 시스템이 미국이라는 위대한 국가에 정의롭지 않다는 사실을 인정한다. 우리의 정치적 도전에 장기적인 해결책을 제시하지 못하고 있으며, 이는 분열을 조장한다."

400명의 참석자들에게 울린과 누네메이커는 위스콘신 주 선거 규칙을 바꾸기 위해서 함께 일하고 있다고 선언했다. 그들은 지금도 여전히 그 일을 하고 있다. 지금은 훨씬 더 큰 조직이 되었지만, 처음 그 일을 시작한 초기의 모든 구성원들이 함께 일하고 있다.

콜로라도 주의 초기 혁신가이자 〈포춘〉 선정 500대 기업 CEO였던 켄트 티리는 자신의 성공 원인이 노아의 방주 접근법에 있다고 밝혔다.[56] 티리는 콜로라도 주의 독립 선거구 획정위원회를 만드는 캠페인을 시작했을 때, 우파와 좌파 조직을 모두 끌어들였을 뿐 아니라, 캠페인에 공화당원 한 명이 참여할 때마다 민주당원 한 명을 추가로 참여시키는 간단한 규칙을 따랐다. 이런 균형은 정치적 파장을 극복하는 데 큰 도움을 주었고 유권자들이 선거구 개혁을 한 정당이 다른 정당에 우위를 점하려는 시도로 선거구 개혁을 이해하지 않고 정치-산업복합체로부터 시민의 통제권을 다시 찾아오기 위한 노력으로 생각하도록 만들었다. 강력한 힘을 발휘하는 정치 시스템을 만들기 위해 분열보다 단결을 설계하며, 이는 혁신을 확산하는 과정에서도 고려되어야 한다.

핵심은 '지역화'다

미국 민주주의의 규칙 변화는 개별 주에 거주하는 시민들이 주도했다. 성공적인 주 단위 노력의 핵심은 헌신적인 시민들이다. 메인주에서 노련한 정치 요원 역할을 수행한 카라 맥코믹과 미시간 주의 케이티 파헤이를 떠올릴 수 있다. 변화에 앞서 지역 특수성을 이해하고, 주 전역에 걸쳐 여러 유대관계를 형성해야 하며 다양한 선거구를 참여시키는 일이 중요하다.

다시 말하지만, 50개 주의 독특한 성격과 역사는 미국이 가진 장점이지만, 주의 차이를 고려하지 않으면, 오히려 개혁을 저해하는 요인이 될 수 있다. 더구나 기능 장애를 겪고 있는 정치 산업의 부산물이라고 할 수 있는 전국적인 지역주의 운동Localism Movement은 지역사회와 이웃에 뿌리를 두고 있다. 〈뉴욕타임스〉 칼럼니스트 데이비드 브룩스는 "요즘 지역주의가 만연한 이유는 국가보다 도시 단위에서 더 쉽게 일관된 정체성을 찾을 수 있기 때문이다"라고 분석했다. 그리고 국가 단위 정치는 미디어 필터를 통해 이루어지는 반면, 지역 정치는 대체로 그렇지 않기 때문이라고 덧붙였다. 또한 지역주의는 사회 신뢰도가 낮은 시대에 번성하기 쉬우며 사람들은 자신의 주변에서 형성되는 관계만 신뢰하는 경향이 있다. 이런 지역사회에서 형성되는 신뢰는 변화를 만드는 원동력이 되고 있다.[57]

지역 지도자들은 어떻게 조직해야 할까? 주 단위에서 형성된 혁신 노력을 국가 차원의 개혁 그룹에 통째로 아웃소싱하는 것을 권장하지는 않지만, 일부 국가 단체가 가진 주 단위 조직은 신생 기업 운영과 기금 모금 등에 활용할 수 있는, 평판이 좋은 입증된 플랫폼을 제공하는 것이 가능하다. 가령 캘리포니아 주 코먼 코즈는 선거구 개혁을 이뤄낸 중요한 세력이었다. 국가 전문가와 협력할 수 있는 새로운 조직을 만든 지역 지도자들도 있다.

핵심 지지층을 만들어라

'이기는 연대'는 반드시 네 개의 핵심 지지층을 가지고 있다.

① 일반 시민: 조직된 지역 사원 봉사지
② 지역 내 유력지지층: 기부자, 기업·시민 지도자, 금융 자본, 인프라

구조, 전문가 조언 및 네트워크를 제공하는 국가 조직

③ 정치 지도자: 입법 장애물을 극복하는 데 도움을 줄 수 있는 사람

④ 저명한 오피니언 리더: 캠페인의 격을 높이고 지지를 표시할 수 있는 편집위원회Editorial Boards 같은 그룹이나 개인

기존 관행과 정치적 반대를 이겨내는 일은 큰 도전이 될 수 있지만, 4대 지지층이 맡은 역할을 수행하고 연대하면 얼마든지 성공하는 도전으로 만들 수 있다. 투표제도 개혁과 입법 운동은 표면적으로는 달라 보이지만, 공통 연결고리를 가지고 있다. 성공적인 캠페인은 투표제도 개혁과 입법을 위한 활동을 도와 유권자들을 설득하고 그들에게 동기를 부여한다.

핵심 지지층의 연대는 선거 혁신을 위한 원칙이라기보다는 삶의 모습이라고 할 수 있다. 선거 혁신을 해내는 데 있어 강력한 집단의 저항도 예상할 수 있어야 한다. 정치 혁신은 바람직하지 못한 경쟁을 파괴할 것이며, 정치 산업이 만든 당파적 이익 구조를 무너뜨릴 것이다. 정치를 지배하고 있는 양당은 혁신을 막기 위해 온힘을 쏟을 테지만 현재 정치제도가 얼마나 큰 기능 장애를 겪고 있는지 알고 있으며, 용감하게 문제를 제기할 수 있는 현직·전직 국회의원들도 있다. 우리는 그들의 설득력과 지도력을 활용해 정치 혁신을 추진할 수도 있다.

연대하는 캠페인의 필요성은 정치 혁신 과정에서 많은 저항 때문

에 존재한다. 따라서 목표를 달성하기 위해서는 더 열심히, 더 똑똑하게 노력해야 한다. 기존 정당은 이 책에서 모두 설명하기 어려울 만큼 유리한 이점을 많이 가지고 있다. 선거 혁신에 성공해도, 그 성공은 겨우 1단계를 통과한 것에 지나지 않는다. 메인 주의 경우, 법안 통과 이후에도 실행을 위해 또 다른 노력을 기울여야 했다. 이는 메인 주에만 적용되는 이야기가 아니다. 거의 모든 주에서 기존 정당은 정치 혁신을 바라는 시민의 의지를 저지하기 위해서 법적 조치를 취했다. 따라서 모든 캠페인은 초기 캠페인이 끝난 후 적어도 몇 년 동안 지속될 수 있는 장기적 전투에 대비해야 한다.

'장기전 피하기'가 완전히 불가능한 것은 아니다. 콜로라도 주에서 성공한 티리의 캠페인은 이후 기존 정당들의 도전을 받지 않았다. 그와 그의 협력자들은 처음부터 거의 모든 진영의 국회의원들을 캠페인에 참여시키기 위해 적극적으로 노력하였고, 그런 노력으로 저항 세력을 막아낼 수 있었다. 사전에 저항과 반대를 대비하는 계획을 가지고 있어야 한다. 저항과 반대를 막는 가장 좋은 계획은 기존 정치 시스템에서 최대한 많은 아군을 확보하는 것이다.

입법 혁신을 위한 원칙

많은 시민들이 선거를 바꾸기 위한 조치를 취했고, 성공 사례가 늘고 있다. 우리의 최우선과제는 최종후보 5명을 선출하는 선거제도에 초점을 맞추고, 교착 상태에 빠진 민주주의 병목현상을 해소하는 것이다. 앞서 이야기했듯이 정치 혁신의 다음 순서는 입법 혁신이다. 의회가 어떻게 일하는지에 관해 잘 아는 시민은 거의 없다. 의회에서 일을 처리하는 과정이 불투명하게 이루어지고 지루하기 때문에 시민의 관심을 유발하기 어렵기 때문이다.

입법 게임의 규칙을 바꾸는 기회가 생기기도 한다. 한 세대에 한 번 올까 말까 한 기회다. 일단 최종후보 5명을 선출하는 지역이 생기면, 우리는 다음 정치 혁신 물결을 타기 위해 '절차적 혁신가 Procedural Entrepresures'를 찾아 지원에 나설 수 있다.

정치학자 로저 데이비드슨이 말했다. "모든 시대에, 적어도 몇몇 국회의원은 자신들이 속한 기관에 상당한 관심을 가진다. 의회가 어떻게 작동하는지, 어떻게 장점을 살려 더욱 강해질 수 있는지, 어떻게 하면 그 효과를 극대화할 수 있을지 말이다.[58] 이런 의원들은 '절차적 혁신가'로 불린다." 입법자 대다수가 의회의 기존 업무 방식에 갇히고, 규칙이 만든 제약 속에서 최선을 다해 게임하는 방법을 배우는데, 이때 잘못된 현상을 바꾸려고 노력하는 내부 혁신가들은 실패를 맛본다. 의회는 좋은 아이디어였지만 행동으로 옮기지 못한 시도들의 잔해로 가득 차게 된다. 다양한 위원회가 문제를 제기하지만, 곧 교착 상태에 빠지고 그들의 보고서가 먼지에 뒤덮이는 광경을 지켜보아야 한다.

2019년에 시작된 의회 내부의 혁신 노력이 있다. 그 해 1월, 왜 의회가 미국 시민들을 퇴보시켰는지, 그리고 이 문제에 어떻게 대응해야 하는지 조사하기 위해 의회 특별위원회가 설립되었다. 〈워싱턴포스트〉는 이 특별위원회를 두고 이렇게 적었다. "의회에서 가장 중요한 위원회 중 하나지만, 임시사무실과 두 명의 직원뿐이다. 청문회가 개최될 때는 다른 위원회가 사용하는 공간을 빌려야 했다. 하지만 이런 상황 속에서도 특별위원회는 제116차 국회에서 중요한 일을 할 수 있는 초당파적 접근을 추진 중이다."[59]

특별위원회는 해당 입법부의 실행력에 방해가 되는 규칙과 과정을 조사했다. 급여와 직원 교육, 행정 효율성 같은 문제와 관련 있는 사례와 의회 연구 역량 투자 같은 제안을 이야기했다. 보다 야심 찬 제안으로는 '뉴트 깅리치 의장이 초당파주의 인프라를 해체한 이후 어려움을 겪고 있던 입법 지원기관인 기술평가사무소를 다시 설립하자'도 있었다. 총 40가지 권고안을 만장일치로 작성했는데, 모든 권고안은 소속 정당과 상관없이 의원들의 일하는 능력 개선에 도움이 되는 것이었다. 이 책을 집필하고 있는 지금까지 특별위원회가 제안했던 권고안 중 채택된 것은 없지만, 특별위원회는 이론적으로 입법 혁신이 가능하다는 사실을 증명했으며, 시민들이 권고안을 지지했다는 점에서 의미가 있었다.

그러나 우리는 특별위원회가 완전히 혁신적인 방법으로 입법 구조를 재설계할 것이라고 기대해서는 안 된다. 위원회를 만드는 것은 개혁지향직인 국회의원들이 주도하는 절제된 노력 중 하나이며, 의회 전반에 걸쳐 매뉴얼을 수정하는 정도의 적극적 운동은 아니다. 위원회를 만든 이유는 내부 협상 결과에 따른 것이며, 오늘날 최고 권력을 가진 정당 지도부가 당파주의적 입법기구를 근본적으로 바꾸어야 한다는 인식에서 출범한 것은 아니었다. 입법 혁신을 위한 노력은 아직 초기 단계에 있지만, 의회 내부에 절차적 혁신가들이 존재하고 있다는 사실을 알게 되면 더욱 용기를 낼 수 있을 것이다. 또한 오래 전에 연방과 주 차원의 입법 혁신을 요구했던 네브라스카 주의 조지 노리스 같은 선도적 혁신가에게서 배울 수도 있다.

1910년, 하원에서 10년 동안 의원 활동을 한 진보주의적 혁신가, 상원의원 노리스는 당파주의 입법기구를 해체하는 이른바 캐논 반란을 주도했다(4장 참조). 존 에프 케네디는 저서《용기 있는 사람들 Profiles in Courage》에 노리스의 사례를 기록했다.[60] 노리스는 연공서열주의를 도입해 정당의 압력으로부터 분리된 초당파주의적 위원회를 중심으로 하는 입법기구 혁신을 이야기했다. 노리스가 제안한 구조는 향후 수십 년 동안 정교하게 다듬어져서 이상적인 의회의 모습(앞서 이야기한 〈Schoolhouse Rock〉 참조)을 만들었다.

1913년부터 1943년까지 30년간 상원으로 재임한 노리스는 워싱턴 D.C.뿐만 아니라 고향인 네브라스카 주에서도 좋은 정부를 만드는 개혁운동을 추진한 바 있다.[61] 입법부를 개편해 당파주의를 없애려고 노력한 콘후스커스는 끝내 목표를 이루지 못했고 1930년대 대공황 시기, 정부에 대한 시민들의 불만은 최고조에 달했다.[62] 이때 고향으로 돌아온 노리스가 개혁운동을 주도했다.[63] 노리스는 주 전역의 저명한 시민들과 뭉쳐 입법모델위원회를 만들었고, 이를 기반으로 네브래스카 주를 위한 새로운 입법기구 청사진을 그렸다.[64] 미국 변호사협회와 은행가협회, 전직·현직 의원들, 주류 언론의 반대에도 불구하고, 노리스는 1934년 11월, 투표제도를 활용해 개혁안을 통과시켰다.[65] 당시 매우 혁명적이지만 합리적이었던 입법 기구의 모습은 오늘날까지도 그대로 유지되고 있다.

네브래스카 주 의회에는 단일 입법부 '네브래스카 유니카메랄 Nebraska Unikameral Legislature'이 있었다. 노리스는 '단원 체제Single-house System'가 매우 중요하다고 인식했다. 그는 상원과 하원 사이에 존재하는 차이를 조정하기 위해서 비공개 밀실회의를 하거나 소회의와 소위원회를 이용하는 것이 특별 이익집단의 이익을 추구하는 온상이라고 믿었기 때문이다.

그러나 네브래스카 주 입법부의 단원 체제보다 더 흥미로운 것이 있다. 네브래스카 주의 진정한 혁신은 '초당파주의적 입법 기구'였다.[66] 네브래스카 주 의회에도 공화당과 민주당이 있지만 의원들은 다수당과 소수당으로 나뉘지 않고 동등한 자격을 부여받아 일했다.[67] 당 대표나 원내총무도 없었다.[68] 위원회의 의장과 직책은 당파주의적 운영위원회가 아니라 초당파주의적 위원회에 의해서 결정됐다.[69] 의장은 다수당의 의제를 수행하는 당파주의적 관료로 일하지 않있고 모든 주 의회 의원들을 대리했다.[70] 주 의회의 초대 의장 찰스 워너는 "우리는 어떤 정당이나 단체에 충성할 의무가 없다. 우리의 역할은 네브라스카 주의 모든 시민을 위해 일하는 것이다"라고 말했다.[71] 이 덕분에 실제로 좋은 결과가 나타났다. 다른 주보다 정당 간 대립하는 투표는 사례가 훨씬 적었으며[72] 사안마다 정당 간 연합이 형성되었다.[73] 입법자들이 정당의 노선에서 벗어나서 법안에 대한 투표를 하는 것 은 결코 쉬운 일이 아니다.[74] 2014년, 네브라스카 유니카메랄은 구성원 대다수가 공화당원이었지만 공화당 주지사가 예산안에 거부권 행사를 무시했다.[75] 2015년에는 주지사가 사형제도를 폐지하는 법안에 거부권을 행사했지만 네브라스카 유니카메랄은 법안을 통과시켰다.[76] 2016년에는 불법 이민자들이 전문직 면허를 취득할 수 있도록 허용하는 법안에 대한 주지사의 거부권을 무산시켰다.[77] 당파주의 충성 서약이 사라지자, 주지사는 유권자들에게 보다 당파적인 공화당 후보를 선출해줄 것을 호소했다. 그러자 양당 소속 의원들은 공동성명을 발표해 "우리는 특정 정당을 위해 일하지 않으며, 네브라스카 주 헌법을 수호할 것"이라고 밝혔다.[78]

우리가 해야 할 일은 네브라스카 주의 구조와 윤리를 워싱턴 D.C.로 가져와 당파주의 통제를 없애고 공익을 위한 해결책을 도모하는 입법부를 만드는 것이다. 네브라스카 주의 뒤를 이어 문제 해결의 모범 사례를 만들기 위해서 미국 의회를 재설계해야 한다. 5장에서 제안했듯이, 이러한 재설계를 위해서는 네브라스카 주의 입법

모델위원회와 비슷한 새로운 위원회를 만들어 미국 의회를 위한 청
사진을 그려야 한다.[79]

민주주의를 바로세울 때다

미국독립혁명에 앞장선 토마스 페인은 1776년, 《상식Common
Sense》에 당시의 시대정신을 다음과 같이 서술했다. "우리는 다시
세상을 건설할 수 있는 힘을 가지고 있다." 만약 그의 이야기가 식민
지의 사람들의 호응을 받지 못했다면 이 대담한 생각은 그저 열망
적이기만 했을 것이다. 거의 250년이 지난 지금도 미국독립혁명 정
신은 많은 사람들에게 반향을 일으키고 있으며 메인 주와 캘리포니
아 주 같은 주의 성공적인 정치 혁신 사례가 민주주의를 되살린다.

하지만 많은 이들의 마음속에는 정치 혁신 회의론이 자리 잡고
있다. '만약 최종후보 5명을 선출하는 투표제도가 그렇게 강력했다
면, 오래전에 그런 효과를 알고 이미 실행되었어야 하는 것 아닐까?',
'적어도 한 번 정도는 그런 투표제도를 들어보지 않았을까?' 생각
이 들 수도 있다. 그러나 혁신은 정치는 물론 어떤 분야에서도 그렇
게 쉽게 작동하지 않는다. 대부분의 경우 아이디어가 혁신이 되기까
지 상당히 많은 시간이 걸린다. 애플과 페이스북도 소수에 의해 시
작된 혁신이다. 특히 정치적 혁신은 새로운 아이디어가 확산되기 전

에 그런 아이디어를 폐기하려고 노력하는 정치-산업복합체가 존재하기 때문에 더 어렵다.

진보주의시대를 생각해보라. 어느 정도 추진력을 얻은 후에야 혁신이 확산되었다. 정치 혁신의 성공은 그룹을 형성하고, 정보를 확산시키면서 시민들이 지속적으로 노력할 때 가능한 일이다. 아이디어 제시만으로는 결코 충분하지 않다. 우리가 직접 나서서 혁신을 추진해야 한다.

우리는 이제 최종후보 5명을 선출하는 아이디어를 확산시켜야 하고, 몇몇에 불과했던 초기 혁신가들 대신 전국에 걸친 캠페인을 추진해 아이디어가 채택되고 실행되도록 이끌어야 한다. 앞서 언급한 민주주의의 실험들 덕분에 우리는 어떻게 성공할 수 있는지, 어떻게 실패하게 되는지도 알고 있다. 직접 나서지 않으면 어떤 결과도 얻을 수 없다는 사실도 잘 알고 있다. 물론 개별 주가 독특한 역사를 가지고 있고, 정치 환경과 정당 충성도, 민주적 제도 등 다른 모습을 하고 있는 것도 많다. 정치 혁신은 많은 주에서 다양한 주체가 현명하게 판단할 때, 또 지속적으로 노력할 때 이룰 수 있다. 혁신적인 정치개혁은 주가 크든 작든, 공화당이든 민주당이든 어느 곳에서나 가능하다. 미국에는 50개 주가 있고, 많은 주가 정치 혁신 불꽃이 피어나기를 기다리고 있다.

이제 당신이 나설 차례다. 정치 혁신 불꽃을 피우려면 정치 무력감을 떨쳐버리고, 회의적 자세를 주도적 리더십으로 바꿔야 한다.

우리는 민주주의 체제 속 무력한 존재가 아니며 구경꾼도 아니다. 정치 혁신을 만들어야 하는 주체다. 전 위스콘신 상원의원이자 '싸움꾼 밥Fighting Bob'이라는 별명을 가진 로버트 폴렛은 이렇게 말했다. "미국은 만들어지지 않고 만들고 있다. 정부 대표를 만들고 유지하기 위해 끝없는 투쟁을 하고 있다. 소극적인 시민이어서는 안 된다. 잘못된 일을 공격적으로 추진하는 이들로부터 정부를 구해내려면, 시민들이 옳은 일을 실천하는 데 필요한 공격적 자세를 가져야 한다."[80]

정치인들이 모든 사람이 평등하다는 생각을 바탕으로 나라를 세운 사람들을 대표하지 않는다면, 납세를 거부해야 한다. 다시 시민들이 새로운 국가를 만들기 위해 모여야 한다. 새로운 국가는 존 매케인이 말했듯이 "크고, 웅장하고, 싸우고, 절제하며, 노력하고, 대담하고, 아름답고, 풍부하고, 용감하고, 웅장한 국가"다.[81]

다시 민주주의를 바로세울 때다. 개혁을 위한 에너지가 시민을 기다리고 있다. 현재 미국은 목표를 향한 일관된 전략과 통일된 행동이 아닌 산발적이고 충동적인 대응을 하고 있다. 이런 접근법은 이제 바뀌어야 한다. 문제의 근본 원인을 해결하는 데 에너지를 집중해야 한다. 바람직하지 않은 경쟁을 조장하는 정치 시스템이 문제다. 가장 먼저 해야 할 일은 최종후보 5명을 선출하는 투표제도를 만드는 것이며, 이를 통해서 정지 산입 경쟁의 성격을 바꿔야 한다.

미국 정부가 진정한 다수를 대표하지 않고 정치와 관련 있는 사람 다수를 대표하고 있다는 이야기가 종종 들린다. 대다수 시민이 투표에 참여해왔고 일부는 후보자를 지원해 더 깊이 정치에 참여했다. 소수는 정책에 대해 목소리를 내는 역할도 했다. 하지만 이 모든 것들이 정치 혁신을 해내기에는 충분하지 않다는 사실이 밝혀졌다. 이제 우리 스스로 게임의 규칙을 바꿔야 한다.

우리 앞에 놓인 공통 과제는 공익과 정치 산업의 건전한 경쟁을 회복하기 위한 정치제도 개혁이다. 당파주의적 입장으로 후퇴하거나 정치에서 완전히 벗어날 수 없다. 민주주의를 위해 싸워야 한다. 이 싸움은 여러 선거구의 일치된 노력을 필요로 한다. 시민이 직접 나서야 할 때가 왔다.

결론: 정치 혁신에 투자하라

이 책의 집필을 시작하면서, 정치 산업이 공공 제도 속에 숨은 민간 산업이라는 사실을 중요하게 드러내고자 했다. 이 사실을 조명한 일은 우리가 처한 현실이 더 이상 '언덕 위 빛나는 도시Shining City on a Hill'가 아니라는 사실을 인식함으로써, 혁신해야 하는 상황을 보게 해주었다. 이제 모든 사람에게 아메리칸 드림을 이룰 수 있다고 믿지 않게 됐다. 위대한 국가를 만들기 위한 실험을 지속할 수 있을지에 대해서도 확신이 서지 않는다.

우리가 사랑하는 미국이 무너지고 있는 지금, 무엇을 해야 할까? 우선 선거제도 혁신을 이뤄야 한다. 전국 모든 주에서 최종후보 5명을 선출하는 투표제도 법안을 통과시켜야 한다. 이 조치는 연방의 선출직 의원들이 자신의 의사결정에 책임을 지게 만들 것이다. 또한 공익을 위한 노력과 재선 성공 사이의 인과관계를 높일 것이다. 다음으로 정당 간 타협을 이뤄 문제를 해결하는 입법 과정, 비당파적인 입법 제도, 최고의 입법부를 만들어야 한다. 이 같은 정치 혁신이 건전한 경쟁과 바람직한 타협을 이끌 수 있다. 또 민주주의 원칙을 적용해 민주주의가 재편성될 것이며, 모두가 절실히 원하는 중요한 결과를 만들어줄 것이다.

결론을 내리고 행동에 나서라고 요청하기 전에 중요한 하나의 사실을 명확히 밝히고자 한다. 현재 미국 정치 산업은 문제가 있는 설계다. 그러나 거의 모든 시민이 현재 시스템을 고칠 수 있는 '개인 대행Personal Agency'을 가지고 있지 않다. 개인 대행은 '삶을 형성하는데 영향을 주는 주체적 능력에 대한 자기인식'을 의미한다. '개인 대행이 있다'는 것은 나를 둘러싼 구조를 바꿀 수 있는 능력과 기회를 가졌다는 의미다. 지난 수십 년간 민주적, 경제적, 사회적 쇠퇴가 미국 내부의 격차뿐 아니라 기회의 격차를 늘렸다. 특히, 개인 대행 격차가 크게 벌어졌다. 대다수의 미국인들은 그저 삶을 살아내느라 정신이 없다. 자신들을 둘러싼 견고하게 제도화된 구조에 도전하기 위해 개인 대행을 활용해 생계를 위태롭게 만들 수 있는 시민은 극히 드물다. 충분히 개인 대행을 신경 쓸 수 있는 사람들 역시, 실행을 통해 의미 있는 변화를 만드는 장소에 입장하기 위해 비싼 값을 지불해야 한다.

우리가 추진하는 일에 공감하는 사람들에게 충분히 들어 알고 있다. 당신이 어떤 사람인지 어느 정도 이해하고 있다. 사업가든, 기술자든, 자선사업가든, 정치가든 간에 당신은 아마도 시간, 전문지식, 자원, 네트워크를 통해 주변 세상에 영향을 미칠 수 있다. 당신은 마음만 먹으면 얼마든지 중요한 실행을 할 수 있다. 즉, 적극적으로 투자하면 탄소 배출량 감소 또는 새로운 규제 실행, 오래된 규제 폐지 같은 의미 있는 결과를 얻을 수 있다.

사람들은 그동안 정치를 매력적인 투자로 여기지 않았고 기존 구조 때문에 당연히 기득권을 가지고 있는 정당이나 사람에게 투자했다. 어떤 투자자들은 게임의 승리를 경험하기도 했다. 세금 감면, 이로운 판결 또는 새로운 사회보장 프로그램 혜택을 예로 들 수 있다. 정치에 투자하는 또 다른 사람들은 원칙적으로 시민이 지지하는 정부 개혁을 위해 노력하는 이들에게 몰입한다. 그러나 좋은 정부를 만들기 위한 개혁 중 시민에게 인기가 높은 개혁안들은 강력하지 않거나, 성취하기 어려운, 혹은 둘 다인 경우가 많다. 그리고 그 개혁의 승리는 냉정한 위안 정도다.

당신은 선택권을 가지고 있다. 지금처럼 당신의 개인 대행을 다른 곳에 계속해서 사용할 수 있지만, 이 선택을 하면 정치-산업복합체를 영속시키는 일을 간접적으로 실행하게 된다. 그렇지 않으면 대리인을 재조정해서 당파적 교착상태를 타개하고 민주주의를 살리기 위한 21세기 정치 혁신의 물결을 더욱 크게 일으킬 수도 있다. 변화가 없으면, 정치 시스템은 교육과 환경, 경제에 더욱 큰 해를 끼칠 것이다.

어릴 때, 아버지는 "국민 대다수에게는 가족과 이웃을 부양할 만큼 충분한 기회가 주어지지 않는다"고 말했다. 많은 것을 가진 사람들에게 상대적으로 더 많은 것을 기대해야 한다. 정치시스템이 통제되지 않아 발생하는 결과는 이미 기정사실이다. 엄마와 아빠, 아들과 딸, 친구와 동료의 생계와 미래는 우리가 투자하는 정치적 혁신에 달려 있다. 그러나 시민 모두에게 정치혁신을 촉진하기 위해서 자신의 개인 대행을 투자하라는 요구는 현실적이지도 않고 공평하지도 않다.

처음 나의 방향성을 재조정했을 때, 사람들은 내게 다음 계획에 대해서 물어보곤 했다. 정치적 혁신 의제와 구체적인 계획을 그들에게 설명하면, 그들은 비웃으며 "행운을 빌겠습니다"라고 말했다. 그들과 함께 체념하고 수용하는 일은 쉽다. 그러나 이 작업은 매우 중요한 일이며, 국가안보를 위해서, 세계적 관점에서도 매우 중요한 사안이다. 해외에 있는 군인, 그리고 두 개의 직업을 가져야 살아갈 수 있는 미혼모들, 교사와 소방관, 사회평론가도 할 이야기가 있을 것이다.

2017년 여름, 정치에 관한 첫 번째 보고서의 마지막 부분을 작성하는 몇 주 동안 갓 태어난 아기를 무릎에 두고 일했다. 테디 루스벨트는 이렇게 말할 것이다. "중요한 것은 얼마나 좋은 논평을 작성하느냐가 아니고, 행동하는 사람들이 어떻게 더 잘할 수 있는지를 지적하는 것도 아니다. 실제로 현장에 뛰어들어 큰 뜻을 위해 자신을 희생하는 사람들이 중요하다. 그들은 결국 승리할 것이라는 사실을 알고 있으며, 최악의 경우 실패한다고 해도, 위대한 모습으로 실패할 것이다. 그들은 적어도 승리도, 패배도 모르는 소심한 영혼이라는 평가는 받지 않을 것이다."

나는 당신에게 간단한 질문을 던지고 싶다. 제 기능을 하지 못하는 정치 산업이 국가의 번영 과 안보를 계속 결정하게 둘 것인가, 당신이 결정할 것인가? 내가 간절하게 희망하는 것처럼 당신이 결정하기를 원한다면, 정치 혁신을 이루는 최선의 방법이 무엇인지를 생각해야 한다.

어떻게 투자할 것인가: 전파하고 참여하며 기금을 모아라

정치 혁신 투자는 정치 혁신의 혜택을 많은 사람들에게 알리고 전파하는 것으로 시작된다. 당신이 거주하는 주에서 혁신 캠페인에 참여할 수 있다. 다른 사람들이 노력하지 않으면, 당신이 직접 캠페인을 시작할 수도 있다.

전파하라

이 책의 역할은 정치라는 연못에 돌을 던지는 것이다. 책에서 강조한 메시지가 퍼져나가려면 당신도 돌을 던져야 한다. 특히 당신이 접근할 수 있는 개인 주위에 메시지를 떨어뜨려야 한다. 당신이 주지사를 알고 있다면 이 책을 주지사에게 주어야 한다. 지역 신문의 편집자를 알고 있다면, 최종후보 5명을 선출하는 투표제도에 지지를 요청해야 한다. 선거 후보들에게 자금을 기부하고 있다면, 그들에게 정치 혁신을 위해서 싸우지 않으면 기부를 중단하겠다고 말해야 한다.

많은 사람들이 정치에 혐오감을 느끼면서도 아무것도 바꿀 수 없다고 잘못 생각하고 있다. 위기가 심각해질수록 정치에 대한 논의를 할 기회가 많아진다. 논의할 기회가 생길 때마다 지금의 정치가 현재처럼 흘러가서는 안 된다고 목소리를 높여야 한다. 현재의 미국 정치는 역기능이 너무나 많지만, 우리에게는 더 나은 결과를 제공하는 새로운 시스템을 설계할 힘이 있다고 말해야 한다. 트위터, 이메일 등을 활용해 반복해서 동일한 메시지를 보내야 한다. 웹사이트(www.politicalinnovation.us)에 제공된 기사, 팟캐스트, 비디오를 주위 사람들게 공유해야 한다.

침묵에 빠져서는 안 된다. 정치적으로 정당한 일이 정치적 대화를 보호해야 한다. 정치 토론에 대한 혐오감은 정치-산업복합체가 만들어내는 양극화 현상 때문에 일어나는 것이라는 사실을 기억해야 한다. 당신이 침묵을 지키지 않고 나서서 하는 이야기가 미국 정치를 혁신하는 해독제다. 이 사실을 열심히 전파하는 것이 그 어떤 책보다 더 많은 영향을 미칠 것이다.

이렇게 생각해 보자. 만약 당신의 가까운 친구나 가족이 끔찍한 상황에 처해 있고 당신이 해결책을 알고 있다면, 당신은 해결책을 전달하기 위해서 최선을 다할 것이다. 민주주의도 같은 열정을 필요로 한다. 모임, 비즈니스 행사 등 곳곳에서 정치 이야기를 시작해야 할 때다. 지난해 비행기에서 나란히 앉은 사람들에게 이런 이야기를 전달하는 데 100퍼센트 성공률을 기록했다. 당신의 눈앞에 나타난 사람들을 그냥 지나치지 말아야 한다.

참여하라

당신이 만약 직접민주주의를 활용할 수 있는 주에 살고 있다면, 다음 선거 주기에 최종후보 5명을 선출하는 투표제도와 순위선택 투표방식을 채택하기 위한 초당파주의적 투표 캠페인에 지지를 표시할 수 있다. 그렇지 않은 주에 거주한다면, 집단적 시민 권력을 이용해 연대 및 로비 활동을 조직해 선출직 의원들이 개혁안을 법안으로 만들어 통과시켜줄 것을 요구할 수 있다.

이런 일에 나설 사람이 당신 혼자만 있지는 않을 것이다. 많은 사람들의 노력 덕분에, 마침내 정치 혁신 사업이 형성되었고 계속 성장하고 있다. 앞서 이야기한 웹사이트에 정치 혁신을 구현하기 위한 조직이 전국에 많이 있고, 이들을 위해 어떤 투자를 할 수 있는지 알 수 있는 가이드가 있다. 마이클과 나는 유나이티드 아메리카, 리더십 나우, 민주주의 파운드 등 몇 개 조직과 관계를 맺고 있다. 크고 많은 조직들이 여러 주에 걸쳐 지부를 가지고 있기 때문에, 혁신가들은 당신 지역에서도 열심히 운동을 하고 있을 것이다. 아직 초기 단계인 정치 혁신 산업은 새로운 조직과 캠페인이 늘어나면서 활력을 찾고 있다. 최신 상황을 파악하거나, 활동하고 있는 조직을 확인하고 참여 방법을 알고 싶다면, 웹사이트에 방문해 더 자세한 내용을 확인해 보기 바란다.

설립하라

만약 당신이 살고 있는 주에서 최종후보 5명을 선출하는 투표제도를 위한 캠페인이 이루어지지 않고 있다면 당신이 캠페인을 만들고 추진해야 한다. 앞서 논의한 것처럼 모든 캠페인은 헌신적인 지역 지도자들이 그룹을 결성해서 시작해야 한다. 당신이 바로 당신 지역의 지도자가 될 수도 있다. 당신은 기존의 정치 산업은 강력한 힘을 가지고 있다. 오픈 프라이머리Open Primaries, 페어보트FairVote, 레프리젠트어스RepresentUs 같은 전국 단위의 혁신 조직들이 당신의 노력을 기꺼이 지원할 것이다. 내가 이사회에 일원으로 참여하고 있는 유나이티드아메리카펀드와 아놀드재단 같은 단체는 투자할 정치 혁신 캠페인을 적극적으로 모색하고 있다. 마거릿 미드의 말을 기억하라. "생각이 깊고 헌신적인 작은 시민집단이 세상을 바꿀 수 있다는 사실을 의심하지 마라. 이것이야말로 우리가 가지고 있는 유일한 힘이다."

워런 버핏과 멜린다 게이츠가 기부 서약을 한 이후 세계에서 가장 부유한 수백 명의 개인이 자선단체에 재산의 절반 이상을 기부하겠다고 약속했으며, 수천억 달러 규모에 도달했다. 이는 빙산의 일각이다. 2017년, 대의를 위해 기부된 연간 자선기부금은 4,100억 달러에 달했다. 봉사에 참여한 시민들도 있다. 2017년, 연방정부와 주정부는 회계 연도에 연방 및 주정부는 4주마다 약 4,050억 달러를 지출했다.[1] 자선 사업이 효과적인 정부를 대체할 수는 없다. 세계 최대의 자선재단을 운영하는 멜린다 게이츠는 말했다. "재단을 시작하면서 처음 배운 교훈 중 하나는 겸손이었다. 우리가 가진 재원은 전 세계에서 발생하는 다양한 필요성에 비하면, 양동이에 물 한 방울을 더하는 정도에 불과했고, 비슷한 필요성을 충족시키기 위해 매년 정부가 사용하는 자금에 비해서도 너무나 작은 규모였다."[2] 멜린다 게이츠 재단은 500억 달러 이상의 재원을 보유하고 있다. 상당한 규모처럼 보일 수도 있지만 게이츠의 지적을 떠올려보자. "캘리포니아 주가 공립학교를 운영하기 위해 1년 동안 사용하는 예산이 우리 재단이 보유하고 있는 재원 전체보다 많다."[3]

오늘날 정치 시스템은 사회·경제적 진보를 이루는 데 가장 큰 장애물로 작용한다. 문제는 더욱 커져가고, 우리 사회를 점점 더 분열과 위기로 몰아가고 있기 때문에, 더 이상 예전 같은 오래된 접근법에 의존할 수 없다. 우리는 새로운 자선 사업, 정치 자선 사업이 필요하다. 정치 자선 사업은 오늘날 가능한 투자 중에서 가장 큰 잠재적 수익을 창출한다. 거대한 지렛대 효과를 내기 때문이다.

능력 있는 헤지펀드 매니저는 자산을 운용할 때 부채를 활용해 승수효과를 만들어내는 레브리지 효과를 알고 있을 것이다. 우리가 개인의 기부만으로 사회의 문제를 해결하려고 힘들게 노력하기보다는, 제한된 자원을 보다 효과적으로 활용하기 위해 정치적 자선 활동을 통해 더 나은 정부를 만드는 방법을 사용할 수 있다. 캘리포니아 주 정치 캠페인의 공동설립자인 데이비드 크레인은 정부 운영과 정책의 선택과 이행을 조금만 개선하면 훨씬 더 효과적으로 정부 지출을 관리할 수 있다고 주장한다. 이 개선은 국가적 차원의 건강관리, 공교육, 빈곤 퇴치 노력 및 시민 생활에 진정한 변화를 일으키는 것은 물론이고, 수많은 다른 분야에도 큰 영향을 미칠 것이다.[4] 그러므로 이제는 이런 사안에 관심 있는 기부자들이 자선 기부금의 일부를 민주주의 활성화로 전환할 때가 되었다. 경제 지도자들이 일어나, 캠페인에 참여해야 할 때가 온 것이다.

많은 기업이 당파주의적 게임의 양쪽 참여자에게 협력함으로써, 국가적 차원에서 경쟁력 약화에 기여했다. 그러나 너무 쉽게 기업들이 포기하도록 해서는 안 된다. 중요한 것은 기능적이고 건강한 민주주의가 우리의 인프라, 교육 시스템이나 환경보다 훨씬 큰 가치를 만들 수 있는 자원이라는 사실이다. 기업과 기업 리더들은 이 사실을 누구보다 잘 이해할 수 있으며, 병든 공공자원이 되어버린 민주주의를 보호하는 데 기여할 수 있는 위치에 있다. 기업보다 혁신을 더 효과적으로 전파할 주체가 있을까? 기업보다 건전한 경쟁의 힘과 바람직하지 못한 경쟁의 위험을 잘 이해하고, 전문 지식을 활용할 수 있는 주체는 없다.

이 책을 읽기 전에는 워싱턴 D.C.에서 법안에 자신들에게 유리한 항목을 포함시키기를 바란 재계 지도자들이 지금쯤에는 다른 견해를 가지고 있을지도 모른다. 우리는 이제 기업들이 정치 혁신을 위한 캠페인을 설립하고 이끌면서 자금을 조달하는, 보다 고무적이고 혁신적인 역할을 할 수 있다는 사실을 이해하기를 희망한다.

기업은 책에서 제안한 구조적 정치 혁신을 공개적으로 지원하고, 새로운 기준과 모범 사례를 만들기 위한 단체에 참여함으로써, 망가진 정치를 고치는 데 기여할 수 있다. 동시에 비즈니스 환경 전반을 개선할 수 있으며, 기업이 소유한 특수 이익이 문제의 근본 원인이라는 대중의 생각도 바꿀 수 있을 것이다. 이제 새로운 비즈니스의 장을 마련해야 한다. 손익계산만을 중심으로 생각하는 사고에서 벗어나 보다 종합적인 균형을 추구해야 한다.

기업 지도자들과 정치 자선 사업가들은 자신들의 노력을 거주하는 주에 국한해서는 안 된다. 앞서 논의한 바와 같이, 최종 5명의 후보를 선출하는 투표제도는 50개 주에서 해당 제도가 시행되기 전에도 매우 강력한 효과를 발휘할 것이다. 몇 개 주에서 먼저 의회의 문제들을 해결하고 정치 시스템이 생산하는 결과를 바꾸는 주축세력을 만들고, 바람직한 경쟁을 회복할 수 있다면 충분하다. 정치 자선 사업가들은 유나이티드 아메리카에 기금을 더하거나, 전국에서 가장 유망한 정치 혁신 캠페인을 찾아 지역 주민과 함께 기금을 마련할 수 있다.

많은 사람이 정치적 혁신을 위해 어떻게 해야 하는지를 물었다. 중요한 질문이다. 나는 정치적 자선사업가, 즉 '모든 시민의 이익을 위해 특별한 관심을 가지는 사람들'이 오늘날 다른 어떤 활동보다 높은 수익률을 제공할 것이라고 생각한다.[5] 투자 규모를 확대하자. 캘리포니아 주 같이 큰 주에서는 최종후보 5명을 선출하는 투표제도를 추진하는 데 2,000만~2,500만 달러가 든다. 작은 주는 약 500만 달러가 필요하다. 20개 주가 각 1,500만 달러를 책정하면, 3억 달러가 든다. 이렇게 산출된 3억 달러는 2016년 연방 선거를 위해 지출한 수십억 달러의 비용 대비 5퍼센트에도 못 미치는 액수다. 이렇게 사용하는 3억 달러는 정부가 지출한 4조 달러의 자금 집행보다 지속 가능한 효과를 만들 것이며, 민주주의를 바로세울 것이다. 이는 강력하면서 달성 가능한 일이다. 이 책에 담은 민주주의의 실험실은 이런 나의 생각이 옳다는 것을 증명하고 올바른 정치를 만들기 위해 무엇을 바꾸어야 하는지 증명할 것이다. 우리는 정부가 국민이 혜택을 받는 시스템으로 정부를 바꿀 것이다.

열정은 잠시 제쳐두고, 중요한 미국 정치 혁신 시기를 되돌아보자. 1787년 여름, 어떤 필라델피아 홀에 수십 명의 대표단이 모였다. 10년 전, 이곳에서 더 많은 수의 대표단이 미국 독립을 선언했다. 같은 장소였지만 10년 전과 분위기는 달랐다. 불가능해 보이던 영국으로부터의 독립과 전쟁 승리를 이룬 미국은 붕괴 직전에 처해 있었다. 연방정부는 파산했고, 전쟁자금을 마련하느라 쌓인 빚을 갚기 위해 필요한 돈을 모으는 절차도 없었다. 개별 주도 비슷한 위기에 직면해 있었다. 일부 주에서는 새로운 화폐를 발행해서 인플레이션을 일으켜 부채 부담을 줄이려고 했지만, 이 같은 방법은 혼란을 야기했다. 세금을 인상한 주에서는 무장 반란이 일어났다. 문제가 커지면서 많은 주에서 다리를 올려 이웃 주들과 무역을 막았다. 이렇게 추진된 보호주의는 경기침체를 더욱 심화시켰고, 이전의 대공황보다 더 안 좋은 결과를 가져왔다. 미국이 살아남을 수 있을지 아무도 확신하지 못했다.

헌법을 만들기 위해 모인 대표자들은 이런 문제들의 원인이 정치 시스템에 있다는 사실을 알고 있었다. 혁명전쟁이 시작됐을 때, 급하게 작성된 연방 조항은 새로운 나라를 발전시키고 식민지들을 하나로 묶는 일을 실패로 이끌었다. 필라델피아의 여름 4개월은 헌법 초안자들의 토론과 싸움, 타협이 이루어진 시기였다.

그해 9월, 미국 헌법의 최종 초안에 서명을 마친 벤자민 프랭클린 대표는 조지 워싱턴이 앉아 있던 팔걸이의자에 새겨진 태양을 바라

보며 이렇게 말했다. "나는 대통령 뒤에서 저 태양을 종종 보았지만, 태양이 떠오르고 있는지, 지고 있는지 알 수 없었다. 하지만 지금, 태양은 떠오르고 있으며 저물지 않는다는 사실을 알게 됐다."[6] 그러나 프랭클린은 미국이 계속해서 상승세일 것인지에 대해서는 확신할 수 없었다. 프랭클린이 독립기념관에서 걸어 나오자, 구경꾼들이 새로운 헌법을 엿보려고 모여 들었다. 그때 한 여인이 물었다. "그럼 우리가 만든 국가는 공화국인가요, 아니면 군주제 국가인가요?" 프랭클린은 천천히 일어서며 재치 있게 대답했다. "당신이 지킬 수 있다면 공화국입니다."[7]

과연 우리는 지켜낼 수 있을까? 주어진 도전을 마주하자. 우리가 함께하겠다.

들어가기 전에

1. 데이빗 포스터 윌리스, "This Is Water", 2005년 5월 21일 졸업식 연설, https://fs.blog/2012/04/david-foster-wallace-this-is-water

2. 2019년 사회진보지수 데이터 분석에 근거했다.

3. 미키 에드위즈, 《The Parties Versus the People: How th Turn Republicans and Democrats into Americans》, 예일대학출판부, 2012

4. '정치-산업복합체'라는 용어는 다음과 같은 선행 연구에서도 사용되었다. 제럴드 서 스먼, 《Global Electioneering: Campaign Consulting, Communications, and Corporate Financing》, 로만&리틀필드출판부, 2005. 로렌스 갈리지오 외, 《The Global Reproduction of American Politics》, 2003

5. 로버트 보트라이트는 예비선거의 기원을 2000년대에 만들어진 우파의 Club for Growth, 좌파의 MoveOnOrg에서 찾았다. 앤 아버, 《Getting Primaried: The Changing Politics of Congressional Primary Challenges》, 미시간대학출판부. 2013

6. 2004년 'to primary'라는 표현이 등장한 이후, 이데올로기적 도전은 점점 더 보편 화되었다. 6번의 선거가 있었던 지난 10년(2006~2016년) 동안 18번의 선거가 있었 던 이전보다 더 많은 이데올로기적 도전(74개)이 있었다. 다른 유형의 예비선거 도전 과 마찬가지로 이데올로기저 도전은 성공하지 못했다. 주목할 만한 이데올로기적 도 전(예: 기존 의원이 75% 미만의 득표를 받은 예비선거) 중에서도 도전자가 하원의원 선거에서 기존 의원을 패배시킨 경우는 8%밖에 되지 않는다(1970년 이후 총 12회).

따라시 2014년, 에릭 칸토의 공화당 예비선거 패배 같은 이야기는 예외적인 일이다.

7. 사무엘 토스. "The Political Duopoly: Antitrust Applicability to Political Parties and the Commission on Presidential Debates", 웨스턴 로 리뷰. 2013

8. 마이클 포터,《The Five Competitive Forces That Shape Strategy》HBRP, 2008

9. '더 많은 선택, 더 많은 목소리, 더 나은 결과'는 메인 주의 성공적인 순위선택투표 캠페인에서 만든 슬로건, '더 많은 선택, 더 많은 목소리'을 기반으로 한다.

10. 야차 몽크가 훌륭하게 설명해두었다.《The People vs. Democracy: Why Our Freedom Is in Danger and How to Save It》, 하버드대학출판부, 2018

1장

1. Washington's Farewell Address 1796, http://avalon.law.yale.edu/18th century/washing.asp.

2. 〈Founders Online: From Thomas Jefferson to Francis Hopkinson〉, 국립문서기록보관소, 1789

3. 프란시스 맥콜,《Rosenbluth and Ian Shapiro, Responsible Parties: Saving Democracy from Itself》, 예일대학출판부, 2018

4. 20세기 초의 경제학자 조셉 슘페터가 처음으로 정당을 기업, 유권자를 고객, 투표를 통화, 정책을 제품에 비유한 것으로 알려져 있다.

5. 마이클 포터 외 〈Why Competition in the Politics Industry Is Failing America: A Strategy for Reinvigorating Our Democracy〉 하버드비즈니스스쿨, 2017

6. 뇌물 수수를 제안하는 것이 아니다. '지불'이 문자 그대로의 의미로 사용되지 않았다.

7. 일관성 있게 보수적이거나 진보적인 유권자들은 예비선거에서 투표할 가능성이 훨씬 더 높다. 예비선거 투표자는 더 이념적일 뿐만 아니라 종종 정치적 현안에 관심 갖는다.

8. 상원의원 선거에 대한 추정치는 일관되지 않았으며, 세 개 추정치의 평균이 사용되었다.

9. 마이클 맥도널드, 〈2016 and 2008 Presidential Nomination Contest Turnout Rates〉United States Elections Project, 2017

10. 비공개 예비선거를 관리하는 규칙은 주마다 크게 다른데, 세 가지 기본 형식을 취한다. 첫째, 폐쇄형 예비선거는 등록된 정당 구성원으로만 투표를 제한하며, 유권자는 투표소에 도착하기 전에 정당 소속을 선언해야 한다. 둘째, 반폐쇄형 예비선거는 비당원 유권자를 대하는 방식이 다르다. 일부 주에서는 정당이 비당원의 투표 권리를 정할 수 있다. 나머지 주에서는 예비선거에서 투표를 정당 등록의 한 형태로 고려한다. 셋째, 전당대회에서 주 또는 정당은 유권자가 후보에 대한 지지를 공개적으로 표시해 투표하는 회의를 주선한다(예: 손을 들거나 같은 그룹으로 묶는다).

11. https://www.opensecrets.org/industries/indus.php?cycle= 2016&ind=H

12. "Dark Money Basics", https://www.opensecrets.org/dark-money/ basics

13. "Revolving Door: Former Members of the 114th Congress", The Center for Responsive Politics, 2017

14. 리 드루트먼과 알렉산더 푸르나스는 계약 로비스트(즉, 특정 회사 직원이 아닌 로비스트)의 데이터 세트를 구성했다. 2012년에는 적극적인 계약 로비스트의 44%가 전직 공무원이었다. 이는 1998년의 17.8%에서 증가한 수치다. 그러나 전직 관료나 의원 출신 로비스트의 존재는 이 수치에서 약간 과장될 수 있다. 허셀과 라피라는 전직 관료나 의원 출신 로비스트가 그렇지 않은 로비스트보다 훨씬 더 등록 가능성이 크다는 사실을 발견했다. 이 전직 관료들은 로비 성공에 큰 영향을 미친다.

15. 마틴 길렌스, 《Testing Theories of American Politics: Elites, Interest Groups, and Average Citizens》, 2014

16. 니커슨과 로저스는 캠페인 데이터 분석이 어떻게 주요 경쟁우위를 가져올 수 있는지 설명한다. 그들은 다음과 같이 밝혔다. "캠페인 데이터 분석가는 시민이 특정 정치적 행동을 수행하고 후보자와 이슈를 지원하며 선택적 개입에 대응할 가능성을 예측하는 모델을 개발한다."

17. 컴캐스트는 "케이블 통신 광고 수익은 정치 광고 수익의 증가로 2016년에 9.6 % 증가했다. 2015년 광고 수익은 정치 광고 수익 감소로 전년 대비 3.8% 감소했다"라고 밝혔다.

18. 미틴 존슨 외,《More a Symptom Than a Cause: Polarization and Partisan News Media in America》, 케임브리지대학출판부, 2015

19. 폴 레스터 포드,《New York and London: G. Putnam's Sons》, 1904

20. 〈The Observer〉, 밀러, 1961

21. 애덤 셰인게이트,《Building a Business of Politics: The Rise of Political Consulting and the Transformation of American Democracy》, 2016

22. 데이빗 돗슨은 2018년 와이오밍 주 공화당 상원의원 예비선거에서 존 바로소 상원의원에게 도전했을 때 공급업체에 대한 독과점의 힘을 직접 경험했다. "내가 CEO였을 때 수백만 달러의 사업을 지시했던 로펌을 고용하려고 하자 민주당을 위해서만 일할 수 있다고 설명하면서 나를 외면했다. 내가 공화당을 위해 일하는 것으로 알려진 로펌에 연락했을 때 그 회사는 전체 관행을 위반할 수 있기 때문에 기존 의원에 맞서는 후보를 위해 일할 수 없다고 말했다. 신뢰할 수 있는 예비선거를 실행하기 위한 조직을 구축하려고 노력하는 동안 캠페인 직원할 때나 마케팅 회사를 고용할 때도 이 문제는 반복됐다."

23. 조나단 마틴, "Republican Campaign Committee Pushes Back Against Conservative Group," New York Times Blog, 2013

24. 로라 바론 로페즈, "New DCCC Chair Bustos Vows To Stay on Offense in 2020", https://www.politico.com/story/2019/01/06/dccc-chair-cheri-bustos-2020-1058174.

25. 예산 추정치는 미국 공공정책연구기관의 최신 수익 데이터를 기반으로 하였다. 수익 데이터의 출처는 Guidestar와 연간보고서다.

26. 테비 트로이, "Devaluing the Think Tank", http://www.nationalaffairs.com/publications/detail/devaluing-the-think-tank.

27. 제임스 맥간, 〈2015 Global Go To Think Tank Index Report〉, 2016

28. "Vital Statistics on Congress", Brookings Institution

29. 드루트먼 외,《Why Congress Relies on Lobbyists Instead of Thinking for Itself》, Atlantic, 2015

30. "Lobbying Data Summary", https:// www.opensecrets.org/lobby/, 2017

31. 에즈라 클라인, "Corporations Now Spend More Lobbying Congress than Taxpayers Spend Funding Congress", Vox, 2015,

32. 정치-산업 복합체의 직접지출은 정치가 다른 산업에 미치는 경제적 영향을 충분히 포착하지 못한다. 연구원들은 연방 세금 절감, 보다 유리한 규정 제정, 기업 사기 탐지 지연, 연방 자원 할당의 증가 같은 로비 활동과 관련된 여러 유형의 수익을 확인했다. 우리는 이러한 결과를 아래 목록에 있는 6개의 광범위한 범주로 분류한다: 로비 및 무역 정책, 법적 재량, 자산 구제 프로그램 지원, 공공 부문(교육기관, 도시), 에너지 부문

33. 합계는 2017~2018년 주기에 해당한다.

34. 1860년 이래 가장 주목할 만한 정당인 진보당Bull Moose Party의 시작은 1912년부터 1916년까지의 시기로 거슬러 올라간다. 진보당은 테디 루스벨트가 1912년 공화당 후보로 지명되지 않았을 때, 그의 대통령령 출마를 위해 설립됐다. 오늘날 가장 주목할 만한 제3정당인 자유당과 녹색당에서 각각 매년 수많은 후보가 출마하지만, 그들은 아직 의회 또는 주지사 선거에서 승리하지 못했다.

35. "The Budget and Economic Outlook: 2017 to 2027", https://www.cbo.gov/publication/52370.

36. "Contribution Limits", https://www.fec.gov/help-candidates-and-committees/candidate-taking-receipts/contribution-limits/.

37. 〈Dysfunction and Deadlock: The Enforcement Crisis at the Federal Election Commission Reveals the Unlikelihood of Draining the Swamp〉, 연방선거관리위원회, 2017

38. 〈$2 Billion Worth of Free Media for Donald Trump〉, 뉴욕타임스, 2016

39. "Farewell Address, Delivered January 17, 1961", https://americanrhetoric.com/ speeches/dwightdeisenhowerfarewell.html.

40. 2015~2016년 인플레이션을 고려한 총 선거비용은 1999~2000년에 비해 60%가 증가했다. 2016년 총 예상비용에는 PAC의 간접비 지출이 포함되며, 이는 의회선거에 기인한다. 총 비용은 '연방 선거에 영향을 미치려는 대통령 후보, 상원 및 하원 후보, 정당 및 독립 이익 단체가 지출한 모든 돈'에 해당

한다.

41. 마이클 포터 외 〈Why Competition in the Politics Industry Is Failing America: A Strategy for Reinvigorating Our Democracy〉 하버드비즈니스스쿨, 2017

42. 〈Political Advertising in 2016: The Presidential Election as Outlier?〉, Journal of Applied Research in Contemporary Politics, 2017

43. 추정치는 주로 정치를 다루는 주요 TV 프로그램의 정치 보도에서 얻은 광고 수익을 나타낸다.

44. 정치 프로그램으로 벌어들인 미디어 광고수익은 Kantar Media가 제공한 광고 수익 데이터 분석을 기반으로 한다.

45. 총 일자리는 등록된 로비스트, 정당 또는 당파적 공공정책연구기관의 직원, 연간소득이 $ 1만 5,080달러(연방 정규직 최저 임금 근로자의 연간 소득)이상인 개인의 수에 대한 추정치를 반영한다.

46. 주지사, 입법부 및 기타 주 공직 후보자들은 2018년 선거 기부금으로 22억 달러를 모금했다. 로비, 광고 등 다른 모든 지출 채널을 추가하면 선거에 지출되는 자금은 막대한 정치 산업의 규모를 보여준다.

47. 김수린 외, 〈Boehner joins the not-quite-a-lobbyist ranks〉, 대응정치센터, 2016

48. "Democracy Market Analysis 1.0: Highlights", https://app.box.com/s/62p88nxqny80x3efgya079fgt6k92q3j

49. 2016년 주정부 및 지방 정부를 포함한 총 부가가치에 대한 국내총생산의 부가가치에 의해 결정된 산업 규모와 합산되지 않은 경제분석국Bureau of Economic Analysis 산업을 비교했다.

2장

1. 사무엘 토트, "The Political Duopoly: Antitrust Applicability to Political Parties and the Commission on Presidential Debates", https://scholarlycommons.law.case.edu/cgi/viewcontent.cgi?article=1180&context=caselrev.

2. "Deteriorating Democracy: How the Commission for Presidential

Debates Undermines Democracy", https://www.opendebates.org/pdfs/REPORT2.pdf.

3. 뉴턴 미노우가 이끄는 하버드대학 정치대학원의 위원회도 비슷한 결론을 내렸다.

4. 〈Deteriorating Democracy〉, 브레넌정의센터

5. Hunter, Electing the President

6. 필 가일리, "Democrats and Republicans Form Panel to Hold Presidential Debates", 뉴욕타임스, https://www.nytimes.com/1987/02/19/us/democrats-and-republicans-form-panel-to-hold-presidential-debates.html?pagewanted=1.

7. 〈Deteriorating Democracy〉, 브레넌정의센터

8. 사무엘 토트, "The Political Duopoly: Antitrust Applicability to Political Parties and the Commission on Presidential Debates", https://scholarlycommons.law.case.edu/cgi/viewcontent.cgi?article=1180&context=caselrev.

9. 조지 파라,《No Debate: How the Republican and Democratic Parties Secretly Control the Presidential Debate》, 세븐스토리즈출판, 2004

10. 〈Deteriorating Democracy〉, 브레넌정의센터

11. "Opinion: Fixing the Presidential Debates", https://www.nytimes.com/1996/09/18/opinion/fixing-the-presidential-debates.html.

12. "About the CPD", https://www.debates.org/about-cpd/

13. Level the Playing Field 소송의 일부로 제시된 데이터다. "청원서의 사실적 제출의 핵심은 CPD의 15% 기준이 독립 또는 제3정당 후보를 배제하도록 설계되었음을 보여주는 두 개의 보고서로 구성된다. 클리포드 영이 작성한 첫 번째 보고서는 15%의 임계값에 도달하려면 후보자는 60~80%의 인지도를 가져야 한다고 결론지었다. 더글라스 숀이 작성한 두 번째 보고서는 제3정당 또는 독립 후보가 60% 인지도 달성을 위해 들이는 비용이 2억 6,600만 달러 이상이 될 것이라고 추정한다."

14. 〈Political Typology Reveals Deep Fissures on the Right and the Left〉, 퓨 리서치센터

15. 미키 에드워즈, 〈How to Turn Democrats and Republicans into Americans in Politics to the Extreme: American Political Institutions in the Twenty-First Century〉, 2010

16. 제프 젤러니, 〈G.O.P. Leaders Say Delaware Upset Damages Senate Hopes〉, 뉴욕타임스, 2010

17. 에드 호닉, 〈Christine O'Donnell: From 'witchcraft' to Tea Party favorite〉, CNN, 2010

18. 〈O'Donnell Winning Tea Party, Losing Delaware〉, 페어레이디킨슨대학 PublicMind, 2010,

19. 에드워즈, "How to Turn Democrats and Republicans into Americans", 폴리틱스투더익스트림

20. 미키 에드워즈, 〈The Case for Transcending Partisanship〉, Daedalus 142호, 2013

21. "Sore Loser Laws in the 50 States", https://ballotpedia.org/Sore_loser_laws_in_the_50_states.

22. 이 수치는 워싱턴 주와 캘리포니아 주가 초당파적 예비선거를 채택한 이후 우리는 초당파적 예비선거를 소어-루저법의 한 형태로 분류하지 않는다.

23. 〈Can't Win for Losing〉, 뉴욕타임스, 2006

24. "The Worst Ballot Access Laws in the United States", https://www.fairvote.org/the-worst-ballot-access-laws-in-the-united-states.

25. 캔터는 원래 타협지향적인 정치인이 아니었다. "지난 몇 년 동안 캔터가 하원 의장이 된다면 민주당과 협력하여 통치할 필요가 있는 동시에 통제 불가능해 보이는 GOP를 관장해야 한다는 사실이 드러났다. 그는 John Boehner 의장의 최고 라이벌에서, 예를 들어, 부채 한도에 대한 거래를 기꺼이 하는 것과 같이, 보다 화해적인 보수주의자로 천천히 진화했다. 그는 또한 공화당 회의에 참석한 대부분의 동료들보다 보수 정책의 대안을 명확히 하는 데 더 많은 시간과 에너지를 투자하기 시작했다."

26. 카메론 이즐리, "America's Most and Least Popular Governors: Q1 2018 Rankings" Morning Consult, 2018

27. 그렉 올먼,《A Declaration of Independents: How We Can Break the

Two-Party Stranglehold and Restore the American Dream》, 그린리프 북그룹출판, 2016

28. 리 드루트먼, 《Breaking the Two-P rty Doom Loop: The Case for Multiparty Democracy in America》, 옥스퍼드대학출판부, 2020

29. 러셀 베르만, "Cruz: Political 'tsunami' needed to win fight to defund Obamacare", 2013

30. 월터 올레섹, "The Government Shutdown of 2013: A Perspective", 2017

31. 리안 콜드엘, 〈Architect of the Brink: Meet the Man behind the Government Shutdown〉, CNN, 2013

32. 에릭 크럽크, 〈How We Got Here: A Shutdown Timeline〉, 내셔널퍼블릭라디오, 2013

33. 브래드 플루머, 〈Absolutely Everything You Need to Know about How the Government Shutdown Will Work〉, 워싱턴포스트, 2013

34. 월터 올레섹, "The Government Shutdown of 2013: A Perspective", 2017

35. 사라 바인더, 〈Oh, 113th Congress Hastert Rule, We Hardly Knew Ye!〉 브루킹스연구소, 2013

36. 슈세너 월시, 〈The Costs of the Government Shutdown〉 ABC News, 2013

37. 의회에서 당의 권력이 시간이 지남에 따라 크게 변하지 않았다고 주장한다. 이 관점은 '카르텔 이론'과 관련이 있다.

38. 슬, "The Changing Textbook Congress"

39. 존 알드리히 외, 《Richard Fenno's Theory of Congressional Committees and the Partisan Polarization of the House》, CQ출판, 2001

40. 의회에 대한 다음의 유명한 연구는 다음과 같은 주장과 함께 이 시기에 활동한 비주류 정당을 합산했다. "당을 분석 단위로 가정하는 미국 의회에 대한 이론적 접근은 얼마가지 않을 것이다. 따라서, 우리는 두 정당이 아닌 535명의 남녀로 구성된 개별 의원들을 조사 단위로 하였다."

41. 위원회의 역할에 반대되는 설명에 대해 분배 이론은 위원회 시스템이 본질적으로 지역 주민에게 인기 있는 정책을 통과시키기 위한 관할권 간 협상이자 빈틈없는 교섭 시스템이라고 강조한다.

42. 데이비드 로드 외, "The House in A Time of Crisis", 1995

43. 샘 로젠펠드, 《The Case for House Democratic Caucus Action against Rep. John Bell Williams and Rep. Albert W Watson》, 시카고대학출판부, 2018

44. 셉슬, "The Changing Textbook Congress"

45. Placeholder for missing cite, TK

46. "A Case for Stronger Congressional Committees", https://www.rstreet.org/wp-content/uploads/2016/08/66.pdf.

47. 이러한 메시지는 위원회 위원장을 통해 전달되었으며, 위원장들은 이에 대응하여 행동을 바꿨다.

48. 월터 올레섹, 〈The Cannon Centenary Conference: The Changing Nature of the Speakership"Joint Commission on Printing〉, 2003

49. 브루스 오펜하이머 외, 〈The House in a Time of Crisis, 2001

50. 폴 글래스트리스 외, 〈The Big Lobotomy: How Republicans Made Congress Stupid〉, 워싱턴먼슬리, 2014

51. 저스틴 워너, "The Congressional Futures Offices: A Modern Model for Science & Technology Expertise in Congress", Belfer Center for Science & International Affairs, 2019

52. 폴 케인 외, 〈How Congress Stopped Working〉, 프로퍼블리카, 2018

53. 조지 크로포드 외, 〈How to Fix Congress in One Step〉, 폴리티코, 2018

54. 매케이 코핀스, 〈The Man Who Broke Politics〉, 애틀랜틱, 2018

55. "Here's How Much the Democratic Party Charges to Be on Each House Committee", https://theintercept. com/2019/09/03/dccc-house-committees-dues/

56. 예를 들어, 낸시 펠로시는 2007년 존 딩겔이 하원의장 선출 선거에서 그녀를 반대하고 에너지 법안에 일치하지 않는 의견을 보이자, 이후 그를 에너지통상위원회 위원장직에서 해임했다.

57. 의장은 더 이상 독립적인 주체가 아니며 종종 다수당의 꼭두각시가 된다. 데니스 해스터트는 "실패하면 더 이상 의장이 될 수 없다는 것을 알고 있기 때문에 의장이 지도부의 의제를 이행할 것이다"라고 솔직하게 말했다.

58. 캐서린 피어슨 외, 《The House Leadership in an Era of Partisan Warfare》, Bruce Oppenheimer and Lawrence Dodd Congress

59. S.M.테리오트 외, 〈Congressional dysfunction: An Information Processing Perspective〉, Regulation & Governance 10호, 2016

60. 바바라 싱클레어, 《Unorthodox Lawmaking: New Legislative Processes in the U.S. Congress 5th Edition》 CQ출판, 2016

61. "1980년대 후반에는 5개 중 1개의 주요 조치가 위원회를 거치지 않았다. 이는 1990년대 의회에서 평균 10분의 1로 떨어졌지만 2001년부터 2006년까지 의회에서는 평균 5분의 1 다시 증가했으며 2007년부터 2014년까지 3분의 1로 다시 증가했다."

62. 이는 공화당이 1995년 하원을 장악했을 때 깅리치가 'Contract with America'를 신속하게 통과시키기 위해 태스크포스팀을 만들었을 때를 참고한 것이다.

63. 전통적인 '정규 질서'를 정의하는 위원회 프로세스 밖에서 만들어지는 카피 등 그들은 정규 질서를 지키는 지 여부가 당파적인 법안통과 투표와 관련이 없음을 확인하였다. 그들은 24명의 의회 의원들 및 고위 의회 직원들과의 인터뷰를 바탕으로 당파적 이득을 얻는 것 이외에도 효율성, 비밀 유지 및 유연성과 같은 이유로 정통적이지 않은 법안 창안 프로세스가 사용된다고 주장한다.

64. 브루스 오펜하이머의 말처럼 규칙위원회는 이제 '지도부의 팔'이다. 입법자들은 재선을 위해 정치 창업가로도 보이기를 원한다. 따라서 그들의 선거 성공 여부는 그들의 법안과 수정안을 기꺼이 제출하려는 다수 지도부의 의지에 달려 있다.

65. 엄밀히 말하면, 의회 의원들은 퇴원 청원서 Discharge Petition를 사용해 규칙위원회를 빠져나갈 수 있다. 218명의 의원이 퇴원 청원서에 서명하면, 청원서에 명시된 규칙에 따라 법안이 제출된다. 1993년, 퇴원 규칙은 의회 기록 Congress Record에 모든 퇴원 청원(discharge petitions) 서명한 의원의 이

름을 정기적으로 게시하도록 변경했다. 2002년 매케인-피잉골드(McCain-Feingold) 선거자금 개혁은 이 세 가지 법안 중 하나였다.

66. 데이비드 호킹, "Topic for Debate: Time to End Congressional Debates?", 2018

67. 흥미롭게도, 상원은 하원과 비슷한 수준의 양극화를 경험했지만, 상원의 정당들은 입법 기구에 대한 동일한 수준의 통제권을 가지고 있지 않다. 당의 의제 통제는 상원 규칙에 의해 축소되는데, 일반적으로 수정안을 제한할 수 없다(즉, 폐쇄된 규칙은 없음). 지난 50년 동안 당이 상원에서의 권력을 공고히 하기 위한 조치를 취하지 않았다는 뜻은 아니다.

68. Congress.gov 2017년 8월 접속

69. 공화당 세제안 회의에서 상원 원내에 대한 웨이든 성명Statement, 2017년,

70. "Lobbying Index Beats the Market", https://www.barrons.com/articles/lobbying-index-beats-the-market-1524863200.

3장

1. 이데올로기적 선호는 롤-콜roll-call 투표에 기반을 두고 있다. 프랜시스 리가 설명하듯이, 롤콜 투표는 두 가지 주요 이유로 진정한 의미의 이념적 선호를 포착하지 못할 수 있다. 첫째, roll-call 투표는 하원 표결을 위한 법안에 대한 투표만 포착한다. 앞으로 보겠지만, 지난 수십 년 동안 당 지도부가 입법 기구를 장악했기 때문에, 정당의 단합을 깨고 초당적지지를 얻을 수 있는 법안을 체계적으로 선별해왔다. 이것이 우리가 의회에서 볼 것이라 기대하는 중도온건파의 수를 줄이는 경향이 있다. 둘째로, 오늘날 많은 표(ACA를 폐지하고 대체하려는 시도와 같은)가 성사되지 않을 것이다. 대표들은 공공 정책에 대해 투표하는 것이 아니라 메시징Messaging에 투표하고 있다. 그럼에도 불구하고, 이러한 'show votes'에 대한 정당 통합 증가 수치는 여전히 당의 힘과 당파 경쟁 간 기능 장애를 나타낸다.

2. 의회 효율성에 대한 많은 연구는 시간이 지남에 따라 제정된 법률 감소 추세를 보여준다. 그러나 이러한 계산에는 일반적으로 commemorative법이 포함된다. commemorative법은 우리의 일상생활에 의미 있는 영향을 끼치지 않는다. 건물의 이름 혹은 새로운 휴일을 지정하는 일을 포함한다.

3. "In Interview, Outgoing House Speaker Ryan Says He Doesn't See Himself Ever Running Again", https://www.jsonline.com/story/news/2018/04/11/interview-outgoing-house-speaker-ryan-says-he-doesnt-see-himself-ever-running-again/508830002/

4. "Public Trust in Government: 1958-2017", https://www.people-press.org/2015/11/23/public-trust-in-government-1958-2015/

5. "Congress and the Public", https://news.gallupcom/poll/1600/congress-public.aspx.

6. "Spoiler Alert: Why Americans' Desires for a Third Party are Unlikely to Come Ture", https://www.voterstudygroup.org/publication/spoiler-alert.

7. 수치는 갤럽의 당 가입에 대한 여론 조사에서 계산된 연간 평균이다.

8. "Gallup Poll Social Series: Governance, Question 20", https://news.gallup.com/file/poll/219977/170927ThirdParty

9. 스티븐 텔레스 외, 〈The Center Can Hold: Public Policy for and Age of Extremes〉, Niskanen Center, 2018

10. 뭉크는 탈통합이 어떻게 일어났는지에 대해 대답할 때 소셜 미디어와 정체성 정치Identitiy Politics의 해로운 영향을 지적한다. 그는 또한 경기침체와 80년대 이후 미국의 중간소득의 평준화에 대해 비난한다. 이러한 부진한 경제성과는 진보의 꿈이 희미해지면서 시민들이 정치를 바라보는 방식을 근본적으로 바꿔놓았다. 문화적 구성 요소보다는 경제에 초점을 맞춘 이러한 관점은 훗날 피파 노리스에 의해 반박된다.

11. 국가원산지할당제를 해체한 Hart-Cellar법은 민주당이 장악하고 있는 하원에서 320 대 70의 표를 얻어 통과됐다. 투표한 민주당 대표 262명 중 77%인 202명이 법안을 지지했다. 투표한 127명의 공화당 대표 중 10%만이 이 법안에 반대했다. 다시 말해, 92%의 민주당 대표가 공화당 대표들과 함께 국가원산지할당제를 종식시켰다.

12. Wong, The Politics of Immigration. 1996년 불법 이민 개혁 및 이민자 책임법 (The illegal Immigration Reform and Immigrant Responsibility Act of 1996 (IIRIRA)은 "공화당이 장악하고 있는 하원에서 370 대 37의 투표로 통

과되었다. 투표한 공화당 대표 226명 중 7%인 13명만이 이 법안에 반대했다. 이는 민주당 대표의 93%가 공화당 대표들과 함께 IRIRA를 통과시켰다는 것을 의미한다.

13. "US Immigration Policy Since 9/11: Understanding the Stalemate over Comprehensive Immigration Reform", https://www.wilsoncenter.org/publication/us-immigration-policy-911-understanding-the-stalemate-over-comprehensive-immigration.

14. 조지 부시 전 대통령은 국경국가Border State의 전 주지사로서, 그의 2000년 선거운동에서 이민을 최우선과제로 삼았다. 아프가니스탄과 이라크는 향후 몇 년 동안 전국적인 논쟁을 지배했지만, 그의 두 번째 임기가 끝날 때 마지막으로 이민 정책을 촉진하기 위한 포문이 열렸다. 이민은 정당들을 깔끔히 분리하지 않는 흔치 않은 이슈였다. 보수파들은 진보적인 노동 조합과 협력하여 보다 엄격한 법 집행과 낮은 수준의 법적 이민을 옹호했으며 공화당 재계 지도자들은 더 개방적인 입장을 지지하기 위해 민주당과 제휴했다.

15. 독불장군 존 매케인과 자유주의 옹호자 테드 케네디 상원의원은 포괄적인 이민 개혁과 국가 안보를 다루는 초당적 법안을 도입하여 불법체류자들을 위한 시민권을 만들고, 비자제도를 재정비하여 기술 기반 이민을 늘려 임시직 근로자의 기회를 확대했다.

16 윙, The Politics of Immigration

17. 그렉 올먼,《A Declaration of Independents: How We Can Break the Two-Party Stranglehold and Restore the American Dream》, 그린리프 북그룹출판, 2016

18. 버락 오바마는 그린카드에 대한 새로운 시스템이 5년 후에 사라져야 한다고 주장했지만, 공화당에 안 좋은 영향을 끼치면서 민주당 기반에선 숙련된 노동자의 수를 늘리는 것을 목표로 삼았다.

19. 이 개정안은 다코타 주 상원의원 브라이언 도건이 제안했다. 케네디는 개정안의 통과가 법안을 통과시킬 것이라는 것을 알고 동료 민주당원들을 공격했다. "다코타 출신의 상원의원이 누구를 속이려고 하는 거지?"

20. 그렉 올먼, 〈Debaters Should Press Biden on Killing Immigration

Reform in 2007〉, 리얼클리어폴리틱스, 2019
21. 버락 오바마는 합의가 끝난 지 몇 달이 지나서 이민 개혁을 추진하겠다고 약속했다.
22. 공화당은 차기 대통령이 미트 롬니가 되기를 바랐지만 2012년 선거는 히스패닉 유권자들 때문에 계획대로 진행되지 않았다. 8년 전 조지 부시는 히스패닉 투표에서 40% 이상 지지를 얻었다. 이것은 공화당원들에게 경각심을 일으키는 계기가 되었다. 롬니의 패배 이후 공화당 전국위원회는 공화당이 포괄적인 이민 개혁을 받아들여 라틴계의 빚 해결해야 한다고 주장했다. 이러한 지침으로 상원 공화당은 민주당과 협력하여 2013년, 초당적인 'Gang of Eight'를 결성했다. 그들의 제안은 합법적인 이민 제도를 포함하여 실패한 개혁 노력의 과거 경험과 닮아 있었다. 제안은 모든 민주당원과 14명의 공화당원들의 지지를 얻어 상원을 통과한 후, 보너 하원의장이 "하원을 통과시키려면 그것은 우리 대다수(공화당원)의 지지를 받는 법안이 되어야 한다"고 주장에 맞닥뜨렸다. 하원에서 표결에 부쳐지지 않았다.
23. 마이클 시어 외, 〈Supreme Court Tie Blocks Obama Immigration Plan〉, 뉴욕타임스, 2016
24. "Key Findings about U.S. Immigrants", http://www.pewresearch.org/fact- tank/2018/11/30/ key-findings-about-u-s-immigrants/
25. 마이클 포터, 〈A Recovery Squandered: The State of U.S. Competitiveness 2019〉, 하버드비즈니스스쿨, 2019
26. 마이클 포터 외, 〈Problems Unresolved and a Nation Divided: The State of U.S. Competitiveness 2016〉 하버드비즈니스스쿨, 2019
27. 마이클 포터 외, 〈Problems Unresolved and a Nation Divided〉, 보스턴글로브, 2018
28. 마이클 포터, 〈America Traded One Recession for a Far More Serious One〉 보스턴글로브, 2018,
29. 2019년 사회진보지수, https://socialprogress.org
30. "Illiberal Democracy and the Struggle on the Right", https://www.journalofdemocracy.org/articles/illiberal-democracy- andthe-struggle-on-the-right

31. 래리 드윗, 〈Social Security Administration〉, 사회보장 관리 연구 통계 및 정책 분석, 2010

32. "Social Security," Social Security History, https://www.ssa.gov/history/fdrsignstate.html

33. 투표하지 않은 켄터키 주 공화당 상원의원 짐 버닝은 제외한다.

34. 테사 베렌슨, 〈Reminder: The House Voted to Repeal Obamacare More Than 50 Times〉 타임, 2017

35. 프랜시스 리, 《Insecure Majorities: Congress and the Perpetual Campaign》, 시카고대학출판부, 2016

36. 올림피아 스노 전 공화당 상원의원은 "오늘 의회에서 일어나는 일 중 상당수가 '정치적 메시징Political Messaging'으로 불린다. 양당 의원들은 문제에 대해 현실적인 해결책을 제시하기보다는 정치적 발언을 하기 위해 고안된 입법을 제공한다. 반대 진영이 나쁘게 보이게 하기 위한 법안, 개정안을 만드는 데, 실제로 이를 통과시킬 의도는 전혀 없다."

37. 공화당이 할 수 있었던 일은 2017년 세금 감면 및 일자리 법의 일환으로 개별 권한을 효과적으로 제거하는 것뿐이었다.

38. 제이크 테퍼, 〈Republican Health Care Bill Failure〉, CNN, http://www.cnn.com/TRANSCRIPTS/1703/24/cg.01.html .

39. 마이클 포터 외 〈Why Competition in the Politics Industry Is Failing America: A Strategy for Reinvigorating Our Democracy〉, 하버드비즈니스스쿨,

40. 미국 상원, "The National Commission on Fiscal Responsibility and Reform", 2010,

41. 국가재정책임무개혁위원회, "The Moment of Truth", 2010,

42. 브루킹스연구소에서 수집한, 널리 사용되는 자료 집합에 대한 저자의 분석, 〈Vital Statistics on Congress〉, 2017,

4장

1. "Washington's Farewell Address 1796", https://avalon.law.yale.edu/18th_century/washing.asp .

2. "The Real Birth of American Democracy", https://www.smithsonianmag.com/ smithsonian- institution/ the- real-birth-ofamerican-democracy-83232825/

3. 제퍼슨 기념관에 관한 인용문, https://www.monticello.org/site/research-and-collections/quotations-jefferson-memorial

4. "Waldorf- Astoria— Famous Dinners, Balls, and Guests, Yodelout! New York City History," https://web.archive.org/web/20181215173537/http:// new- york- city.yodelout.com/waldorf- astoria-famous-dinners-balls-and-guests/ .

5. 이 양극화 조치는 의회의 롤콜 투표에 근거하고 있다. 이것이 양극화를 측정하는 가장 일반적인 방법이지만, 중요한 한계가 있다. 첫째, 롤콜 투표만을 연구하는 것에서 이념적 양극화와 당파적 팀원성Teamsmanship을 구별하기 어렵다. 둘째, 이 자료는 시간이 지나면서 입법의제의 변화를 포착하지 못해 기간에 걸쳐 비교하기 어렵다.

6. 버나드 칼슨이 말했다. "1820년경에는 농장 노동자가 4.1명을 먹일 식량을 생산할 수 있었는데, 1900년에 이르러 농장 노동자 1명이 7명의 식량을 생산할 수 있었다. 어떻게 이런 놀라운 식량 생산에 변화가 일어났을까? 19세기 후반에 경작지의 양과 농업에 사용되는 기계의 수를 모두 늘렸기 때문이다."

7. Richard White, Railroaded: The Transcontinentals and the Making of Modern America (New York: W.W. Norton & Co., 2012)

8. 알프레드 챈들러,《The Visible Hand: The Managerial Revolution in American Business》, 하버드대학출판부, 1977

9. 윌리엄 로이,《Socializing Capital: The Rise of the Large Industrial Corporation in America》, 프린스턴대학출판부, 1977

10. 로버트 와이브, "The Search for Order", 1877~1920

11. 헨리 애덤스는《The Education of Henry Adams: An Autobiography》에 "1854년의 미국 소년은 1900년보다 11년 가까이 서 있었다"고 썼다.

12. "1788년 헌법이 비준되었을 때, 새로운 국가의 주민 중 약 5%만이 도시에 살았다. 오늘날, 인구의 약 80%가 도시로 정의된 곳에 살고 있다. 따라서, 미

국 역사의 중심 주제는 농촌, 농업 사회에서 고도로 도시화된 사회로의 전환이었다. 19세기 후반의 3분의 1은 도시화, 산업화, 이민의 상호 관련 과정이 최고조에 치달은 시기가 그 전환의 핵심 시기였다. 1860년, 남북전쟁 2,500여 개 이상의 지역 도시 인구는 620만 명으로 전체 인구의 5분의 1에 불과했으나 19세기말까지 3,000만 도시인이 국민의 약 5분의 2를 차지하고 있었다. 따라서 불과 40년 만에 전국의 도시 거주자 수가 거의 5배로 증가했고 전체 인구의 비율은 두 배로 증가했다."

13. Calhoun, The Gilded Age.

14. 존 하이엄, 《Strangers in the Land: Patterns of American Nativism》, 럿거스대학출판부, 2008

15. 존 펠저, 《Driven Out: The Forgotten War against Chinese Americans》, 랜덤하우스, 2007

16. 에릭 아네센, "American Workers and the Labor Movement in the Late Nineteenth Century" in The Gilded Age

17. 마이클 맥거, 《A Fierce Discontent: The Rise and Fall of the Progressive Movement in America》, 옥스퍼드대학출판부, 2003

18. 추정치는 다르지만, 그 기간 동안 크게 성장했다는 사실에는 동의한다.

19. 아네센, "American Workers and the Labor Movement in the Late Nineteenth Century", The Gilded Age

20. 로버트 체르니, "American Politics in the Gilded Age: 1868-1900"

21. 존 르위스, 〈Black Voter Registration Efforts in the South Notre Dame Law Review 48〉, 1972

22. B. E. H and J. J. K Jr, "Federal Protection of Negro Voting Rights" Virginia Law Review 51 no.6, 1965

23. 반 우드워드, 《Reunion and Reaction: The Compromise of 1877 and the End of Reconstruction》, 옥스퍼드대학출판부, 1991

24. 체니는 "1830년대부터 1890년대까지 정치정당들은 그 어느 때보다 미국의 정치적 결단을 지배했다. 정당들은 사실상 모든 공직에 대한 접근, 선거의 모든 것, 그리고 정책 결정의 모든 것을 통제했"고 주장했다.

25. 다이너는 "미국의 이상에 따라 국민의 뜻을 대변해야 할 정부는 특별한 이

해관계를 가진 프로로 등장했다"고 썼다.

26. 1883년 펜들턴법은 연방정부를 위한 공무원 만드는 첫 단계로 후원제도를 폐지하기 시작했다.

27. 데이비드 컬크패트릭, "Does Corporate Money Lead to Political Corruption?", https://www.nytimes.com/2010/01/24/weekinreview/24kirkpatrick.html

28. 1904년, 기업들은 루스벨트의 선거자금 73%를 제공했다.

29. 역사가 제임스보먼이 설명했다. "내전 이전에 정당들은 실제로 많은 신문의 운영에 보조금을 지급했다. 보조금은 간접적이었고 독자들에게 알려지지 않았다. 편집자 또는 기자들은 의원을 위해 파트타임으로 일했다. 이러한 관계 중 일부는 19세기 후반에 지속되었다."

30. 마크 서머스,《Party Games: Getting, Keeping, and Using Power in Gilded Age Politics》, 노스캐롤라이나대학출판부, 2004

31. 워스 로버트 밀러, "The Lost World of Gilded Age Politics," in The Journal of the Gilded Age and Progressive Era (New York; Cambridge: Cambridge University Press, 2002),

32. 역사가들은 1896년 선거를 미국 역사의 중추 지점으로 이야기하는데, 당시 정치는 사업가와 공화당 전국 위원회장이 설립한 중앙집권적인 정당기구를 강화하는 강력한 국가기구로서 국유화되었다.

33. 리처드 맥코믹이 말했다. "조직으로서 주요 정당들은 지난 30년 동안 19세기의 마지막 30년 동안 황금기를 누렸다. 전국적인 차원에서 느슨하게 조정되었지만, 민주당과 공화당은 각각 경쟁이 치열한 지역에서 선거일에 열렬하고 헌신적인 추종자들을 동원했다."

34. Worth Robert Miller, "Farmers and Third-Party Politics"

35. 알렉산더 카이사르, The Right to Vote: The Contested History of Democracy in the United States, 2000

36. Summers, "Party Games"

37. 알란 웨어,《The American Direct Primary: Party Institutionalization and Transformation in the United States》, 케임브리지대학출판부, 2002

38. 토마스 만 외,《The Broken Branch: How Congress Is Failing America

and How to Get It Back on Track》, 옥스퍼드대학출판부, 2002

39. 개리 콕스 외, "Legislative Leviathan Revisited", Congressional Record, April 22, 1880, 2661, University of California working paper

40. Summers, Party Games

41. 로버트 체르니, "American Politics in the Gilded Age: 1868-1900"

42. 서머스가 말했다. "공화국은 항상 위태로웠다. 고조되는 종말 같은 느낌은 폴리니컬 카니발의 산물이었다."

43. Mann and Ornstein, The Broken Branch,

44. 'spoils system'은 경력 공무원의 기초를 마련한 1883년 펜들턴법 이후에도 길드시대 (the 내내 정치적 경쟁의 중심이었다.

45. 찰스 칼훈은 당파 분열로 입법 조치가 확실히 제한되었지만, 이 기간 동안 많은 양의 실제 정책 해결책이 통과되었다고 주장한다. 또한 당시 현대적이고 규제적인 국가가 아니었던 길드시대 정부에 현재의 기준을 적용하는 것이 부적절하다고 주장한다.

46. 아르네센은 다음과 같이 썼다. "경제변화의 시기를 살아가는 노동자들은 마치 느린 동작으로 롤러코스터를 타고 있는 것처럼 느꼈을 것이다. 경제는 적절하게 성장했고 성장은 19세기 후반에 시작됐다. 미국은 1873년부터 1877년까지 그리고 1893년부터 1897년까지 경제침체에 직면했고, 각 위기에서 실업률은 16% 이상으로 증가했다. 국가가 후원하는 실업보험이나 다른 혜택 이전 시대에 일자리를 잃는 것은 생존 수단 박탈을 의미했다."

47. 위스 로버트 밀러, "Farmers and Third-Party Politics" The Gilded Age, ed. Calhoun et al.

48. 안센은 말했다. "19세기의 마지막 수십 년은 계급 갈등이 두드러졌으며, 여느 산업화된 세계에서 그랬던 것처럼 폭력적이었다. 1880년대 노동 통계에 따르면, 미국은 파업을 1만 건을 경험했다."

49. 남북전쟁 전 공공학교운동Common School Movement의 초기 경과 이후, 진보시대가 되어서야 우리는 반아동노동법과 의무공교육을 추진했다. 이는 결국 고등학교운동High School Movement에서 절정에 달할 거다.

50. 당시 이 조건들은 제이콥 리스의 연구에서 밝혀졌다. 피츠버그가 사실은 가장 사회적 성과가 낮다는 것을 강조하는 충격적인 통계다.

51. 그의 탐마니 홀Tammany Hall 연합군과 함께 뉴욕 시에서 수백만 달러를 횡령한 보스 트위드의 몰락으로 새로운 시대가 시작된 것은 적절하다.

52. 헨리 애덤스, The Education of Henry Adams

53. 데이비드 모스, 낸시 엉거의 조언과 지도를 받았다.

54. 진보운동의 정신을 옹호하는 데 있어서, 우리는 그 단점에 눈이 멀지 않는다. 진보운동은 편견에 의해 얼룩졌고 개혁자들은 '좋은 정부'라는 이름으로 인종과 소수 민족을 억압했다. 그 운동 내의 많은 사람들은 노동자 계급을 무관심하거나 경멸하는 태도로 보고 일반 미국인의 목소리를 통제하고 제한하는 방법을 모색했다. 공공의 이익을 증진시키고 부패를 근절하는 과정에서 진보주의자들은 때때로 '도시의 기계' 같은 시스템을 해체하여 특히 가난한 지역 사회와 이민자 공동체에 의한 광범위한 정치적 참여를 촉진했다. 그리고 당파적 사전선거와 같은 일부 진보개혁은 우리가 논의한 것처럼 의도하지 않은 치명적인 결과를 가져왔다. 그러나 이러한 결함이나 한계에 좁게 초점을 맞춤으로써, 많은 기존 연구들은 진보주의자들이 오늘날 우리에게 가르쳐 줄 수 있는 더 크고 중요한 교훈, '우리는 무력하지 않다'를 간과해왔다. 우리는 민주주의를 통제한다. 우리는 다른 결과를 제공하기 위해 게임의 규칙을 바꿀 수 있다. 우리가 계승해야 할 진보적 유산이다. 플래너건은 "진보주의자들은 자본주의를 뒤집으려고 하지 않았다. 이들은 정의와 평등이라는 민주적 약속에 불씨를 키우고 자본주의의 최악의 과잉을 제거하거나 최소한 개선함으로써 나라를 현대 진보적 미래로 옮기려고 노력했다. 그들은 모든 사람을 위한 사회 정의의 척도를 가져오고, 정치적 부패를 제거하고, 경제 규제를 도입함으로써 기업, 노동 및 소비자 간의 관계를 재조정하려고 노력했다."

55. 링컨 스테펜은 정치의 지도자들보다 더 비난 받아야 할 사람들은 부패로부터 이익을 얻은 국민 구성원들이고, 더 부끄러운 것은 혜택이 없지만 무관심하고, 안일하거나, 냉소적인 사람들이라고 주장했다.

56. Link and McCormick, Progressivism

57. 링크와 맥코믹은 말했다. "19세기 후반의 개혁자들이 서로 거의 관련이 없다는 것은 놀라운 일이 아니었다. 그들의 시위와 서항은 공통적으로 원인이 없었고 객관적이지도 않았다; 각각은 한 가지 문제를 다루었다. 이 시대

의 근본적인 경제 및 사회 과정에 대한 기초와 이해를 바탕으로 한 개혁 운동은 거의 없었다." 진보주의는 사회와 계급 집단에 걸쳐 있는 국가 운동이었다. 월터 리프만은 1921년에 "미국인들은 진보적이지 않다는 혐의를 제외하고는 거의 모든 모욕을 견뎌낼 것"이라고 썼다. 다른 사람들은 진보시대가 반동적인 오래된 버팀목이 아니라 산업화가 만든 중산층에 의해 주도되었다고 주장한다. 새롭게 등장한 이 계급은 전문적이고 과학적인 전문 지식을 가진 효과적인 국가를 건설하려고 노력했다.

58. Robert Putnam, in Bowling Alone: The Collapse and Revival of American Community New York: Simon & Schuster, 2001

59. 로버트 퍼트남은 이 전환기에 대해서 이렇게 회고했다. "일반적으로, 19세기 마지막 3세기에는 여가와 자기 도움을 포함한 회원들의 사적인 관심사에 초점을 맞춘 조직(동호회나 문화단체)이 등장했다. 19세기의 마지막 10년과 20세기의 첫 10년 동안, 이 협회들과 그 기간에 생겨난 새로운 협회들은 점차 지역사회 문제에 관심을 돌리고 결국 정치 개혁에 관심을 가졌다. 사회망을 만드는 초기의 내부 지향적 단계는 미래를 위해 외부지향적인 정치적 행동의 단계를 위한 길을 열었다.

60. 내부 분열로 인해 일부 사람들은 실제로 많은 통일되지 않은 운동이 있었거나 진보적 개념을 완전히 없애 버렸다고 주장하게 되었다.

61. 이 새로운 투표 시스템은 1882년 필라델피아개혁협회에 의해 처음으로 옹호되었다. 그 후 1886년 뉴욕 시장 후보 헨리 조지와 그의 연합노동당에 의해 지지를 받았다. 투표 개혁은 다양한 그룹에 의해 추진되었다. 보스턴의 엘리트들은 선거에 질서를 가져다주고 부패한 정당의 장치를 통제하기를 희망했다. 프랭크 포스터의 보스턴중앙노동조합은 노동자들에게 더 나은 대표성을 보장하는 방법으로 보았다. 주 정부와의 협력은 그들의 성공에 매우 중요했다.

62. Ware, The American Direct Primary

63. 투표 개혁에 허점도 있었다. 많은 개혁자들의 투표를 제한하는 방법으로 사용되었으며, 많은 이민자들과 가난한 유권자들을 박탈하는 문맹 퇴치 시험 역할을 했다. 이 이중다원제는 또한 제3자의 장벽을 높이기 위해 투표용지 접근 규칙을 만들었다. 호주 투표 방식의 채택은 당의 지지 매수 능력과 투표

분열을 제한하는 능력을 억제했지만 수백만 명의 교육받지 못한 미국인의 선거권을 박탈당했고, 정당들이 새로운 형태의 경쟁을 억제하는 제한적인 투표 접근 규칙을 만들 수 있게 했다. 데이비드 모스는 말했다. "각 정당이 이전에 인쇄한 독특한 투표 용지는 균일하게 국가가 인쇄한 '호주 투표용지'로 대체되었는데, 영어를 읽을 수 없었던 유권자들은 종종 사용하기가 어려웠다. 그 결과, 투표권을 가진 많은 미국인들은 투표를 중단하거나 투표를 덜 자주 하게 되었다. 대선에서 유권자 참여는 1880년대 75~80%에서 1890년대로 1916년 60% 정도 줄었다"고 말했다.

64. 매사추세츠 주에서 새로운 투표용지가 통과되면서 다른 나라의 모델이 되었다. 스프래그가 주 상원에 선출되어 선거법위원회의 의장이 되었을 때, 이 단체가 결국 입법부에 침투할 수 있었다"고 썼다.

65. 호주 투표소는 오늘날 우리가 투표할 때 사용하는 시스템으로 남아 있다. 많은 사람들은 투표 개혁이 때때로 아프리카계 미국인, 이민자 그리고 가난한 사람들의 투표권을 제한하는 데 사용되었다고 정확하게 지적했다. 이러한 관행은 비난받아야만 한다. 그러나 시스템의 오용에도 불구하고 선거를 치렀고 개혁이 가능하다는 것을 증명했다.

66. 메리암과 오버라커가 말했다. "직접 경선은 구시대 협약의 비대표적인 성격에 대한 항의로 미국에서 설립되었다. 대의원 제도의 남용은 광범위한 불만과 당선 협약이 당의 의지를 합리적으로 반영하지 못했다는 일반적인 견해를 초래했다. 관습은 많은 경우 정치 지도자에 의해 통제되고, 더 나아가 이들은 탐욕스럽고 이기적인 산업 이익에 의해 통제된다고 믿어졌다."

67. 이전에는 정당 스스로 투표용지를 인쇄했기 때문에 민주적 과정에서 역할을 하는 것으로 공식적으로 인정되지 않았다. 그러나 호주 투표로 정부는 이제 투표용지 접근을 통제했고 당사자들은 후보자를 포함시키도록 청원해야 했다. 주요 정당들은 후보자를 투표용지에 자동으로 포함시키는 특권을 대가로 시민 사회의 다른 조직처럼 취급되지 않는 정부와 새로운 관계에 들어갔다.

68. Ware, The American Direct Primary 81

69. 1900년대 초 첫 개혁의 성공을 설명하는 상반된 이론이 두 가지 있다. 메리암과 오버라커가 표현한 전봉석 견해는 직접적인 선거의 급속한 확산이 정당의 지도자를 극복하는 개혁자들의 승리였다는 것이다. 수정주의 견해는

정당의 최선의 노력에도 불구하고 개혁이 이루어지지 않았다고 주상하지만, 오히려 지역 정치 시대를 위해 만들어진 컨벤션 시스템이 산업 사회에 무모하다는 계산을 했기 때문이라고 주장한다.

70. J. W. 설리반, 〈Direct Legislation by the Citizenship through the Initiative and Referendum〉, 캘리포니아라이브러리대학, 1893

71. 직접입법연맹 회원인 윌리엄 사이먼은 오레곤 주에서 설리반의 의제를 직접 입법공동위원회 창설로 응답했다. 직접입법공동위원회는 농민과 노동자의 지원을 얻었고 1896년 포퓰리스트 정당의 일원으로 우렌이 오레곤 주 입법부에 선출되는 것을 도왔다. 그러나 우렌은 그의 의제를 통과시킬 수 없었다. 우렌은 논란의 여지가 있는 정책과 구조 개혁을 결합하지 않고 포퓰리스트 정당과 결별했다. 그와 그 자신을 당 정치로부터 분리하자마자, 그는 광범위한 개혁 연합을 만들기 위해 정부 관계를 활용했다. 1898년에 결성된 그의 새로운 비당파 직접입법연맹은 I&R을 중립적인 개혁으로 규정했다. 친기업도 친노동도 아니었고 친진보 친공화도 아니었다. 이 통일된 메시지로 I&R은 오레곤노동연맹과 연방무역위원회뿐만 아니라 지역 중간 관리자 및 비즈니스 소유자와 주요 신문의 지원을 받게 되었다.

72. 다른 개혁과 달리 계획과 국민투표 채택은 1920년 미시시피 주 이전에 I&R을 채택한 22개 주 중 19개 주와 함께 거의 독점적으로 서구 현상Western Phenomenon이었다는 점에 주목할 필요가 있다. 이것은 동부 주들이 I&R의 확산을 막을 수 있는 훨씬 더 강력한 정당의 장치를 가지고 있었기 때문일 것이다. I&R을 채택한 매사추세츠 주도 오랜 기간 전투를 벌였다.

73. David Schmidt,《Citizen Lawmakers: The Ballot Initiative Revolution》, 템플대학출판부, 1989

74. 톨버트는 "1904~1994년부터 유권자들은 정치개혁과 정부조직 분야에서 58개 계획안을 승인했다. 진보주의시대 정치 개혁에는 호주식 투표, 지방 정부와 자치 단체를 위한 규칙, 비밀 투표, 관리자-의회 제도, 비당파 지방 선거, 직접 경선, 미국 상원 의원의 직접 선거, 여성 참정권 등이 포함되었다.

75. 1888년까지 하원 위원회에서는 어떤 법안도 보고되지 않았다.

76. 시카고 법대의 데이비드 스트러스 교수는 "제17조 개정안이 기껏해야 outliers들을 해치우는 역할을 했을 것이고, 머지않아 예상되는 효과를 냈

을 것이다"라고 쓰고 있다. 진보주의시대의 다른 헌법 개정안인 소득세를 승인한 제16조, 금지령을 선포한 제18조, 그리고 여성에게 선거권을 부여한 제19조를 검토하면서, 스트러스는 위의 요점을 일반화하여 다음과 같이 썼다: "헌법개정안이 받는 모든 관심에도 불구하고 공식적인 수정 과정이 존재하지 않는다면, 우리의 헌법 질서는 조금 달라 보였을 것이다." 적어도 공화국의 첫 몇십 년 이후, 헌법개정이 실질적으로 헌법을 바꾼 중요한 수단이 되지 못했다. 많은 변화가 헌법개정 없이 일어났다. 개정이 부결됐음에도 실패한 개정안이 추구하는 방향으로 법이 바뀐 경우도 있다. 실제로 중요하다고 생각되는 몇 가지 개정안은 다른 수단에 의해 사회가 바뀌기 전까지는 거의 효과를 거두지 못했다. 다른 개정안은 이미 다른 방식으로 이루어진 변화를 비준하는데 그치는 것이었다. 이 주장이 맞다면, 개정 헌법의 본문만큼 판례나 다른 전통이 중요한 경우가 많다고 보여진다; 일반적으로 정치활동은 개헌안 발의에 집중해서는 안 되며, 미국의 헌법은 주권자의 개별적이고 자기중심적인 정치 행위가 아닌, 복잡하고 진화적인 과정의 결과류 보여져야 한다.

77. Moss, "Chapter 13"

78. 1901년, 오리건 주는 유권자들이 자신의 선호도를 표현할 수 있는 첫 번째 상원의원 예비선거를 열었다. 정당들은 처음에 그 결과를 무시했고, 주 입법자들은 자신들이 원하는 후보를 선택했다. 그러나 우렌이 이끄는 개혁파들은 주 의회 후보들에게 상원의원 예비선거 결과를 존중할 것인지 여부를 공약으로 요구하는 투표 법안을 1904년에 통과시켰다. 여론의 압박이 커지자, 거의 모든 후보들이 이미 대중적이지만 공식적이지 않은 상원의원 예비선거를 존중하기로 동의했다. 이름만 빼고 모든 면에서 상원 선거로 유명해진 경선을 존중하기로 동의했다. 1908년, 오리건 시민들은 선거 공약을 구속력 있게 만드는 또 다른 투표 법안을 통과시킴으로써 그 과정을 공고히 했다.

79. 캐롤라인 톨버트, 〈Direct Democracy as a Catalyst for 21st Century Political Reform〉, 2003

80. 제프리 젠킨스, 〈The Evolution of Party Leadership," The Oxford Handbook of the American Congress〉, 2011

81. 셉슬, 〈The Changing Textbook Congress" in John Chubb and Paul Peterson, Can Government Govern?〉, 1989

82. Lawrence Dodd and Bruce Oppenheimer, "The House in A Time of Crisis," in Congress Reconsidered 10th Edition, ed. Lawrence Dodd and Bruce Oppenheimer

83. Robert E. Mutch, Buying the Vote: A History of Campaign Finance Reform, chapters 1-2.

84. Mutch, Buying the Vote: A History of Campaign Finance Reform, chapters 3-4.

85. 1910년, William Allen White는 산업구조 변화의 규모를 포착하며 다음과 같이 주장했다. "나는 1/4세기 내에 전 국민이 비밀투표로 투표하게 될 것이고, 전당대회나 코커스의 개입 없이 사람들의 직접 투표로 미국의 2/3의 후보자들이 지명될 것이고, 그리고 후보나 당 위원회가 지출한 모든 달러보다 더 많은 돈을 공개적으로 회계 처리해야 할 것이라고 말했다…그 당시의 경영자들은 그들이 얼굴이 파랗게 질릴 때 까지 조롱하는 투로 캐물었다."

86. 예로, David Huyssen의 Progressive Inequality (Cambridge, MA: Harvard) 참조

87. Henry Lucein, 1941년 'American Century'는 미국이 정치·경제·문화적으로 세계를 이끌었던 시기를 의미한다.

88. "World Exports as Percentage of Gross World Product", Global Policy Forum,

89. United States Census Bureau, The Foreign-Born Population in the United States, https://www. census.gov/newsroom/pdf/cspan_fb_slides

90. 지나 라드포드, 〈Key Findings About US Immigrants〉, 퓨 리서치 센터, 2019,

91. "The Effects of Immigration on the United States Economy", https://budgetmodel.wharton.upenn.edu/ issues/2016/1/27/the-effects-of-immigration-on-the-united-states-economy

5장

1. 제이슨 올슨 외, "A Quiet Revolution: The Early Successes of California's

Top Two Nonpartisan Primary", 2015

2. 루이스 제이콥슨, 〈The Six Most Dysfunctional State Governments〉, National Journal, 2009

3. 찰스 멍거 주니어, "California's Top-Two Primary: A Successful Reform" 2019

4. 5장에서 언급한 바와 같이, 상위 2개의 예비선거는 2012년, 2014년, 2016년 총선거에서 캘리포니아의 의회, 주 상원의원, 미국 하원을 통틀어 80개의 같은 정당 총선을 산출했다. 이러한 같은 정당 지역 선거는 22명의 현역 의원 재선이 자기 당의 확실한 적수에 맞서는 결과를 낳았다. 나머지 58명은 경쟁이 치열했다. 총 2억 500만 달러가 이 대회에 쓰였고, 10명의 현직 의원이 낙선했다. 반대로, 당파별 예비선거가 있었던 2002년부터 2010년까지 3번 아닌 5번의 선거 주기에 걸쳐, 한 현역 의원은 같은 당파의 후보에게 국회 1회, 주 상원의원 1회, 미국 하원의원 1회, 10년 동안 총 3개의 선거에서 낙선했다.

5. 타린 루나, "StateLegislature'sApprovalRatingHits50Percent", 2016

6. 아놀드 슈왈제네거 외, 〈Don't Listen to the Establishment Critics. California's Open Primary Works〉 워싱턴포스트, 2018

7. 낸시 라빈 외 "John McCain Understood How Ranked Choice Voting Strengthens Our Democracy", 2018

8. 앤드류 더글라스 외, 〈Candidate Civility and Voter Engagement in Seven Cities with Ranked Choice Voting〉, National Civic Review, 2017

9. 데니스 먼로 롭, "The Effects on Democracy of Instant Runoff Voting", 2011

10. 리 드루트먼, 《Breaking the Two-P rty Doom Loop: The Case for Multiparty Democracy in America》, 옥스퍼드대학출판부, 2020

11. 로버트피어, "If Only Laws Were Like Sausages", https://www.nytimes.com/2010/12/05/weekinreview/05pear.html

12. 마이크 갤러거, "How to Salvage Congress", https://www.theatlantic.com/ideas/archive/2018/11/gallagher-congress/5 /5689/

13. 주디 슈나이더 외, 〈Reorganization of the House of Representatives:

Modern Reform Efforts〉, CRS Report for Congress, 2003

14. 1946년 4월의 조사 "American Political Science and Congressional Reform"에 따르면, 유권자 중에 14%만이 의회가 "잘하고 있다"고 생각하는 것으로 나타났다.
15. 매튜, "American Political Science and Congressional Reform"
16. The Reorganization of Congress: A Report of the Committee on Congress of the American Political Science Association, 1945
17. The Reorganization of Congress
18. The Reorganization of Congress
19. 매튜, "American Political Science and Congressional Reform"
20. H. R. 18. 70th Cong., Sec.2, 1945
21. 로저 데이빗슨, "The Advent of the Modern Congress" Legislative Studies Quarterly 15, no.3, 1990
22. 로저 데이빗슨, "The Advent of the Modern Congress" Legislative Studies Quarterly 15, no.3, 1990

6장

1. "New State Ice Co.v.Liebmann" 285U.S.262,311, 1932
2. 의회 선거의 경우, 워싱턴 D.C.의 의원들은 연방법으로 전국의 선거제도를 바꾸기 위해 투표할 수 있다. 제115차 의회(2017~2018년)에서 버지니아 주 하원의원은 모든 의회 경주에 대해 순위선택투표를 실시하는 'Fair Representation Act' 법안을 발의했고, 메릴랜드 주 하원의원은 모든 의회 경선에 탑투 예비선거를 만드는 'Open Our Democracy Act'를 도입했다. 이러한 최우선적인 정치적 혁신 외에도, 십여 개의 법안들이 게리맨더링에 관한 문제를 다루었고, 다른 많은 법안들은 정치에서의 재정 문제를 다루었다. 입법 기구를 심의·타협에 개방적으로 개편하고, FEC를 실질적인 규제기관으로 전환하도록 재조정하자는 일부 혁신안도 제시됐다. 그러나 지금까지 이 법안들은 민주당과 공화당에서 꽉 잡고 있는 의회에서 거의 진전이 더뎠다. 하지만 일단 우리가 여러 주에서 진전을 보기 시작하면, 의회는 선거를 위해 이혁신들을 전국으로 확대할 가능성이 있다.

3. "State-by-State List of Initiative and Referendum Provisions", http://www.iandrinstitute.org/states.cfm
4. 21개 주는 국민발의권과 국민투표권을 모두 가지고 있다. 매릴랜드 주와 뉴멕시코 주는 국민투표권은 갖고 있지만 국민발의권은 갖고 있지 않다. 이 두 주의 시민들은 정치 혁신을 위해 정치인들의 의견을 배제할 수는 없다.
5. "Movement by State", https://www.openprimaries.org/movement_by_state
6. 캘리포니아 주와 워싱턴 주 외에도, 네브래스카 주와 루이지애나 주에서 탑투 예비선거를 채택했다. 네브래스카 주는 당파적이지 않은 주 의회(아래에서 논의)를 위해 탑투 예비선거를 사용한다.
7. 블랭킷 프라이머리는 1935년에 성공적인 캠페인을 후원한 워싱턴 주 그란지의 지지로 촉발했다.
8. 연방지방법원은 처음에 2002년에 워싱턴의 블랭킷 프라이머리가 합헌이라고 판결했다. 그러자 당들은 자유협회의 권리를 침해할 경우 포괄적 경선이 위헌이라고 말하는 제9순회재판소에 연방지방법원의 결정에 대해 항소를 하였다. 워싱턴 주와 그란지는 이 결정에 대해 대법원에 상고했으나 2004년 2월 대법원은 이 사건을 심리하지 않았고, 이는 포괄적 경선 위헌을 선언한 제9순회재판소의 결정이 유효하다는 것을 의미했다.
9. 샘 리드 국무장관은 2001년 회기 때 입법부에 탑투 프라이머리의 개념을 처음 소개했고, 그란지의 로비활동으로 이 법안을 지지할 민주당과 공화당 의원 연합을 만들 수 있었다. 이 법안은 상원에서 살아남았지만, 하원의장은 결국 이 법안에 대한 표결을 거부했다.
10. 리드와 직접 통화.
11. 주지사 거부권에 이어 투표 주도 운동이 본격화되었다. 리드 장관은 양당의 주요 의원들, 그리고 그란지와 함께하는 기자회견에서 탑투 이니셔티브를 발표했다.
13. 에릭 메기, "Political Reform and Moderation in California's Legislature" Public Policy Institute of California, 2018
14. 필립 리스, "California legislators rarely break from party line in floor votes" Sacramento Bee, 2012

15. 아놀드 슈왈제네거 외 〈Don't Listen to the Establishment Critics. California's Open Primary Works〉, 워싱턴 포스트, 2018

16. "Grading the States 2005: A Look Inside" Government Performance Project, Pew Charitable Trust, 2004–2006,

17. "Californians and their government" Public Policy Institute of California, 2010

18. "Don't Listen to the Establishment Critics"

19. "A Quiet Revolution: The Early Successes of California's Top Two Nonpartisan Primary", https://www.openprimaries.org/ research_california

20. "A Quiet Revolution"

21. "California Proposition 62, Modified Blanket" Primaries Act(2004)

22. "The Consequences of California's Top-Two Primary" Atlantic, 2015

23. "The Unforgivable State", https://www.economist.com/ united-states/2009/02/19/the-ungovernable-state

24. 〈Calif Voting Change Could Signal Big Political Shift〉, 뉴욕타임스, 2010

25. "USC Dornsife/Los Angeles Times California Poll" USC Dornsife, 2018,

26. 5장에서 언급한 바와 같이, 상위 2개의 예비선거는 2012년, 2014년, 2016년 총선거에서 캘리포니아의 의회, 주 상원의원, 미국 하원을 통틀어 80개의 같은 정당 총선을 산출했다. 이러한 같은 정당 지역 선거 중 22명의 현역 의원 재선이 자기 당의 확실한 적수에 맞서는 결과를 낳았다. 나머지 58명은 경쟁이 치열했다: 총 2억 500만 달러가 이 대회에 쓰였고, 10명의 현직 의원이 낙선했다. 반대로, 당파별 예비선거가 있었던 2002년부터 2010년까지 5번의 선거 주기에 걸쳐, 한 현역 의원은 같은 당파의 후보에게 국회 1회, 주 상원의원 1회, 미국 하원의원 1회, 10년 동안 총 3개의 선거에서 낙선했다.

27. 탑투 프라이머리에서 승리한 후보는 예전 예비선거 시스템에서는 정당별 예비선거를 갖지 않았다.

28. "A Quiet Revolution"

29. "캘리포니아의 정치개혁은 덜 이념적인 극단주의 입법자들과 연관되어 있다." 캘리포니아 공공정책연구소(PPIC)는 "다른 주의 민주당과 공화당 모두 양극화 현상을 보이는 반면 캘리포니아 대표들이 좌우 극도에 더 가까이 이동하지 않거나 좀 더 중도적 방향으로 움직인 점이 눈에 띈다"고 밝혔다.

30. "Don't Listen to the Establishment Critics"; Li Zhou, "Washington Has a Top-Two Primary. Here's How It Works" 2018

31. "Washington Has a Top-Two Primary"

32. "California Sees Gridlock Ease in Governing", https://www.nytimes.com/2013/10/19/us/california-upends-its-image-of- legislative-dysfunction.html?%20r=1&amp.

33. "California Top-Four Primary Initiative", 2018

34. 〈AP EXPLAINS: Maine Tries Ranked-Choice Voting〉, U.S. News, 2018

35. 〈Could Maine's New Ranked-Choice Voting Change American Elections?〉, 보스턴글로브매거진, 2018

36. Editorial Board, Ranked-choice voting unlikely to gain traction in Maine, Sun Journal, 2010.

37. "Spotlight: Maine", https://www.fairvote.org/spotlight_maine#portland

38. 하워드 딘, 〈Howard Dean: How to Move Beyond the Two-Party System〉, 뉴욕타임스, 2016

39. "Portland: Ranked Choice Voting in Portland, Maine", https://www.fairvote.org/portland; Matt Dunlap radio interview, 100.5 WLOB News Talk Maine, 2017.

40. "Spotlight: Maine", https://www.fairvote.org/spotlight_maine#portland

41. 〈Maine's Radical Democratic Experiment〉, 폴리티코매거진, 2018

42. "Timeline of Ranked Choice Voting in Maine", https://www.fairvote.org/ maine_ballot_initiative

43. 래리 다이아몬드, "How to Reverse the Degradation of Our Politics",

American Interest, 2017

44. 래리 다이아몬드, "A Victory for Democratic Reform", American Interest, 2018

45. Cara Mc Cormick 인터뷰

46. "A Victory for Democratic Reform"

47. 에드워드 머피, 〈As Mainers Vote in First Ranked-Choice Election, Lepage Says He 'Probably' Won't Certify Referendum Results〉 프레스헤럴드, 2018

48. "Enough's Enough" Ellsworth American, 2018,

49. 데니스 호이, 〈Oscar Winner Jennifer Lawrence Lends Support to Ranked-Choice Voting〉, 프레스헤럴드, 2018

50. "Maine Question 1, Ranked-Choice Voting Delayed Enactment and Automatic Repeal Referendum" Ballotpedia,

51. "A New Age of Reform", https:// www.the-american-interest. com/2018/11/16/a-new-age-of-reform/.

52. 〈Maine Gov Signs Off on Congressional Race Results, But Calls the Election Stolen〉, CBS News, 2018,

53. Diamond, "How to Reverse the Degradation of Our Politics."

54. 2019년 현재, 메인 주, 캘리포니아 주, 콜로라도 주, 메릴랜드 주, 매사추세츠 주, 미네소타 주, 뉴멕시코 주 등 이미 순위선택투표제를 시행한 곳들이 있다. 여기에 또 다른 4개 주, 플로리다 주, 미시건 주, 오레곤 주, 테네시 주도 순위선택투표제를 채택했지만 아직 시행하지 않은 곳들도 있다.

55. 아이오와 주와 네바다 주는 조기 투표자들이 이용할 수 있도록 하고, 하와이 알래스카 캔자스 와이오밍은 모든 투표자들이 이용할 수 있도록 할 계획이다.

56. 〈Terminate Gerrymandering: Engineering Victories in Michigan, Colorado, Utah, Missouri and Ohio〉, YouTube, 2019

57. "The Localist Revolution", www.nytimes. com/2018/07/19/opinion/ national-politics-localism-populism.html

58. 로저 데이비슨, "The Advent of the Modern Congress: The Legislative

Reorganization Act of 1946" Legislative Studies Quarterly 15, no.3, 1990

59. 폴 케인, 〈Against the Odds, Select Committee Aims to Push Congress into the 21st Century〉 워싱턴포스트, 2019

60. 존 F. 케네디는 '의회 규칙이 의장에게 준 독재권력'에 대한 실망감을 토로한 적이 있다. 노리스는 하원 공공건물위원회에서 열린 첫 회의에서 의장이 옴니버스 공공건축법안의 입안 여부를 결정할 힘이 있다는 것을 알게 되었고, 그 이유를 이해할 수 없었다고 밝혔다. "바로 그때, 나는 그 빛이 나를 비추었다고 믿었고 나는 처음으로 공화당이 내가 민주당을 지배한다고 믿었던 그것들과 비슷한 영향을 받는다는 사실이 보이기 시작했다. 그리고 곧 나는 이 점에 있어서 정당들 사이에 아무런 차이가 없다는 것을 알게 되었다. 두 정당은 기계로 조종되는 듯했고, 민주당과 공화당은 종종 완벽한 조화를 이루며 작동했다."

61. 네브라스카 주의 추진력은 '주정부 기구를 사회·경제적 변화에 적응시키는 것'을 필요로 하는 진보적 이상에서 비롯되었다.

62. 1915년, 네브라스카 주의 상하원합동위원회는 정치적 개혁과 진보적 이상을 일치시키는 방법을 조사한 존 노턴 의원에게 단원제 입법부를 권고 받았지만 아무런 조치를 취하지 않았다. 단원제 입법에 대한 입법안은 1917년, 네브래스카 주의 1919~1920년 헌법제정회의에서 실패했고, 1923년, 1925년, 1933년에도 실패했다. 그러나 1933년 세법, 주류 규제가 무너진 회의를 기점으로 구조적 변화를 향한 대중의 욕구는 커졌다.

63. 보리스 쇼어, "Polarization without Parties: Term Limits and Legislative Partisanship in Nebraska's Unicameral Legislature", State Politics&Policy Quarterly (2014)

64. Berens, One House, 36; Senning, The One-House Legislative.

65. 1934년 가을에 실시된 미국 입법자 협회의 여론 조사에 따르면, 다음 집단 중 과반수 가 one-house 입법부에 반대하는 것으로 나타났다: 네브라스카 주 싱원의원, 네브라스카 주 하원의원, 미국 은행협회, 미국 변호사협회, 신문 편집자, 기업 경영진. 1개 의회의 다수 지지집단에는 미국대학여성협회, 미국노동재단, 여성유권자연맹, 정부연구협회, 미국정치 과학 협회가 있었다.

66. 미네소타 주의 입법부는 1913년부터 1973년까지 초당파적이었다. 네브라스카 주와는 달리, 미네소타의 초당파 투표 채택은 풀뿌리운동의 결과가 아니었다. 오히려 주 입법자들의 주도로 이루어졌다. 흥미롭게도, 미네소타 주에서 이 시스템을 채택한 일은 사고였다. 1913년, 20세기 초 진보주의 국가들 전체에서 흔히 볼 수 있는 시와 사법 선거에서 초당파 선거를 요구하는 법을 도입하자는 제안이 있었다. 보수적인 공화당원들을 이끄는 A.J. 룩네는 주 입법 선거에서 초당파 신분을 의무화하는 골자를 빼 버린 수정안을 첨부하여 이 법안을 없애려 했고, 놀랍게도 이는 통과되었다. 이 법안의 이면에 있는 초당파적인 의도에도 불구하고, 자유당과 보수당이라는 두 개의 지배적인 이념 파벌이 1930년대 후반까지 주 입법부에 형성되었다. 세스 매스킷은 회의실 밖의 조직적인 이해관계가 입법 코커스를 유지하는 데 기여했다고 주장한다. 결과적으로, 미네소타 주의 초당파적인 입법 기구는 오래가지 못했고, 1973년에 정당 투표로 전환된 것은 단지 '형식적인 일'에 불과했다.

67. 당파적이지 않은 선거 과정에도 불구하고, 선출된 공직자들은 민주당 또는 공화당에 여전히 소속되어 있고, 이는 유권자들이 다른 방법을 통해 확인할 수 있다. 예를 들어, 덴버대학의 세스 매스킷과 조지타운대학의 보리스 쇼는 다음과 같이 말한다. "신문과 캠페인, 온라인 보도는 종종 후보자들의 정당 소속을 명시적으로 언급하는데, 연구자들과 정치 활동가들은 언론, 주 입법 유권자 기록, 주 정부가 발행한 명단에서 이 정보를 쉽게 배울 수 있다."

68. 매스킷이 지적한 바와 같이 "의회에는 공식적인 다수당이나 소수당 코커스도 없고, 원내 총무나 당 지도자도 없다. 의장은 모든 상임위 의장과 마찬가지로 비밀투표를 통해 동료 의원들에 의해 선출된다."

69. Michael Dulaney, "Committee Structure of the Nebraska Legislature", 네브래스카 주의 롤콜 투표 연구에서 네브래스카 주 의원들과 학교 행정위원회의 관계가 눈에 띄게 나빠졌다.

70. 네브래스카 주의 35번째 부총독인 김로박은 "의장은 정당에 충성할 의무가 없고 오히려 의원 전체에 대한 충성 의무를 진다"고 말했다.

71. Lincoln Star, 1937년 1월 5일

72. 네브래스카 주에서의 기명투표를 조사하는 연구들은 계속해서 당파적 토대를 찾는데 실패한다. 웰치와 칼슨은 네브래스카 주 기명투표에 연구에서 네

브라스카 주 입법자들의 '무작위성'을 지닌 투표 행태와 1927년(입법이 당파주의적이었을 때)과 1937년(대부분의 의원들이 이전에 당파적이었던 때)에 비해, 1947년 이후 지속적으로 정당과 기명투표 사이에 관계가 약해지는 것을 발견했다. 다소 논란이 있는 1999-2000 기명투표 조사에서, 라이트와 슈 샤피너는 "네브라스카 주 의원들은 거의 무작위로 쟁점에 대해 서로 투표한다"고 재확인했다(Gerald C. Wright and Brian F. Schaffner, "The Influence of Party: Evidence from the State Legislatures" American Political Science Review 96, no.2 참조) 또한, 다소 논란이 있는 1999-2000 기명투표를 이용하여, 샤피너는 "네브라스카 주 정당의 구성원들이 이념적 공간 전체에 분산되어 있고, 양당의 분포는 거의 완전히 중첩되어 있다"는 사실을 알아냈다. 하지만, 쇼와 맥카티는 1993년부터 2013년까지의 주 입법부 기명투표 분석을 통하여, 1990년대 중반임에도 불구하고 네브라스카 입법부가 유일무이하게 이념적으로 양극화되지 않은 것은 아니라는 것을 발견했다.

73. Masket and Shor, "Polarization without Parties"

74. 이러한 결과는 임기 제한의 잘못된 이행으로 인해 최근에 악화되었다. 매스킷과 쇼는 2000년에 통과된 의회 의원들의 임기를 4년 중임제로 제한한 네브라스카 이니셔티브가 단원제의 양극화에 큰 영향을 끼쳤다는 사실을 발견했다. 이 법은 법이 처음 발효된 2006년에 대규모 재직자의 강제 퇴직을 초래했다. 2006년, 정당들은 정당의 아젠다를 고수할 것 같은 후보자들을 모집해 훈련시키고 후원하기 위해 강제 퇴직 국회의원 집단들을 이용했다. 그 결과 1990년대 중반 네브라스카 주 의회는 미국에서 가장 양극화가 덜한 입법부였지만, 지금은 중도파쪽으로 옮겨갔다.

75. "Unicameral Update", http://update.legislature. ne.gov/?p=15429.

76. 마크 베르만, 〈Nebraska lawmakers abolish the death penalty, narrowly overriding governor's veto〉, 워싱턴포스트, 2015

77. 〈Nebraska Lawmakers Override Veto to Allow Undocumented to State License〉, 폭스뉴스, 2016

78. 네브래스카 주 입법부의 보도자료, 2018

79. 우리는 이미 워싱턴의 입법 기구를 재설계하자는 아이디어가 큰 지지를 받는 것을 볼 수 있다. 'Problem Solvers' 외에도, 현재 의회현대화위원회가

있는데, 이 위원회는 다년간이 의회 이니셔티브 하버드 협상 프로젝트에 의해 추진되었다. 초당적 정책 센터의 '일하는 의회' 프로젝트는 의회가 어떻게 규칙을 더 효율적이고 효과적으로 개혁할 수 있는지에 대한 일련의 권고안을 고안했다. R 스트리트 연구소, 의회연구소 등 다른 단체들도 의회의 구조 혁신 촉진을 위해 적극적으로 노력하고 있다.

80. 낸시 엉거, "Passive Citizenship Is Not Enough", http:// origins.osu.edu/history-news/passive-citizenship-not-enough
81. 〈Liberty Medal Ceremony〉, CNN, 2017

결론

1. 연방 재산세는 주 지출에서 제외한다.
2. 멜린다 게이츠, 〈The Best Investment America Can Make〉, CNN, 2017,
3. 시마 차드리, "Bill and Melinda Gates: The World Needs to Adapt to What's Happening and What We Know Is Coming" livemint, 2018,
4. 데이비드 크레인, "Tithe to democracy-donate to well-meaning candidates" SFGATE, 2014
5. 데이비드 크레인, "Tithe to democracy-donate to well-meaning candidates" SFGATE, 2014
6. "Benjamin Franklin: Founding Father Quote" Founding Father Quotes, http://www.foundingfatherquotes.com/quote/913
7. 수지 플랫, "Respectfully Quoted: A Dictionary of Quotations Requested from the Congressional Research Service" in Washington: Library of Congress, 1989

・ 감사의 글 ・

이 책의 출간 작업을 도와준 사람들을 돌이켜보는 것이 우리의 기쁨이자 특권이라고 생각한다. 저명한 지도자들에게 많은 영향을 받았다. 캐서린이 미국 정치 혁신이라는 주제에 대한 생각을 정리하는 데 있어 전직 의원인 미키 에드워즈와 그렉 오먼, 찰리 월런 같은 정치 혁신가의 실천이 큰 영향을 미쳤다. 또 〈포춘〉의 앨런 머레이와 클리프톤 리프가 일찍 영향력 있는 구매를 해준 것에 대해서 감사하게 생각한다. 또한 하워드 슐츠가 우리의 일에 직접 참여해 새로운 경쟁자들이 진입장벽 때문에 정치에 참여하지 못하는 상황을 부각시켜 준 것에 고마울 따름이다.

글쓰기와 연구를 이끌어 준 두 명의 파트너들에게 심심한 감사를 표한다. 재능 있는 연구원이자 작가인 리암 겐나리는 정치 혁신 분야의 기존 연구들을 마스터하는 데 도움을 주었다. 그의 통찰력이 이 책의 완성에 크게 기여했다. 정치 활동과 홍보는 두 여성, 사라 에스크리히와 알렉산드라 호탈린이 이끌어주었다. 또한 함께한 많은 재능 있는 연구원들에게 감사한다. 하버드 경영대학원의 수석 연구원 그랜트 튜더와 연구 동료 앤드류 스핀이 연구를 지원했다. HBS의 브래드 드상티스, 제이콥 클레멘테, 돈 마루야마, 에밀리 테다드는 연구의 거의 모든 과정에 도움을 주었다.

하버드 경영대학원의 지원과 격려, 특히 학장 니틴 노리아의 도움을 많이 받았다. 하버드 경영대학원 미국 경쟁력 프로젝트에도 큰 도움을 받았다. 얀 리브킨 공동대표와 핵심적인 피드백을 제공한 HBS 동료들에게 감사하다. 또한 사회진보캠페인을 이끄는 스콧 스턴과 마이클 그린이 제공한 국가의 사회적 성과 자료가 많은 도움이 되었다.

수많은 학자와 사상가에게서 아이디어를 얻기도 했다: 리 드루트먼, 데이비드 모스, 미히르 데사이, 제프리 그린, 케니스 셉슬, 낸시 앵거, 피터 레빈, 로버트 존스턴, 잭 산투시, 모린 플래너건, 월터 누젠트, 로라 필립스, 하리 한, 사라 바인더, 로버트 보트라이트, 줄리안 젤리저, 놀란 맥카티, 데이비드 리, 마야 센, 브라이언 파인스타인, 존 자코비, 사라 본크, 데이비드 길모어가 도움을 주었다. 리더십나우 프로젝트팀도 매우 유용한 데이터를 제공해주었다.

우리에게 소중한 리뷰와 피드백을 보내준 스콧 페이지, 오스틴 라미레즈, 다니엘라 발루-아레스, 에릭 케스팅, 마고 웨인스타인, 그렉 올먼, 빌 에거스, 아담 콘도르프, 브렌트 고틀리브, 로버트 섹터, 데이비드 엡스타인, 가브리엘 리버만, 그리고 익명의 평론가 한 명에게

286

도 매우 감사한 마음을 가지고 있다.

많은 사람들이 우리가 이 운동에 대해 말하고 홍보할 수 있도록 귀중한 지원을 해주었다. 보스턴 글로브의 린다 헨리, 크리시 홀라한, 스콜 재단, 샐리 오스버그, 키티 분, 아스펜 연구소, 빌 애크먼, 사라 롱웰, 세스와 베스 클라먼, 웬디 도슨, 앨런 슈워츠, 빌 조지, 찰리 프란켈, 에드워드 채프먼, 테레사 민틀, 앙케 파버, 댄 티어니, 스티브 슈왐버거, 마이클 산체스, 앤웨드너, 제이미 클레어 플래허티, 샘 엘가나얏, 제이슨 차일드리스, 레이 캐리, 디트로이트 지역 회의소의 샌디 바루아에게도 감사 인사를 전하고 싶다. 아이크 윌리엄스와 이 책을 제안해 준 존 버트먼, HBRP의 편집자 제프 케호에게도 고맙다. 이 책을 믿어주신 독자 분들과 책 작업을 마칠 때가지 인내심을 가지고 기다려준 분들, 강연대리인 대니 스턴 모두에게 감사드린다.

나(마이클)는 가장 먼저 프로젝트 내내 격려를 보내준 사위 피터 스마이스와 보스턴 북페스티벌의 데비 포터, 두 딸 라나 포터와 소니아 스미스에게 감사 인사를 전하고 싶다.

우리의 분석은 많은 정치 혁신가와 개혁가들의 움직임 중 일부에 불과하다. 우리는 그들에게 그들이 우리에게 가르쳐준 것과 그들이 매일 하는 일에 대해 많은 빚을 졌다. 웹사이트(www.political-innovation.org)에서 혁신적인 조직, 훌륭한 개인을 찾을 수 있다. 미국은 아직 완성되지 않았고 계속해서 만들어지고 있다. 정부 대표를 만들고 유지히기 위한 끝없는 투쟁이 일어나고 있다. 시민권만으로는 부족하다. 우리는 옳은 것을 추구하기 위해 공격적이어야 한다. 우리는 결과를 만드는 사람들이다. 카라 맥코믹, 다니엘라 발루-아레스, 잔 매시, 루스 그린우드, 닉 트로이아노, 채드 평화, 피터 애커맨 등 많은 사람들이 중요한 일을 하고 있다.

민주주의재단 지도자들과 위스콘신 주에 대한 투자는 우리에게 변화가 일어날 것이라는 희망을 안겨준다. 오스틴 라미레즈, 헤더 라미레즈, 린드 우이 흘린, 앤디 누나메이커, 사라와 스티브 짐머만, 캐서린 쿼드러치 플로레스, 라자 플로레스, 마들렌과 데이비드 루바, 린다와 그렉 마커스, 메리 조와 돈 레이든, 수와 버드 셀리그, 구산드 베키 라미레즈, 사라 에스크리히가 애쓰고 있다. 이들 모두에게 감사드린다. 마이크 갤러거와 데일 쿠엔가, 대니 리머의 용기 있는 리더십에도 감사하다.

나(캐서린) 혼자였다면 여기까지 오지 못했을 것이다. 미키 에드워즈와 마이클 포터 두 사람에게 너무나도 감사한 마음이다. 미키의 말이 떠오른다. "워싱턴은 고장 난 게 아니야. 고안된 방향대로 흘러가고 있어." 미키가 없었다면 정치 산업 이론은 탄생하지 못했을 것이다. 그리고 마이클이 켈푸드 전략 프로젝트에 깊이 관여하고 책 출간에 참여하지 않았다면 이 책은 결코 빛을 보지 못했을 것이다. 두 사람에게 진심으로 고맙다. WIPI-WTAFN의 여성들과 P&P의 구성원들이 계속해서 가르쳐주었고 영감을 주었으며 동기를 부여했다. 이런 말이 있다. "끝내는 데 가장 오래 걸리는 일은 바로 아직 시작하지 않은 일이다."

내 친구 캐서린 플로레스, 켄드라 하트먼, 레인 자베이, 드안 애덤스, 마고 웨인스타인은 나를 행복하게 만들어주었다. 겔푸드를 이끌 기회를 준 아버지가 계시지 않았다면 깨달음을 얻지 못했을 것이다. 여동생 조 노이만은 내가 CEO로 재직하는 동안 많은 일을 도와주었다. 마이크 베츠홀드, 셰리 마제프스키, 팀 프리우닝거, 제프 찰리, 존 슬로니, 마이크 스튜어트, 레이첼 콘 클루지, 스티브 바스, 스펜서 모츠에게도 도움을 받았다. S.A.C.에도 특별한 감사를 전하고 싶다. 내게 최고의 기쁨을 주는 알렉산드라는 항상 나를 웃게 만든다. 이 책을 집필하는 첫 3개월 동안 대다수의 시간을 내 무릎에서 보낸 테디에게도 고맙다. 마지막으로 제프 윌모어에게 감사드린다. 그는 내 인생을 바꾸어 놓았다.

우리가 감사한 마음을 전한 이들 전부가 우리와 같은 생각을 한다고 생각하지는 않았으면 한다. 이 책에서 제시한 분석과 결론, 제안에 대한 모든 책임은 우리 두 사람에게 있다. 많은 사람들의 노력 덕분에 우리가 무사히 집필을 마칠 수 있었다. 다시 한번 감사 인사를 전한다.

우리는 국회의원이 되기 전에 군대에서 복무했다. 크리시는 스탠퍼드대학교에서 시스템공학 학위를 취득했고 공군에서 탄도 미사일 공격을 방어하는 시스템을 설계했다. 마이크는 프린스턴대학교를 졸업하던 날, 해병대에 입대해 전 세계 정보를 수집하는 일을 했다. 우리는 군복무를 조국을 위한 당연한 의무라고 생각했다.

군대에서는 다양한 경험과 신념을 가진 이들을 지도했다. 그들과 난 국가를 보호하겠다는 동일한 목표 하에 하나가 될 수 있었다. 우리는 지금 미국 의회에서 유권자들과 조국을 대표해 일하면서 헤아릴 수 없는 영예와 특권을 누리고 있다. 그러나 워싱턴 D.C.에서 일어나고 있는 상황에 매우 좌절하고 실망하고 있다. 당신도 예외가 아니라는 것을 알고 있다.

우리가 사랑하는 국가를 위해 같은 팀에서 싸우는 것이 무엇을 의미하는지 잘 알고 있다. 미국을 위해 싸우겠다는 열정은 전혀 변하지 않았는데, 왜 지금 우리는 미국 팀을 위해 같은 편에 있지 않은 것일까? 왜 서로 다른 정당 구성원이라는 지위가 합의할 수 있는 많은 영역과 문제 해결에 대한 책임보다 더 강력해 보이는 것일까? 왜 우리는 동료가 아닌 상반된 주장을 하는 사람들이 되었을까? 왜 우리는 국민들이 원하고 기대하는 일을 하기 위해 필요한 합의와 팀워크에 집단적 거부 반응을 보이고 있을까? 왜 우리는 국민을 위해 보다 큰일을 해내지 못할까?

미국 정치에서는 한쪽이 매우 심하게 지지 않으면 다른 한쪽이 승리할 수가 없다. 이래서는 안 된다. 이렇게 되어야 할 필요도 없다. 바로 이 책이 그 사실을 증명하고 있다. 캐서린과 마이클은 "시스템 때문이다"라고 주장한다. 그리고 어떻게 함께 시스템을 고칠 수 있는지, 구체적인 대안을 제시한다. 그들이 제시하는 처방은 강력하며 실행 가능한, 당파적이지 않은 해결책이다.

미국의 차세대 국회의원들은 나쁜 전통과 정치적 교착상태 때문에 발생하는 역기능적 유산을 이어가지 않아야 한다. 시민들을 위한 시스템을 만들기 위해 노력해야 한다. 훗날 우리가 지금을 회고할 때, 시민들의 삶이 더 좋아지게 했다고 생각할 수 있기를 희망한다. 당신 역시 같은 희망을 가지고 있다는 사실을 알고 있다. 이제라도 이 책이 출간되어 다행이다. 당신도 국가를 바꿀 의미 있는 노력에 동참하기 바란다.

— 공화당 의원 마이크 갤러거, 민주당 의원 크리시 홀라한

권력의 배신

초판 1쇄 2020년 11월 10일

지은이 마이클 포터, 캐서린 겔
펴낸이 서정희
펴낸곳 매경출판㈜
옮긴이 박남규
책임편집 여인영
마케팅 강동균 신영병 이진희 김예인
디자인 제이알컴

매경출판㈜
등록 2003년 4월 24일(No. 2-3759)
주소 (04557) 서울시 중구 충무로 2 (필동1가) 매일경제 별관 2층 매경출판㈜
홈페이지 www.mkbook.co.kr
전화 02)2000-2634(기획편집) 02)2000-2645(마케팅) 02)2000-2606(구입 문의)
팩스 02)2000-2609 **이메일** publish@mk.co.kr
인쇄·제본 ㈜ M-print 031)8071-0961
ISBN 979-11-6484-191-2 (03300)

이 도서의 국립중앙도서관 출판예정도서목록(CIP)은 서지정보유통지원시스템 홈페이지(http://seoji.nl.go.kr)와 국가자료공동목록시스템(http://www.nl.go.kr/kolisnet)에서 이용하실 수 있습니다.
(CIP제어번호: CIP2020044159)